本书出版获重庆市高教学会和重庆市教育委员会资助［本书是重庆市高教学会项目"'一带一路'对重庆高校国际化策略的影响及应对研究"（编号：CQGJ17076）和重庆市教育委员会高等教育教学改革项目"'一带一路'倡议下重庆高校教育输出动因策略模式构建研究"（编号：193114)研究成果］

| 光明社科文库 |

高等教育国际化
动因、策略及国别研究

魏　艳　黎永强◎著

光明日报出版社

图书在版编目（CIP）数据

高等教育国际化：动因、策略及国别研究 / 魏艳，

黎永强著. -- 北京：光明日报出版社，2019.12（2022.4 重印）

ISBN 978 - 7 - 5194 - 5345 - 9

Ⅰ.①高… Ⅱ.①魏…②黎… Ⅲ.①高等教育—国

际化—研究 Ⅳ.①G648.9

中国版本图书馆 CIP 数据核字（2019）第 289037 号

高等教育国际化：动因、策略及国别研究

GAODENG JIAOYU GUOJIHUA：DONGYIN、CELÜE JI GUOBIE YANJIU

著　　者：魏　艳　黎永强

责任编辑：史　宁　　　　　　　　责任校对：李小蒙
封面设计：中联学林　　　　　　　特约编辑：张　山
责任印制：曹　诤

出版发行：光明日报出版社

地　　址：北京市西城区永安路 106 号，100050

电　　话：010-63139890（咨询），63131930（邮购）

传　　真：010 - 63131930

网　　址：http：// book. gmw. cn

E - mail：gmrbcbs@ gmw. cn

法律顾问：北京市兰台律师事务所龚柳方律师

印　　刷：三河市华东印刷有限公司

装　　订：三河市华东印刷有限公司

本书如有破损、缺页、装订错误，请与本社联系调换，电话：010 - 63131930

开　　本：170mm×240mm

字　　数：264 千字　　　　　　　印　　张：16.5

版　　次：2019 年 12 月第 1 版　　印　　次：2022 年 4 月第 2 次印刷

书　　号：ISBN 978 - 7 - 5194 - 5345 - 9

定　　价：95.00 元

前　言

20世纪80年代以来，国际化逐渐从高等教育的边缘和附属位置走向中心，并逐渐成为大学的核心战略议题和国家高等教育政策的重要内容。高等教育国际化就是将国际化的、跨文化的维度融入大学教育、研究、服务功能的过程。当前，随着全球化进程的加快和信息技术的发展，高等教育国际化的重要性逐渐凸显，高等教育国际化的范围进一步拓展。高等教育国际化也从大学一系列纷繁杂乱的活动转向在整体战略部署下的有序推进过程。国际化元素嵌入大学教学、科研、培训、服务、管理等各方面，并融入大学政策、体制和机制各个环节。当前，随着教育服务贸易理念的兴起，基于对大学世界排名的竞争也促使各个大学努力推进国际化进程。

大学已经认识到国际化的重要性和价值，为提升教育国际化水平，大学在制度、组织等层面有了很多改变。鉴于不同国家的教育制度、传统、文化以及大学自身情况的差别，在不同国家、地区，不同大学采取的国际化策略也不尽相同。因此，关注和研究世界各地大学国际化策略，有利于进一步明辨具体策略的有效性和重要性，总结不同国家大学的国际化经验和教训。

自近代开启高等教育国际化历程后，我国高等教育历经一个多世纪的"引进来"战略，已积淀了较好的基础，形成了一定的国际比较优势。我国是"一带一路"倡议的发起国，随着"一带一路"倡议的推进，国际社会对"一带一路"倡议予以了广泛认可并积极参与其中。

国际社会的认可和参与也给我国大学国际化带来前所未有的广阔发展机遇。因此，研究和分析我国大学面向"一带一路"沿线国家的国际化动因及应采取什么样的国际化策略，成为"一带一路"倡议下大学实施教育国际化行为不可或缺的理论前提。

鉴于以上因素，本书分八章对教育国际化的动因、策略及国别情况予以梳理。

第一章　高等教育国际化动因。为什么政府、大学、个人以及越来越多的私人组织都要从事教育国际化活动？这一问题的答案并不是唯一的，不同的原因会导致不同的国际化策略和国际化结果。借用简·奈特的高等教育国际化动因理论及要素，本书将推动高等教育国际化的动因分为政治动因、经济动因、文化和社会动因以及学术动因四大类。政治动因又包括外交政策、国家安全、技术援助、和平和相互理解、国家认同、区域认同。经济动因包括经济增长和竞争、劳动力市场、国家教育需要、政府和机构的经济需要。文化和社会动因包含融入文化和社会两个方面的要素。学术动因包括将国际化维度融入研究和教学中、扩展学术视野、声誉和地位、质量提升以及国际学术标准。由于政府、大学、个人等主体从高等教育国际化中获得的利益不同，因此驱动政府、大学、个人实施教育国际化动因也不完全相同，它们有重叠，也有可能相互冲突。驱动每一个主体实施国际化的原因也并不是单一的，而是由不同位阶的多种动因要素构成的整体。不同时期，各类动因的位阶也会发生变化。驱动大学国际化的动因主要是学术动因和经济动因。学术动因和经济动因在不同时期以及不同国家的地位也不相同。

第二章　高等教育国际化策略模式综述。大学采取诸多行为将国际化的维度融入到大学教学、研究、服务、管理政策及体制机制中。所有这些行为都可以用"高等教育国际化策略"一词予以概括。本章认真梳理和详细介绍了简·奈特（Jane Knight）、汉斯·迪·威特（Hans de Wit）的国际化策略理论与持续循环组织策略模式、盖伊·尼夫（Guy Neave）的国际化组织动力模式、鲁德兹（Rudzki）的国际化策略模式、戴维斯（Davis）的国际化组织策略模式、范·迪杰克（Van Dijk）和梅杰（Meijer）的国际化立方体、范·德·温德（Van der Wende）的拉菲克（NUFFIC）国际化模型。其中，盖伊·尼夫、鲁德兹、戴维斯以及范·迪杰克和梅杰提出的大学国际化的四种理论模式在其规定性和描述性方面相互补充。它们是衡量一所大学正式文件或书面上的国际化承诺的重要工具。范·德·温德和简·奈特以过程路径建构的国际化模式不关注国际化的组织而关注作为过程的国际化战略。由于大学国际化策略受国家经济社会发展水平、大学声誉、学科专业等多维因素影响，不同国家、不同大学的教育水平高低不等，大学制定国际化策略时基于不同的方向，会采取不同国际化活动，并通过大学制度、体制机制等组织予以保障。因此，大学的国际化策略是由国际化方向策略、国际化组织策略以及国际化活动策略组成的系统整体，每个策略要素之下又包括了诸多的子要素。

第三章　美国大学国际化动因及策略。美国高等教育国际化先后走过20世纪之初的教育输入期、20世纪前期的转型期、第二次世界大战结束到冷战结束的政府主导期以及21世纪以来的竞争发展期。第二次世界大战后至冷战结束前，美国高等教育国际化主要受政治动因的驱动，同时，各大学为获取教育基金，也积极响应政府倡导，大力实施国际化，因此，该阶段的教育国际化也受经济要素的驱动。冷战结束后，随着高等教育国际化由"政府主导型"转向"院校主导型"，主导美国高等教育国际化的动因开始从政治动因转向经济动因。高等教育国际化的文化和学术动因始终存在于美国大学教育国际化的不同阶段，美国高等教育国际化始终秉承教育输出方向策略，大多数学校制定了国际化战略，营造全校范围的全面国际化支持环境，并成立了健全的机构推动实施学生交流、课程国际化、建立国际合作伙伴联盟、境外办学、师资国际交流等国际化活动。

第四章　英国大学国际化动因及策略。英国早期大学试图保持学术的自治。随着英国工业革命的发展对知识和人才的需求，政府开始对大学进行资助和控制，大学对政府、工业的依赖性越来越强。20世纪80年代之前，英国高等教育国际化在政府主导下，成为英国在殖民地扩大本国政治影响的重要工具。20世纪70年代后期，随着政府对大学资助的缩减，英国大学开始走向市场，面向海外招收付费学生以保持财务平衡。英国大学凭借优质的教育质量、良好的学术声誉和独特的地理位置，吸引了来自世界各地的学生，成为世界第二大留学目的国。20世纪80年代以前，在政府主导时期，英国主要基于政治动因实施高等教育国际化，此外，传播英国文化也是该时期的动因之一。20世纪80年代以后，留学生带来的丰厚收入成为驱动英国高等教育国际化的主要动因，由于留学生也能为英国带来政治、社会、学术利益，因此招收更多的留学生也受一定的政治、社会、文化、学术动因的驱动。英国大学以教育输出为方向，虽然越来越多的高校制定了国际化战略，但是国际化战略的实施工作仍然很薄弱，主要是依靠模块和计划层面的自下而上的举措来实施。招收国际学生成为英国大学的主要国际化活动，此外英国大学还开展了境外办学、开设国际性课程、加强合作联系等活动。

　　第五章　澳大利亚大学国际化动因及策略。第二次世界大战后，澳大利亚在吸收借鉴英美高等教育模式基础上得以迅速发展。20世纪50年代开始，澳大利亚对发展中国家实施教育援助。20世纪80年代，澳大利亚开始以贸易的思维发展高等教育国际化，并很快成为继美国、英国之后第三大教育出口国。教育援助时期，驱动澳大利亚高等教育国际化的主要动因是政治动因。大学作为政府政策的核心，其教育国际化行为也具有配合和支持政府外交政策的功能，因而受一定政治利益驱动。20世纪80年代以来，在经济动因的驱动下，澳大利亚大学不管是基于维持声望还是提升学术水平而开展国际化教育，其最终的目的都是为了提高收入。第二次世界大战后，澳大利亚教育国际化以教育输出为方向。20世纪80年代后，在市场驱动下，大学通过制定明确的国际化战略，在各院系和部门积极踊跃参与下实施国际化活动，呈现"分散—中心"策略路线向集权路线发展的趋向。澳大利亚大学为追求经济效益，其国际化活动主要体现为招收留学生、发展离岸教育、成立国际问题研究中心、课程国际化、发展国际学生支持服务、发展国际合作伙伴。

第六章　日本大学国际化动因及策略。第二次世界大战后，日本高等教育国际化先后经历了教育输入、转向教育输出以及教育质量提升三个阶段，政治动因、学术动因贯穿日本高等教育国际化始终。20世纪90年代以后，面对如全球范围内高等教育竞争加剧、入学人口数持续下降等一系列挑战，日本政府和高校开始基于经济原因推动教育国际化。第二次世界大战后，日本高等教育国际化在输入方向策略下，始终秉承高度的文化自觉，坚持嫁接为用、自主为体原则，取得了巨大成就，为20世纪80年代以后实施教育输入与输出并重的双向国际化方向策略奠定了基础。日本大多数大学有国际化相关的愿景、使命和目标，有数字目标和实现目标的行动计划。日本大学国际化活动外部受国家主导，内部活动的组织路径从"自下而上"逐渐转向"集中管理"。学制和课程国际化、师资国际化、学生国际流动、国际化教育支持服务体系、海外事务所、国际合作是日本大学的主要活动策略。

第七章　中国大学国际化动因及策略。中国高等教育国际化肇始于洋务学堂。新中国成立前，高等教育国际化主要是学习借鉴，即通过兴办洋务学堂、派出人员留学、允许西方开办教会大学借鉴西方教育模式。新中国成立后，特别是1978年改革开放后，中国再次借鉴西方模式，推进高等教育国际化。近代中国高等教育国际化受政治动因驱动明显，教育国际化主要是吸收国外先进的科学技术与管理经验，促进中国经济和文化的发展，应对国家和民族的危机。20世纪80年代中叶以后，高等教育本身的发展逻辑和内在规律才得到重视和关注，此时高等教育国际化主要受学术因素影响和推动。随着教育服务贸易的兴起，一些大学和私人机构出于获取收入的需要也参与到教育国际化进程中。与中国高等教育的生成具有明显的后发外生特征相适应，高等教育的国际化之路具有明显的依附特点。长期以来，中国高等教育通过教育输入实现"追赶—跨越"发展。从21世纪初开始，中国的高等教育国际化开始重视向世界出口中国知识，体现了教育输入与教育输出并重的双向方向策略。我国大多数大学有国际化战略、组织、机构推进教育国际化进程。教育国际化活动主要包括派出学生留学、接受来华留学生、境外办学、引进海外人才、举办中外合作办学项目、课程国际化。当前，教育输入大于教育输出、语言障碍以及发展不平衡仍然是教育国际化面临的重要问题。

第八章　"一带一路"倡议下中国大学国际化动因及策略。"一带一路"倡议是习近平总书记基于人类命运共同体理念提出的共同合作发展蓝图，具有深远的经济、政治、文化和社会意义。人才培养、科学研究、社会服务和国际交流是大学的四大功能。投身和参与"一带一路"倡议既是大学知识国际性的性质使然，又是落实"一带一路"倡议所需人力资源、科研支撑的必要保证。我国大学历经半个多世纪的发展，已积累了丰富的教育文化资源，在培养高层次人才、引进优质教育资源、推动中外人文交流方面取得了显著成效，大学国际化排名不断提升，不少专业领域已跻身"国际教育援助国"地位。中国是"一带一路"倡议的发起国，中国的大学也正基于几十年发展形成的积淀和比较优势，转变国际化办学方向，即在"引进来""派出去"的同时，实施"招进来""走出去"，形成"教育输入与教育输出的双向国际化策略"；通过科学制定国际化战略、精心组织机构、安排国际化人员，深入开展课程改革、加强国际合作联系、强化质量监管、招收海外留学生、设立海外办学机构、提升师资国际化水平、建立"一带一路"问题中心等措施推进教育国际化进程。

目 录
CONTENTS

第一章

高等教育国际化动因

第一节 高等教育国际化动因理论

国际化是当今社会的发展趋势，高等教育国际化在社会国际化进程中发挥着越来越重要的作用。20 世纪 90 年代以来，随着全球经济一体化的不断推进，北美、西欧、澳洲以及日本等发达国家和地区率先起步，拉美、亚洲、非洲的发展中国家积极参与，形成了一股世界性的高等教育国际化潮流。高等教育国际化受到世界各国前所未有的关注，为什么高等教育国际化趋势会越演越烈，为什么各国政府、大学、私人组织乃至国际组织会积极投入高等教育国际化活动中？理解高等教育国际化，首先需要了解是什么因素推动了高等教育国际化，即高等教育国际化的动因。高等教育国际化的动因是驱动政府、社会组织、大学、个人以及其他参与高等教育国际化进程的主体投身教育国际化的要素。主导不同国家、不同政府、不同大学、不同个体参与高等教育国际化的动因均不完全相同。不同的动因导致不同的国际化策略，也使国际化行动产生不同的效果。研究高等教育国际化动因有助于我们深刻认识和把握不同国家政府和大学重视高等教育国际化的原因以及为什么采取相应的政策和策略。

动因决定高等教育国际化各参与主体采取的国际化策略活动，因此，高等教育国际化的动因可以通过政府、社会组织、大学等各参与主体制定并最终实施的国际化政策和国际化战略得以体现。动因也决定了参与主体期望从教育国际化中获取的好处类别以及通过实施教育国际化行动可以获取的预期结果。因此，高等教育国际化动因反映了高等教育国际化的核心理念，清晰明确的动因分析框架也有助于各国实施高等教育国际化。著名高等教育国际化专家简·奈特（Jane Knight）认为："如果国际化没有一套清晰的动因，没有一系列目标和配套的政策、计划、监测评估系统，它将是对数量巨大、情况驳杂的各种国际性机会的碎片式、临时性的简单回应。"①

然而，基于不同的国家社会经济发展水平，承载不同国家文化和使命的高等教育，实施国际化的动因也不完全相同。自20世纪70年代开始，有学者就试图回答驱动不同主体参与高等教育国际化的动因究竟是什么这一问题。1988年，古德温（Goodwin）和纳赫特（Nacht）在他们名为《国外和之外》（*Abroad and beyond*）一书中就用了一章概述海外教育的社会和教育意义。另外一名学者布朗特（Platt）在1997年也提到"帮助发展中国家并与它们合作""外交政策""丰富教育和文化""声望和利润"是驱动教育国际化的几大因素。但是"这些研究都缺乏详细和结构性的论证"②。

直到20世纪90年代，学界才开始对高等教育国际化动因进行更系统全面的研究。1991年，汉斯·迪·威特（Hans de Wit）提出，驱动教育国际化的因素包括社会动因和学术动因，他认为"社会动因，特别是社会动因中的经济动因比学术动因更占据主导地位"。汉斯·迪·威特此时将经济动因纳入社会动因范畴。1992年，罗伯特·斯科特（Robert Scott）提出："教育国际化的动因可以归纳为经济竞争力、劳动力市场、国家安全、相互理解。"③

1994年，简·奈特基于前人的研究基础，提出："国际化的动因并不是单一的，而是由大量不一定相互排斥但是可能被认为是相互排斥的诸多动因

---

① Knight, Jane. Internationalization of higher education: new directions, new challenges. International Association of Universities, 2006, PP. 16 - 20.

② Hans de Wit, Internationalization of Higher Education In The United States of America and Europe: A historical, Comparative, and conceptual analysis, London: Greenwood Press, 2002, P. 84.

③ Scott Robert, Campus Developments in Response to the Challenges of Internationalization: the Case of Ra - mapo College of New Jersey (USA), Springfield: CBIS Federal, 1992, PP. 1 - 27.

组成的。"① 1995 年，简·奈特和汉斯·迪·威特提出："国际化的动机和刺激国际化的因素受到大量国际化教育利益持有者的角色和观点影响，并且很大程度上被利益相关者的角色和观点构造。这些利益持有者包括国际组织、国家以及地方的政府、私人部门、高等教育机构、高等教育机构的员工和学生。虽然每一利益持有者对国际化具有不同的理解和诉求，但是在诸多的理解和诉求中也有很多本质上属于重叠的内容。"②

随后，他们提出了推动教育国际化的两组动因，"第一组是经济动因和政治动因，第二组是文化动因和教育动因。随后，简·奈特在研究中将这两组动因划分为四个动因，分别是政治动因、经济动因、社会文化动因以及学术动因。"③

简·奈特的政治动因、经济动因、社会文化动因和学术动因理论框架得到了高等教育国际化研究者的一致认同，随后的研究者基本遵循简·奈特关于国际化动因的四种动因理论分类对高等教育国际化中的学术人员流动和国际学术合作等国际化行为予以解释和论证。该分析框架也为世界高等教育国际化动因研究奠定了理论基础。

现今，通过观察和研读政府、大学等各类教育国际化参与者有关高等教育国际化的政策文件和话语表述，我们往往发现他们基本上是基于社会、经济和教育角度倡导国际化教育，以寻求更广泛的支持。事实上，各类主体实施教育国际化部分源于社会或经济的需要，部分源于教育本身的需要。

随着国际化变得越来越普遍和复杂，推动国际化的动因和教育国际化的场景也发生了根本性变化，此外，驱动不同层面的教育国际化参与者参与国际化进程的动力也不尽相同，甚至"对于不同的教育国际化利益持有者来

---

① Knight, Jane, Internationalization: Elements and Checkpoints. CBIE Research paper No. 7. Ottawa: Canadian Bureau for International Education, 1994, P. 5.

② Knight, Jane and Hans de Wit, "Strategies for Interntionalisation of Higher Education: Historical and Conceptual Perspectives", In Strategies for Internationalisation of Higher Education: A Comparative Study of Australia, Canada, Europe and the United States of America, edited by Hans de Wit, Amsterdam: Europe Association for International Education, 1995, P. 9.

③ Hans de Wit, Internationalization of Higher Education In The United States of America and Europe: A historical, Comparative, and conceptual analysis, London: Greenwood Press, 2002, P. 85.

说，推动他们实施教育国际化的利益之间也有冲突"①。因此有必要区分不同层面的参与者参与国际化的动因，特别是区别驱动高等教育机构和国家政府的高等教育国际化动因。为此，简·奈特在原有的政治动因、经济动因、社会文化动因以及学术动因的理论基础上做出了更细致的分类。将"政治动因分为外交政策、国家安全、技术援助、和平和相互理解、国家认同、区域认同；经济动因分为经济增长和竞争、劳动力市场、国家教育需要、机构和政府的经济动机；学术动因分为研究和教学提供国际维度、扩展学术视野、大学建设、大学声誉、质量提升和使学术标准国际化"②，具体见表1.1。

表 1.1　教育国际化动因类别以及国家和大学教育国际化动因情况

高等教育国际化动因	大学和政府的动因
1. 学术动因 将国际维度融入研究和教学 扩展学术视野 大学建设 声誉和地位 提升质量 学术标准国际化 2. 经济动因 经济增长和竞争 劳动力市场 国家教育需要 机构和政府的经济需要 3. 政治动因 外交政策 国家安全 技术援助 和平和相互理解 国家认同	1. 大学动因 国际品牌和声誉 提高教育质量，达到国际标准 增加收入 师生发展 战略联盟 生产知识 2. 政府动因 人力资源发展 战略联盟 商业贸易和扩大收入 国家构建 社会文化发展和相互理解

① Knight, Jane, and Hans de Wit, Strategies for Interntionalisation of Higher Education: Historical and Conceptual Perspectives. In Strategies for Internationalisation of Higher Education: A Comparative Study of Australia, Canada, Europe and the United States of America, edited by Hans de Wit, Amsterdam: Europe Association for International Education, 1995, P. 10.

② Hans de Wit, Internationalization of Higher Education In The United States of America and Europe: A historical, Comparative, and conceptual analysis, London: Greenwood Press, 2002, P. 85.

高等教育国际化动因	大学和政府的动因
区域认同 4. 文化和社会动因 国家文化认同 跨文化理解 公民权发展 社会和社会发展	

资料来源：Knight，Jane，Higher education in turmoil：The changing world of internationalization. Rotterdam，the Netherlands：Sense Publishers，2008，P. 25.

第二节　高等教育国际化的政治动因

一、外交政策

高等教育国际化的政治动因首先体现为将教育国际化作为外交政策重要组成部分，从而与国家总体外交政策联系在一起，实现外交目的。1992 年，阿拉丁（Alladin）就指出，"教育被看作是外交政策的第四个维度，可以在有利光环下洒下国家的政策，提升国家形象"①，从而将跨国教育合作视作构建国与国之间政治关系所进行的外交投资的一种方式。主张教育国际化是外交政策组成部分，具有建构两国外交关系功能，这一观点主要基于以下理由：第一，在教育国际化中，当东道国将奖学金提供给未来可能成为别国领导者的那些学生时，这些别国未来领导人因此就被赋予了理解、认同东道国的政治制度、文化和价值的思想意识和价值观念；第二，教育国际化有利于促进国家之间的学术、文化共识和理解。这种共识和理解在诸如两国正式外交关系破裂等某些极端的情况下，可能驱动两国经济和政治关系的维护、发展和巩固。例如，在某些极端情况下，当两国正式的外交关系破裂后，两国

---

① Alladin，"Internaitonal Cooperation in Higher Education：The Globalization of Universities"，Higher Education In Europe，Vol. 17，No. 4，1992，PP. 4 – 13.

政府之间可以利用文化和学术上的认同和交流而保持相互沟通。这种基于学术和文化的认同和沟通交流在两国关系重建中扮演着"垫脚石"的角色。美国一直很重视教育国际化在外交中扮演的角色，美国公共外交咨询委员会（The U. S. Advisory Commission）1995 年在《21 世纪的公共外交》（*Public Diplomacy for the 21st Century*）公开宣称（学术）交流和训练的影响力非常直接有效，是美国外交关系中最有价值的工具之一。英国在将收取学费作为教育国际化的主要动因之前，也主要是基于经济和外交投资的双重动因招收留学生并向留学生提供慷慨的资助。诺纳夫斯（Roeloffs）在 1994 年指出促进法德关系从战后第一阶段的和解、接着合作、然后一体化一直是法德学术领域合作的主要动因。此外，欧盟委员会面向欧洲自由贸易联盟国家开放的教育和研究项目，以及后来面向中欧和东欧开放的教育和研究项目都是为了更好地让这些国家融入欧盟而营造氛围条件，体现了较强的政治动因。

二、国家安全

出于国家安全推进高等教育国际化这一动因与基于改善外交关系推动教育国际化的动因紧密相关。美国在很长一段时间主要基于国家安全考虑推动教育国际化，维护国家安全曾经也是美国推动高等教育国际化的主要考虑因素。在两次世界大战之间，美国教育国际化主要是私人组织或个人出于维护和平和推动相互理解的目的而开展的。然而，第二次世界大战使主导高等教育国际化的和平和相互理解的动因发生了急剧的变化。随着政府加大对教育国际化的资助和调控，教育国际化得以扩展。在政府主导下，基于国家安全和外交政策考虑成为推动教育国际化扩展的真正原因。美国参议员富布赖特说，1946 年美国富布赖特计划主要目的就是通过教育和文化交流，增进美国人民以及美国和其他国家人民之间的相互理解，并帮助美国和世界上其他国家发展友好的、相互理解的，最终维护和发展两国和平的关系。虽然，在他的表述里，教育国际化的动因既包含有和平和相互理解等二战前教育国际化的动因要素，但是也体现了战后形成的外交政策和国家安全的动因影响，而且，对后者的追求似乎更强于对前者的强调。

出于国家安全的考虑，美国大量学者前往欧洲、亚洲和中东进行军事服务以及战后恢复工作。该经历既丰富和提升了美国学者的国际经验，也使他们深刻认识到理解他国语言和文化，对于维护美国国家安全的重要性。然而，教育国际化主体具有多样性，受不同利益主体关注点差异的影响，政府实施教育国际化，实现国家安全的目标往往并不能得以完全实现，不能获得理想的外交政策和国家安全预期。

三、技术援助

教育国际化的第三个政治动因是技术援助或者技术发展合作。该动因在第二次世界大战以后特别明显。第二次世界大战后，对发展中国家进行技术帮助成为许多工业化国家外交政策的重要部分。其中，帮助发展中国家发展高等教育是技术帮助的重要组成内容。帮助发展中国家发展高等教育主要体现为工业化国家的政府（如澳大利亚、新西兰）、世界银行等国际组织以及私人资金资助发展中国家的大学建设，向发展中国家派出专家，设立培训项目以及为发展中国家提供奖学金项目。这一时期，工业化国家的大学也用大学自有资金发展国际合作项目。对发展中国家进行教育援助的情况一直持续到 20 世纪 80 年代。20 世纪 80 年代以后，不同工业化国家实施教育国际化的主要动因开始分化，澳大利亚高等教育从"教育援助"转变为"教育贸易"；新西兰的教育贸易与技术援助一样重要；加拿大基于教育贸易动因实施教育国际化，并超过教育援助动因成为主导动因所用的时间要更长一些。随着时间的推进，各国已不再将教育援助视作高等教育国际化的主导动因要素，但是教育援助作为教育国际化曾经的主导因素还是应纳入高等教育国际化动因理论研究范畴。

四、和平和相互理解

促进和平和相互理解，即通过实施高等教育国际化，促进不同国家和文化的人民和平共处并相互理解。促进和平和相互理解的动因时常与国家政府的外交政策动因相一致。教育国际化有利于促进"和平和相互理解"的观点通常用"国际主义"一词来予以概括。曾经担任加利福尼亚大学海外教育项目负责人的威廉（Willam）就称"和平：教育交流的真正力量"；国际大学校长协会在世界高等教育国际化政策中提出大力促进高等教育机构的国际化对长期追求更加和平的世界至关重要。

虽然，基于和平理解的动因倡导可以吸引更多的人从事高等教育国际化，但是由于该观点蕴含的和平和理解涉及谁的和平以及谁对世界的理解？能否将对世界上其他地方高等教育的理解认为与对发达国家学术界的理解具有平等的地位而受到相互理解？和平和理解是否为不同国家文化身份的存在提供了空间？这些问题都凸显了教育国际化的复杂性。由于并不能将促进国际理解和和平视作教育国际化的纯粹动因，因此，应谨慎对待基于国际理解和和平的动因实施教育国际化的观点。

五、国家和区域认同

简·奈特和汉斯·迪·威特在研究亚太国家国际化战略时，发现提升国家认同是这些国家推进高等教育国际化进程的动因。亚太国家在高等教育国际化中通过强化自身语言教学，进一步增强了国家认同。亚太国家一方面通过高等教育国际化从而融入全球环境，同时并没有将英语作为唯一教学语言，而是运用本国语言进行教学，从而使它们的高等教育和社会从依靠西方技术、西方模式以及西方语言中转移出来。亚太国家这种对自身语言的选择并不是对全球化的民族主义反应，而是对新殖民主义的反应。

此外，教育国际化中伴随的异国他乡的学习经历更有利于增强国家归属感。人员的跨国流动是教育国际化的重要因素，异国文化环境的体验会增强海外学生对自己国家的认同感。1952年，捷克出生的政治学家卡尔·沃富根·多伊奇（Karl Wolfgang Deutsch）在哈佛写道："今天与成千上万的外国学生同处一所大学是一个非常好的机会，大量的年轻人可能某一天会带着对他们自己国家更深的归属感，以及比来时具有的更深的民族感情，回到他们的国家。"①

由于全球化和国家化、区域化相关联，因此，除了全球认同和国家认同的动因外，人们也将区域认同作为高等教育国际化的一个动因。区域认同动因明显表现在欧盟国际化项目的欧洲维度和欧洲化愿望中。欧盟教育项目的主要动因就是催生欧洲人的欧洲公民意识和欧洲身份。此外，高等教育国际

---

① Deutsch, Karl W, "Nationalistic Responses to Study Abroad", International Educator Vol. 6, No. 3, 1997, P. 34.

化域区认同动因也体现在澳大利亚的国际化项目中。1998 年，普拉特（Pratt）和普尔（Poole）在澳大利亚国际化教育中看到了以地区认同为动因的高等教育国际化趋势，并提出"澳大利亚大学战略正在迈向以亚洲为中心的战略部署"①。

从高等教育国际化利益主体来看，政治动因主要是民族国家或区域政治组织关注的要素，如外交政策、国家安全与和平，相互理解都主要表现为国家关注的问题，而不是大学推动教育国际化的主导动因。

第三节 高等教育国际化的经济动因

一、经济增长和竞争

认为高等教育国际化有利于推动一国经济增长，提升国家经济竞争力的观点是学者基于对冷战结束后世界范围内的公共部门和私营部门热衷于投资高等教育国际化现象进行观察后得出的。有学者对欧洲关于高等教育国际化的政策分析后得出："越来越多的'与国际竞争力和竞争力有关的问题，以及经济动因'变得越来越重要。"②此外，也有学者认为："美国的教育国际化是作为恢复美国在世界上的经济竞争力而被提出。"③ 由于高等教育国际化与经济增长和竞争的联系越来越紧密，有学者甚至倡导"需要从冷战时期的外交政策到全球知识经济的角度重新定义国际化教育的动因"④。

---

① Pratt, Graham and David Poole, Gobal Corporations "R" Us Impacts of Globalisation on Australian Universities. Paper presented at Re – Working the University Conference, 10 – 11 December 1998, Griggith University, P. 15.

② Van der Wende, International Comparative Analysis and Synthesis. "In National Policies for the Internationalisation of Higher", Education in Europe, 1997, p. 227.

③ Lyman, Richard, Overview, In International Challenges to American Colleges and Universities：Looking Ahead. edited by Katherine H. Hanson and Joel W. Meyerson, American Councile on Education Series on Higher Eduation, Phoenix, Ariz：Orix press, 1995, P. 4.

④ Groennings, Seven, Ecnonimic Competitivee. Staff paper no. 2. Boston：New England Board of Higher Education, 1987, P. 105.

高等教育国际化实践中，一些国家基于经济增长的目的，将投资国际化教育作为改善未来经济关系的方式。一国政府通过设立外国留学生奖学金招收外国留学生，也蕴含了该国政府实现经济增长的目的。出于对这些留学生极有可能成为母国私人和公共部门的决策者的期待，奖学金支持者期望这些留学生能在以后的国际商业谈判中会带着感激的心情通过给予东道国优惠待遇，以回报东道国当初给他们提供的学习机会，让他们取得现在的成功。此外，基于经济增长动因实施教育国际化的另一个现象就是投资研究和发展国际项目。

二、劳动力市场

伴随着经济全球化，劳动力市场越来越国际化，越来越多的大学毕业生不得不与其他国家的人竞争职位，他们也越来越不得不在一个国际化环境中从事工作。因此，政治家和国际教育学家经常用经济发展的全球化对国际化劳动力的需要来说明推动高等教育国际化的重要性，认为实施教育国际化，以满足劳动力国际市场需求也是基于经济增长的需要。经济发展的全球化需要具有国际视野和国际知识的劳动者，而国际化教育是培养具有国际视野和国际知识的人才的重要方式。然而，有学者对国际劳动力市场需求的调研结果却显示，雇主的观点和劳动市场本身对受过国际化教育的本科生的需要并不是那么清晰和迫切，甚至一些证据表明私人部门的代表，特别是跨国私人部门对此事的态度与政治家和教育家不同。1999 年，休伯特·比·梵·哈弗（Hubert B. van Hoof）通过对美国诸多工作招聘发现："国际化教育至多是正在寻找从事国际化任务员工的公司最关切的问题，然而，大多数公司似乎并没有寻找一些标准化的全球男性或女性。"[1]

三、国家教育需要

在欧洲，一些国家国内缺乏足够的高等教育供给资源，这也刺激师生向

---

[1] Hubert, L. W, Thriving on a Sense of Dislocation：Global Competence among International Journalists and Corporate Leaders. In Education Exchange and Global Competence，edited by Richard D. Lambert. New York：Council on International Educational Exchange，1994，P. 74.

外流动。例如，挪威政府有意识地激励学生到海外学习而不是增加国内教育设施。希腊和葡萄牙曾经也没有足够的学术基础设施以满足国民对高等教育和研究的需求，因此，有了人员向外流动的趋势。在广大的发展中国家，随着新兴中产阶级的兴起，他们对高质量教育的需求也推动着这些国家的学生向发达国家流动，从而呈现出基于国家教育需要需求的高等教育国际化模式。

四、机构和政府的经济动机

随着全球化的发展，大学产业化趋势也随之凸显。大学产业化趋势对教育国际化也产生了重要影响。一国大学为了获取更多的经济利益，一方面招收海外付费留学生，实施国际化教育咨询服务；另一方面与其他国家大学或机构开展联合教育。当前，越来越多的国家已经将国际教育营销当作一个产业。"在澳大利亚，国际教育营销已经成为最大的商业。"① 除了澳大利亚外，越来越多的国家已经将高等教育作为一种出口商品，视作创收的产业予以积极推进。出于增加经济收益的目的实施国际化教育不仅是一国政府的主导动因，还是产业化大学和私人组织实施教育国际化的重要原因。一国之内、一所大学招收的支付高昂学费的外国学生越多，国家和大学获得的经济回报就会越高，大学对政府投资高等教育的资金需求也就越少，政府的负担也因此会减小。美国政府自 1979 年颁布政策，宣布对非本国和欧洲共同体的学生收取全额学费，即要求国际学生支付与他们教育实际成本同等额度的学费以来，美国的高等教育国际化就开始关注如何吸引支付高昂学费的外国学生。美国高等教育国际化也因此被理解为吸引全额付费的外国留学生。美国基于其高等教育良好的国际声誉和优质的教育地位基础，长期以来一直是世界上首屈一指的接收国际学生的主要目的地国家，通过招收留学生获取了巨大的经济收益。澳大利亚、新西兰等国自 20 世纪 80 年代开始也积极开展国际教育营销，招收付费国际留学生。当前，随着国际教育营销的扩展，美国高等教育国际市场不仅受到来自其他英语语言国家的挑战，而且受到来自欧

---

① Pratt, Graham and David Poole, Gobal Corporations "R" Us Impacts of Globalisation on Australian Universities. Paper presented at Re – Working the University Conference, 10 – 11 December 1998, Griggith University, P. 8.

洲大陆（特别是法国、德国、荷兰）以及亚洲新兴工业化国家诸如马来西亚和新加坡的竞争威胁。

第四节　高等教育国际化的文化和社会动因

一、文化动因

文化动因主要通过高等教育作为民族国家意识形态的工具而具有的文化育人功能，以及大学作为生产知识、传播知识的场所具有的纯粹文化功能而产生的意识形态和知识的跨国界流动。

从高等教育作为民族国家意识形态的工具而具有的文化育人功能来看，教育国际化具有的文化功能以及这一文化功能在教育国际化中的重要性在许多国际化教育研究中均被强调。从民族主义角度强调教育国际化观点主要就是强调通过教育国际化，向其他国家输出本国意识形态和道德价值判断。基于民族主义角度的文化动因观点与前面所述的政治动因中的外交政策动因和国家认同动因观点具有相似性。发达国家凭借自身的经济优势，以及由经济优势决定的文化优势，常常通过教育国际化，向其他发展中国家传输本国的价值观念和文化。该动因呈现在各国政府间的文化和科学协议以及项目中。国家政府和大学为促进他们国家语言和国家研究对教育国际化给予的支持也体现了教育国际化的这一民族主义文化动因。

然而，大学在面对民族、国家将自身作为国家意识形态工具，为传播本民族价值和观念而推行教育国际化时却常常保留谨慎犹豫。1997 年，戴维斯（Davis）对 20 所欧洲大学实施教育国际化的情况进行观察研究后指出：这些学校虽对"欧洲价值"一词存有疑惑，但是这些学校都认为"大学在传播文明和文化价值方面扮演着重要的角色"①。

---

① Davis, John L, A European Agenda for Change for Higher Education in the XXIst century: Comparative Analysis of Twenty Institutional Case Studies. Creaction111, 1997, P. 83.

教育国际化的文化动因除了上述基于民族主义的文化价值传播动因外，还包括了与民族主义的文化动因相反的教育国际化纯粹文化功能以及与纯粹文化功能相适应的动因。这一纯粹的文化动因来自大学肩负着发展不同国家人民和不同社会之间相互依存意识的责任。大学是生产、传递和再生产文化知识的组织，该角色是通过反思文化在国家和个人生活中的作用和功能而完成的。正是由于大学本身具有的生产、传递知识和再生产知识功能，有学者认为："欧洲大学文化功能不仅与他们的人文主义研究并步走，还与它的国际化维度并步走。"①《欧洲共同体高等教育备忘录》也强调大学的纯粹文化功能，书中指出：大学对其共同体的直接作用不只限于他们的经济功能，它们也是学习、研究和社会讨论的"文化中心"或"智囊团"。戴维斯在1998年也强调："大学在文化价值传递中的角色。"② 这些关于大学纯粹文化功能的观点大多与知识以及承载知识的机构——大学的"普世化"相关。此种普世性经常被用以论证教育国际化文化动因的合理性。

与高等教育国际化的经济和政治动因相比，有学者认为，驱动高等教育国际化的文化和社会动因更明显。1992年，戴维斯在描述教育国际化扩张动因时指出："过去十年教育国际化行为的扩展主要是基于经济和文化动因。国际化与财务减少、学术企业主义的兴起以及在知识的推广和传播中密切关注文化视角的真正哲学承诺密切相关。"③

二、社会动因

教育国际化的社会动因就是学生、学者通过直面其他国家、民族的文化，甚至可能更多地直面祖国的文化而使个人获得更大的发展。因为这种直

---

① Hans de Wit, Internationalization of Higher Education In The United States of America and Europe：A historical, Comparative, and conceptual analysis, London：Greenwood Press, 2002, P. 93.

② Davis, John L, Issues in the development of Universities' strategies for Internationalisation. MillenIum 3, No. 11, 1998, P. 79.

③ Davies, John L, Developing a strategy for Internationalization in Universities：Towards a Conceptual Framework, in Bridges To The Future：Strategies For Internationalizing Higher Education, edited by Charles B. Klasek. Carbondale：III. Association of International Education Administrators, 1992, P. 177.

面，个体经过无知、克服障碍从而实现理解，纠正偏见、偏执和狭隘心态。由此可见，教育国际化的社会动因强调教育国际化对个人产生的影响。凯伦（Kallan）将教育国际化对个人的社会影响称为"社会学习"，其他学者则称为"个人发展"。许多研究表明，海外学习在克服对其他文化的错误认识和偏见的同时也有利于克服留学生对祖国文化和价值的错误认识和偏见。钱伯斯（Chambers）认为："年轻学生或工业化学徒可能从远离家乡的经历中收获很多，可能他们的个人动机是非专业的，就是希望'看看世界'或有个模糊的感觉即'旅行正在扩大'。这些富有年轻特征的观点可能是平凡的，但是他们持有对美好的巨大的可能性。"①

美国大学特别关注教育国际化对个人发展，并将之作为实施教育国际化的重要依据。有国际教育机构对美国和日本大学国际化动因展开了一项调查，调查研究显示，美国和日本国际化教育具有不同的动因。"日本普遍存在的动因强调通过国际化可以获得外国专家的知识和见解，相反，主导美国大学国际化的动因却是相互理解，美国大学强调适度的海外曝光是扩大个人意识的刺激因素。"② 基于这样的原因，美国积极鼓励学生在本科阶段到海外学习。汉斯·迪·威特也指出："当人们阅读美国关于国际化教育公开的刊物，获得的印象往往是国际化的主要动力来源于学者对普遍的美国国民和特定的年轻人对全球问题的忽略的感觉。"③ 1985 年，布里格斯（Briggs）和伯恩（Burn）为论证美国本科学生海外学习的重要性时，引用了洛克菲勒基金会关于"持续的美国狭隘主义"中的一个报告予以说明。理查特（Richard）和兰博特（Lambert）也认为："美国经常告诉他们并且也被其他人告知

---

① Chamber, M. M., *Universities of the World Outside U. S. A.* Washington, D. C.：American Council on Education, 1950, P. 32.

② Hans de Wit, *Internationalization of Higher Education In The United States of America and Europe：A historical, Comparative, and conceptual analysis*, London：Greenwood Press, 2002, P. 94.

③ Hans de Wit, *Internationalization of Higher Education In The United States of America and Europe：A historical, Comparative, and conceptual analysis*, London：Greenwood Press, 2002, P. 94.

他们是"一个狭隘的人',对世界上的地理、人和事一无所知。"①

兰博特1989年进一步强调了注重美国教育国际化的文化功能的重要性。他评估美国海外学习项目后,发现:"所有的评估研究,几乎毫无例外都关注外国寄宿所提供的特征性益处,几乎没有有关海外学习获得学术性益处的评估性文献,然而学术性益处与特征性益处截然不同。"② 美国对全球——跨文化——国际能力的强调也与教育国际化的社会动因观点相联系。

此外,汉斯·迪·威特对其他地区进行观察后认为:"欧洲也很关注全球意识的培养,但是欧洲教育系统是在小学和中学教育阶段就开始培养学生的全球意识问题,而不是等到高等教育阶段来解决。"③ 然而,很少有美国学者意识到在高等教育之前实施国际化教育的重要意义。欧洲和美国虽然都呼吁教育国际化,但是与美国出于对解决狭隘主义的关注,通过国际化教育扩展社会关系和提升个人全球意识的目的不同,欧洲更关注通过支持师生流动和课程发展项目来刺激欧洲维度和欧洲公民意识的发展,并且,这一动因已经成为欧洲高等教育国际化的主要动力,并体现在欧盟许多政策之中。

第五节　高等教育国际化的学术动因

一、将国际化维度融入研究和教学中

知识的发展进步和传播本身就是没有国界的全球产业,大学在本质上是国际化的。从这一观点出发,人们坚信教育国际化是不可避免的趋势。研究

---

① Lambert, Richard D, Parsing the Concept of Global Competence. In Educational Exchange and Global Competence, edited by Richard D. Lambert, New York: Councile on International Educational Exchange, 1995, P. 12-13.

② Lambert, Richard D, International Studies and the Undergraduate. Washington, D. C.: ACE, 1989, p. 162.

③ Hans de Wit, "Ducks Quack Differently on Each Side of the Ocean", In 50 Years of International co-operation and Exchange between the United States and Europe: European Views, edited by Hans de Wit Amsterdam: Europeam Association for International Education, 1998, p. 16.

和教学的国际化就是在研究和教学中引入和强调国际和跨文化因素，对不同国家、不同地区之间的相互关系以及由此形成的复杂利益问题进行批判式思考和探究，从而试图避免学术研究中的民族狭隘主义，使学术人员有能力理解、欣赏和说明国家之间在环境、经济、文化、社会方面相互依存的现实，并让学生以及教职员工具备在国际化环境和跨文化交流中发挥作用的能力。大学通过实施课程创新、发展海外学习项目、推动师生交流、设立区域研究中心、强化外国语言学习、推进联合国际化研究行动以及跨文化训练等国际化策略，将国际化维度融入研究和教学中。

随着全球化发展和信息化的推进，一个从来没有离开自己国家的学生也会受到全球的社会和经济影响。高等教育机构有责任，也有义务通过研究和教学的国际化增强学生对一国之内和国家之间影响全球政治、经济和文化发展的新的以及不断变化的现象的意识和理解，扩展学术视野。目前，关于学术研究的国际化通常被认为是与生俱有的不言自明的因素。关于学术研究国际化的研究也很少，即使有研究也只是关注引文索引、技术转换、资金问题、研究人员培养、学术专业等。虽然全球知识经济给国际化提供了一个新的维度，但是，实际上国际化已与研究融入一体并成为研究的主要成分。

二、扩展学术视野

扩展教职员工和学生的学术视野是驱动高等教育国际化的又一动因。这一观点虽然与之前论述的将国际维度纳入教学研究的动因有重复，但是鉴于师生到海外交流学习已经是高等教育国际化的一个重要体现，因此有必要单独列出说明。正如前面所述，在美国，以师生的国际化流动为表征的教育国际化通常被看作是通过多种文化经历的形式进行社会学习的一种主要形式。因此，师生流动的文化功能及意义通常被凸显。然而，在欧洲，海外学习、教职员工的流动以及合作更多地从其学术视角的意义给予了高度重视。为什么一个人在国外高校能学到其在国内学校不能学到的内容？"近来，海外学习的学术动因在美国获得了高度重视。在欧洲，越来越多的人也逐渐认识到海外学习的社会和文化价值。"①

三、机构建设

教育国际化的机构建设功能是指大学通过加强国际合作，引进海外优质资源，有利于弥补本地资源和专业知识等资源紧缺的劣势，推动大学采取措施，变革结构，强化功能。当前，电子通信技术的发展也为高等教育机构之间的国际合作提供了可能和便利。学界早已意识到招收海外研究生有利于充实大学员工队伍，优化一国大学人员结构，维持本科教育规模，持续开展大学教学。在欧洲一些国家，某些大学由于本国人力资源限制，以致需要招聘、招收其他国家的教师和学生以确保该大学继续运作。在美国的一些大学，某些学院师生主要由亚洲人组成。由此可见，通过实施教育国际化，以确保大学机构维持正常运转，也能优化大学结构和功能。

四、声誉和地位

基于声誉和地位动因实施教育国际化，即大学、学院等高等教育机构为了提升自身的国际地位、影响力，扩展国际市场而实施教育国际化。当前，超越国界的大学、学院之间为了争夺国际排名而展开的竞争越演越烈；一国之内的大学、学院为了争夺国际声誉也相互竞争。为了提高国际声誉，争夺国际排名，大学、学院不断推进教育国际化，积极投身参与国际研究、教学、服务和联络，以提升国际化水平。高等教育国际化与大学国际声誉和地位的正向关系基于如下假设，即"大学越是国际化，则大学的国际声誉就越好，国际地位就越高"②。高等教育国际化与大学、学院国际声誉和地位之间的正向关系是鲁德兹（Rudzki）在描述国际化的机构、投机的机构和保守的机构三类高等教育机构情形时提出并始终秉承的观点。在描述中，鲁德兹

---

① Hans de Wit, *Internationalization of Higher Education In The United States of America and Europe：A historical，Comparative，and conceptual analysis*, London：Greenwood Press，2002，p. 97.

② Rudzki, Romuald E. J, The Strategic Management of Internationalization：Towards a Model of Theory and Practice. Ph. D. diss. , University of Newcastle Upon Tyne, 1998, PP. 227 - 229.

假定其描述的第一种机构——国际化的机构就是国际排名靠前，在教学科研方面具有卓越声誉的高等教育机构。卡伦（Callen）还使用了"负面动因"即对"对竞争中落后的恐惧使大学和部门都向着更大国际化迈入"①，进一步论证了大学国际化水平、大学声誉、国际地位之间的正向关联关系。

大学声誉和地位这一教育国际化动因看似与财政追求中的经济动因具有一定的联系。然而，这一动因仍然是属于学术动因的一种要素。比如，许多发达国家的大学面向亚洲招收博士研究生时，它们首先考虑的不是为了收取学费这一财政动机，虽然财政动机也可能是其招收博士研究生的动机之一，它们最主要的还是通过招收优秀的学生，推动其研究和学术发展，以维持其在本领域的国际学术声誉。

五、质量提升

人才是提升教育和研究质量的重要因素，一个具有清晰明确国际化策略的大学因为知道优质的生源和人才队伍在哪里，因而更容易招收到优质的国际生源和教职工队伍。此外，一所国际化程度高，对外联络广泛的大学也更能吸引国际学生和国际员工。因此，为了提升教育和研究质量，就要推进大学国际化，面向全球招收优秀的师生。当前，教育国际化有利于确保高等教育机构的研究和教育质量的观点，已经被普遍接受和重视。高等教育国际化的质量提升动因已获得广泛的运用。随着美国、英国等发达国家政府减少对大学的财政资助，学生和国际合作伙伴已成为大学收入的主要来源，而学生和国际合作伙伴对高等教育质量的关注度也越来越高。大学也开始不断调整、评估其国际化战略，以提升其教育和研究质量。因此，也有学者开始关注、讨论评估教育国际化与高等教育机构研究和质量之间相互关系的工具问题，艾伦·史密斯（Alan Smith）指出，教育国际化与教育质量之间的联系有两个："首先是国际教育传递的质量；其次是高等教育国际维度如何能提升高等教育供给质量。当高等教育国际维度本身质量很高，那么高等教育的

---

① Callen, Hilary, "The international Vision in Practice: A Decade of Evolution", In Higher Education in Europe, Vol. 25, No. 1, 2000, PP. 15 – 23.

国际维度能够为提高高等教育质量做出最大贡献。"① 在以提升高等教育质量为动因的教育国际化策略中，"经济合作与发展组织还设计了国际化质量审查程序作为高等教育机构管理方案试点项目以辅助国际化教育质量审核"②。随着高等教育国际化与高等教育质量之间的关系能通过具体指标进行衡量评估，基于提升教育和研究的质量而实施教育国际化的动因将获得更多认同。

六、国际学术标准

国际学术标准是国际组织制定并适用于全球范围内的教学、科研标准。获得国际学术标准对一国大学、学院来说非常重要，它是一国大学、学院参与国际交流、推进国际协作、培养面向全球人才的前提，也是与其他高等教育机构竞争、匹配并在国际舞台上获得认可的一种方式。因此，获得学术标准是大学、学院实施教育国际化的又一动因，该动因与大学声誉维护和教育质量提升相联系。1995 年和 1997 年，简·奈特和汉斯·迪·威特在对加拿大、亚太国家的高等教育国际化的比较研究中均提到为获得国际学术标准而实施教育国际化观点。然而，在西方文明和科技占比较优势的情况下，基于国际学术标准而实施教育国际化也给世界广大发展中国家和地区的高等教育带去担忧和恐惧，因为对国际学术标准的追求可能意味着对西方标准的追求，从而忽略了多元文化、社会的存在。正如简·奈特指出："对标准化的追求蕴含着对一致性和西化的恐惧。"③

---

① Alan Smith, International Education: A Question of Quality. EAIE Occasional paper 7. Amsterdam: Europe Association for International Education, 1994, P. 17.

② Hans de Wit, Internationalization of Higher Education In The United States of America and Europe: A historical, Comparative, and conceptual analysis, London: Greenwood Press, 2002, P. 154.

③ Knight, Jane, Issues and Trends in Internationalization: A Comparative Perspective. In New World of Knowledge: Canadian Universities and Globalisation, edited by Sheryl L. Bond and Jean－Poerre Lemasson. Ottawa: Interntational Development Research Centre, 1999, P. 225.

第六节　四类教育国际化动因的关系

一、不同主体参与教育国际化的利益期待不同

国家政府、大学和学生是高等教育国际化的重要主体，三类主体为了实现自身的利益期待投身于教育国际化的潮流中，参与教育国际化活动。不同主体都期待从高等教育国际化中获取一定的益处。因此，以教育国际化对不同教育国际化主体的作用为视角，进一步分析不同主体参与教育国际化的动因，有利于更深刻地理解和掌握教育国际化四类动因之间的关系。

（一）国家政府的利益期待

政府是教育国际化的重要主体，一国政府通过制定与他国建立友好外交、签署教育国际合作协议，制定国际化战略及法律政策（如留学生政策）、设立奖学金项目等，鼓励或限制本国大学、学生参与教育国际化，从而成为影响教育国际化进程的重要主体。随着全球化的到来，一国政府也积极投身教育国际化。那么，通过实施教育国际化，国家政府能获得什么样的益处呢？具体来说，一国政府通过推动国际化，主要基于以下利益期待：首先，促进民族国家之间相互理解，为自身赢得良好的国际环境，实现外交目的；其次，提升国家认同，增强国家文化凝聚力；最后，出口创收，为一国经济和社会体系做贡献。随着教育产业纳入世贸组织服务产业范畴，招收付费留学生成为一些国家教育国际化的代名词，招收留学生不仅可以收取学费，实现财政直接收入，留学生的生活和消费也为一国经济发展做出巨大的贡献。

（二）大学的利益期待

大学是高等教育国际化的实施主体。大学实施国际化既体现大学所承载知识的国际流动属性，又有利于提升大学声誉和国际影响力，还能解决财务压力。首先，从大学所具有的知识属性来看，通过实施国际化，特别是作为高等教育国际化重要表征的学生和教师的国际流动，教育国际化可以促进知识、文化和个人的成长，这是大学实施高等教育国际化的社会和学术动因。此外，国际化对提升大学的声誉具有积极影响。国际师生比例、成果国际认

可度是衡量大学国际化水平的重要指标。如泰晤士高等教育世界大学排名所使用的排名系统考虑了国际出版物中引用的标准以及海外学生和教师队伍比例。因此，通过实施教育国际化，有利于提升自身的国际排名，基于这一利益期待实施国际化属于教育国际化的学术动因。除了社会文化和学术动因之外，增加财务收入实施国际化，特别是招收全额付费的国际学生也是大学国际化的又一动因。教育国际化的经济动因在20世纪80年代随着英国和澳大利亚政府对大学财政资助的减少而凸显。当前，世界上许多国家和大学都认为国际化在很大程度上是为了增加收入。然而，也有一些国家和大学却并不认为增加学费收入是大学国际化的主要动因，如"挪威的高等教育机构坚持认为，国际化的主要目标不是经济利益，而是提高学术质量"[1]。

（三）学生的利益期待。学生是高等教育国际化的重要活动主体，学生的跨国流动是高等教育国际化的重要体现。学生为什么要选择留学，选择跨国流动呢？2007年，查普曼（Chapman）对大学生选择留学的原因进行了调查，发现学生们通常认为留学后会在就业市场上更具有竞争优势。[2] 同时，出国留学有助于拓宽个人的视野和眼界、激发个人成长、提升自我形象、并对其他文化形成更积极的态度。留学的学生对全球问题有更深的理解，对其他文化有更好的理解，更强大的跨文化交流能力以及更积极的自我形象。国际研究也有利于学生探索不同文化，学习新思维方式，增加自尊和自信，提升跨文化知识和技能。总之，教育国际化对学生的好处可以被归纳为"知识丰富、语言能力和国际职业竞争力"[3]。

综上所述，不同主体对教育国际化的期待不仅相同，教育国际化对不同类型主体的意义不同。不同主体对教育国际化的利益期待见图1.1。

---

① Hsuan－Fu Ho, Ming－Huang Lin, Cheng－Cheng Yang, "Goals, Strategies, and Achievements in the Internationalization of Higher Education in Japan and Taiwan", International Education Studies, Vol. 8, No. 3, 2015, P. 58.

② 参见 Pyvis, D., Chapman, A, "Why university students choose an international education: A case study in Malaysia", International Journal of Educational Development, Vol. 27, No. 2, 2007, PP. 235－246.

③ Hsuan－Fu Ho, Ming－Huang Lin, Cheng－Cheng Yang, "Goals, Strategies, and Achievements in the Internationalization of Higher Education in Japan and Taiwan", International Education Studies, Vol. 8, No. 3, 2015, P. 57.

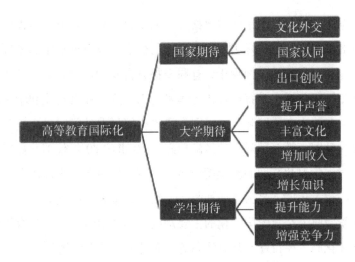

图1.1 不同主体对教育国际化的利益期待图

二、不同主体参与教育国际化的多元国际化动因关系

高等教育国际化是由政府、大学、个人等不同的主体共同参与和实施的行为。在分析高等教育国际化的动因时，也需要考虑教育国际化的不同主体甚至同主体的多样化动因。如前所述，学生、大学、国家政府对教育国际化具有不同的期待，因此不同主体参与实施教育国际化的动因也不相同。2005年，简·奈特从"国家"和"大学"两个层次的教育国际化参与者从事教育国际化的不同期待出发，在教育国际化的四个传统动因基础上，对"国家"和"大学"参与国际化的动因进行了分析，形成了教育国际化主体动因分析框架，在四大动因基础上进一步完善了国际化教育的动因理论。运用简·奈特对国家政府和大学高等教育国际化动因的分析框架，可以说明国家政府、大学、个人参与教育国际化的多元动因关系。

（一）主体参与教育国际化的主导动因不同。

驱动国家、大学和个人从事国际化教育的动因虽有重叠，但是不同主体参与国际化的主导动因不完全相同的。国家、大学、个人都注重国际化教育所带来的收入增长，但是与大学和个人相比，国家政府更注重教育国际化的政治动因。如20世纪50年代，应独立的发展中国家渴望结束殖民统治、发展经济的热切要求，澳大利亚希望通过提供教育援助以帮助发展中国家的社会和经济的发展，而其援助对象主要是南亚和东南亚国家。1951 年 7 月，澳大利亚启动《科伦坡计划》。根据《科伦坡计划》，澳大利亚向部分发展中国家的赴澳留学生提供援助奖学金，这标志着澳大利亚政府第一次正式进入澳大利亚高等教育国外学生学习领域，这一政策一直延续到 70 年代初。澳大利亚政府涉入高等教育国际化领域，主要是受政治利益驱动，是对其外交政策的支持和配合。"作为政府政策的核心，该时期澳大利亚大学的行为和能力虽然受国家约束，但是驱动澳大利亚大学实施国际化行为主要还是社会和文化动因。在澳大利亚政府对外教育援助政策的鼓励下，大学通过竞争性招收留学生以扩大国际影响力并获得政府的财政拨款也成为参与国际化教育的原因，因此还具有一定的经济动因。

（二）同一主体参与教育国际化的动因位阶是变化的

同一主体实施教育国际化行为的动因并不是单一的，而是由多种动因组成的具有不同优先顺序的动因组合。"教育国际化利益持有者并没有一个排他性的动因，利益持有者的动因是一个有优先权层级形成的组合。"[1] 但是，同一主体参与教育国际化的不同动因的优先顺序可能随着时间而改变，并且可能因国家和地区而改变。如澳大利亚从 20 世纪 50 年代至 80 年代因社会文化动因驱动的教育援助，到现如今的因经济动因驱动的教育贸易就是随时间而改变的典型例子。

综上所述，不同主体参与国际化的动因具有如下特点：不同主体参与国际化的多元动因不同，但是同一类主体和不同类主体参与国际化的动因是有重叠的，但他们参与国际化的多元动因位阶顺序不同。

三、国际化不同动因之间的转换

推动不同主体实施教育国际化的动因可能随着时间而改变，可能因国家和地区的不同而不同。早期欧洲中世纪大学主要是基于学术、文化社会动因实施高等教育国际化。那时，不同国家和区域的学者在跨国流动中追求知

---

[1]　Knight, Jane, "A Shared vision Stakeholder's Perspectives on the Internationallization of Higher Education in Canada", Journal of Studies in International Education, Vol. 1, No. 1, 1997, PP. 27 – 44.

识、异国文化以及国际理解。随着民族国家的发展和殖民扩张，教育国际化的政治动因出现了。欧洲国家为寻求政治、文化、经济和学术的支配地位，通过在美洲、非洲和亚洲的殖民地复制欧洲的高等教育模式以支配、控制被殖民地，此时，高等教育国际化成为实现殖民政治支配目的的有力工具。20世纪，特别是在第二次世界大战之后，美国崛起成为国际大国，为了保持和扩大其影响力，美国开始主动加强对其他文化、语言的了解，从而使得教育国际化的政治动因呈现出一个新的维度。美国政府提供资金鼓励美国的大学开展国际区域研究、外语培训和海外留学项目，以达到对其他国家的了解，维护国际和平，实现国家安全的政治目的。尽管美国的领导者们宣称他们实施教育国际化活动的目的是促进国际合作，增进相互理解，但是世界其他地方的人们却看到了美国教育国际化背后显著的政治动因。

冷战结束后，以政治动因为主导的高等教育国际化开始转向以经济动因为主导实施高等教育国际化进程。在经济动因驱动下，教育国际化开始关注满足现代化、全球化的劳动力需求。此外，视高等教育为出口商品，关注国际高等教育营销也是经济动因的重要体现。例如，澳大利亚高等教育从发展援助到教育出口就是政治动因向经济动因转型的典型例子。在欧洲，推动高等教育领域的研究、技术和教育合作交流项目的动因仍蕴含经济动因。当前，推动教育国际化的主要动因从教育、文化和政治因素转向经济因素，呈现一种世界普遍趋势。推动大学更加国际化的政治和经济动因除了来自政府、社会组织和个人等大学之外力量的驱动外，大学自身也有国际化的动力。随着政府放松对大学的管制，大学私有化和运营的市场化得以兴起，大学收入来源更加多元化，大学运作也更加企业化，为了占有更多国际学生市场，发展教育国际化成为大学自身需求。基于大学这一发展趋势，有学者甚至预言，未来大学似乎可以最终走上了过去银行、企业一样的模式，开始进入合资企业、跨境合并、共享人力资源等过程。虽然，走向企业一样的模式是基于对当前大学发展趋势做出的合乎逻辑的预判，但是至今没有大学愿意承认该趋势和可能。

范·德·温德（Van der Wende）在对欧洲高等教育国际化的国家政策研究中，试图构建高等教育国际化动因变化模型。他将驱动高等教育国际化的四种动因（政治、经济、学术、社会文化）放在一个图中，形成了高等教育国际化动因转变图（见图1.2）。图中每条独立的线代表着一种动因，线条上的位置与模型中心相关联就表示该动因的重要性（在中心是最小，在边缘是最大）。这一模型既可以适用于国家政府，也适用于大学和学生等教育国际化主体。除此之外，还可以用于比较在某一特定时刻不同主体动因的相对重要性，以及一段时间内同一个主体内部动因的变化情况。

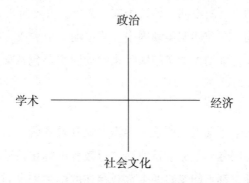

图1.2　国际动因转变图

资料来源：Marijk van der Wende, Missing Links：The Relationship between National Policies for Internationalisation and Those for Higher education in General. In T. Kalvermark and M. van der Wende（eds）, National Policies for the Internationalisation of Higher Education in Europe, Stockholm：Hogskoleverket Studies, National Agency for Higher Education, 1997, P. 36.

第七节　大学国际化动因

一、大学实施教育国际化的动因

大学是高等教育国际化的主要实施主体，大学的国际化策略直接影响一国高等教育国际化的进程和走向，而大学实施教育国际化的动因又对其国际化策略产生重要影响。因此，有必要深入分析和了解大学实施教育国际化的动因。本节基于前几节的动因分析，详细阐释大学国际化动因。

学术界对大学国际化的动因有很多研究和分析，例如，简·奈特提出大学主要基于以下动因实施教育国际化：提高国际品牌和声誉、提高教育质量、达到国际标准、增加财务收入、促进师生发展、建立战略联盟、生产知识等。伊恩·威利斯（Ian Willis）和约翰·泰勒（John Taylor）也指出："大学国际化主要基于四大原因：经济、教育效益、加强大学、为更大的利益做出贡献。"① 基于不同的历史、文化和社会需求，不同国家和民族的大学，实施教育国际化的动因有所不同，即使是同一大学，在不同时期实施教育国际化的动因也不相同。在前述四类动因中，政治动因很少成为推动大学国际化的动力要素。因此，推动大学实施国际化的动因主要包括学术动因、经济动因以及社会动因。

（一）学术动因

大学国际化的学术动因主要是大学为了提升教育研究质量，提高自身声誉和排名，实现与国际学术标准接轨而进行教育国际化活动。任何大学想要与世界保持相关性，都不能忽略两个客观存在的学术需求和现实：首先是关于学生和雇主处理全球问题进行的课程、计划和研究项目；其次是来自其他大学的竞争压力。如果一所大学不实施教育国际化，不将国际维度纳入它们的教育研究项目，它们就会面临失去招收更优质的学生和更合格的教职员工的机会，最终丧失自身国际竞争力。

（二）经济动因

经济利益是人们谈论其他事情的先决条件。对于任何企业的生产经营活动而言，物质上的盈余是生存的前提，如果你没有盈余，你就不会存在。随着经济全球化的发展，经济动因逐渐成为各类主体投身参与教育国际化的主导动因。在一些大学，基于经济动因驱动高等教育国际化甚至被视作是事关大学生存的重要驱动因素。然而，"一项对大学高级管理者的采访却发现，没有一个受访者从国际化的'纯粹'经济动因出发谈论高等教育国际化，相反，所有的受访者都在谈论其他的动因，或否定经济动因是高等教育国际化

---

① Ian Willis and John Taylor, "The importance of rationales for internationalization at a local level—— university and individual", European Journal of Higher Education. No. 2, 2014, p. 156.

的主导动因"①。

大学推动高等教育国际化的经济动因体现为高等教育国际化可以增加大学收入、避免收入波动风险,拓展大学财政收入渠道。对于广大发达国家的大学来说,它们具备优质教育资源、先进教学条件设备,但是随着国内符合大学入学条件的合格学生人数的减少,生源下降,它们开始将目光转移到海外学生市场。吸引优秀的外国学生一方面可以为后续的教育研究充实智力资源,另一方面也可以增加学校收入。随着发达国家政府减少对大学的财政投入,大学为了维持其正常的运营,一方面扩大外国支付全额学费学生招收规模,另一方面也通过海外项目或课程等教育国际化活动,增加收入。

大学国际化经济动因还体现为,通过实施教育国际化,在海外设立分校和办学项目,以地域多样化降低经营风险。在办学实践中,大学如同公司企业因客户减少面临运营风险一样,也会由于经济条件的变化导致申请入学人数减少,政治事件等不可抗力因素导致的海外留学生减少,人口规模降低导致的合龄大学生减少。这些因素都将导致大学的某些教学或研究项目入学率下降。由于全球教育市场的变化不会同时发生,各国经济和技术发展也处于不同阶段,人口增减也不一致,一个有海外项目或分校的大学虽然面临着国内入学率的降低风险,如其海外机构或项目所在国家的入学率处于上升状况,它就可以将其教师从国内教育项目分配到海外项目,从而使得教师的教学任务安排具有更多的灵活性。因此,通过实施国际化教育,全方位扩展海外市场,在国外设立教育项目,大学既规避国内风险或个别国家政治风险造成的收入不稳定、运营不稳定,还可以增加收入。

大学国际化的经济动因还体现为,通过实施教育国际化,使国内校园活动获得支持。如新加坡、阿联酋等国家为创建区域教育中心,积极邀请国外大学在其国家建立分校。为了吸引国外知名大学在本国设立分校,这些国家通常会为当地的分校乃至其在母国的校园提供资金以支持其研究和发展。设立分校的大学因此可以获得外国政府一定的资金支持。由此可

---

① Ian Willis and John Taylor, "The importance of rationales for internationalization at a local level—— university and individual", European Journal of Higher Education, Vol. 4, No. 2, 2014, PP. 153 – 166.

见，教育国际化可以为国内校园开展教育研究提供支持，而后者又是前者的动因之一。虽然大多数大学宣称他们主要是为了增加国际影响力而建立国外校园，但是如果这些大学没有得到东道国的直接财政支持，是否还会出国设立分校园呢？

然而，对于广大的非盈利性学术机构，特别是资金充足的研究型机构而言，上述学术和经济动机还不能为他们向国外扩展提供完整充足的理论论据。以研究为基础的国际化最终是一个全球学习的过程，向世界学习，获得更多的研究资源，获取更高的研究成果是该类大学的本质。当前，全球经济正在转变为一个日益复杂的相互联系的网络，网络里的不同经济领域都具有创新和创造知识的能力。根据世界多极化的观点，知识在全球越来越分散。在这种情况下，向世界学习变得势在必行，特别是对于研究型大学而言。这就是这类大学该走出国门，面向世界的原因，因为它们需要获得这些分散的知识，并将这些分散的知识融合在一起，以创造新的想法和更先进的知识。此外，随着越来越多的发展中国家学习和借鉴发达国家的经济模式，世界各国的经济体系正在变得越来越相似。在这种背景下，世界各地的学生都希望通过到全球知名的大学学习，使自身具备在一个日益类似和相互关联的经济空间进行运作的知识和能力。这也是研究型大学为什么走出国门，开展国际化教育的原因。

二、大学国际化的动因变化

（一）大学在不同时期实施国际化的动因不同

2003 年、2005 年和 2009 年，国际大学协会（IAU）连续进行了一项全球国际化调查。调查的主要内容就是要求受访者（主要是 100 多个国家的高等教育机构负责人）告知推动其国际化努力的首要动因。

2005 年和 2009 年调查显示，大学教育国际化最主要的动因是培养学生在全球化的世界中的跨文化能力并更深刻地了解国际问题知识。显然，这强调的是教育国际化人力资源开发和学术导向的动因。2005 年和 2009 年的调查都显示创建和提高大学的形象和声誉的动因排在第三位。这一发现可能是最具启发性的，因为它表明了开发国际品牌的重要性，而大学品牌的开发更多地通过营销活动予以实现，而非只是将国际的、全球的和跨文化的维度融入教学学习、科学研究和社会服务。而在此 10 年前，人们甚至都还没有预测到基于国际声誉和全球排名的动因而开展教育国际化。

在 2005 年和 2009 年的调查中，通过实施教育国际化，扩展收入渠道，仍被许多受访者认为是开展教育国际化的最不重要的动因。鉴于一些国家的一些大学依靠招收国际学生和跨国教育取得收入，说明这种依赖于国际学生获取学费收入而实施教育国际化的情况只适用于部分国家（如澳大利亚，英国，新西兰）的大学。由此可见，经济动因只是主导全球少数国家大学实施教育国际化的主要因素。但是，经济动因之所以给人们留下那么深刻的影响，是因为这些以经济动因为主导的国家是国际教育领域的积极活跃者，扮演着重要的角色，因此形成了显著的影响。

（二）不同大学实施国际化的动因也不一样

不同大学实施国际化的动因也不完全相同。美国教育委员会 2011 年曾对美国提供不同层次学位的大学实施国际化的原因进行了调查，调查结果如表 1.2 所示。

表 1.2 的第一列列出了高等教育机构实施国际化的 9 个原因，以后各列列出了对相应原因做出正面回复的大学的百分比，即表明它们基于所提及的原因实施教育国际化。同时，根据大学提供的最高学位对这些机构进行了分类，括号中提供了具有各类学位授权的被调研大学的数量。

表 1.2　美国各层次大学关注国际化的原因（2011 年）

国际化原因	具有博士学位授予权的大学（176 个）	具有硕士学位授予权的大学（318 个）	具有学士学位授予权的大学（213 个）
增强学生在全球时代的适应力	93%	88%	86%
为应对公众对全球竞争力所需的知识创造、创新和人才发展的需求	59%	48%	52%
使大学校园的学生、教师和工作人员多元化	42%	60%	58%
通过国际化增加机构的影响力和外延发展	36%	20%	16%

国际化原因	具有博士学位授予权的大学（176个）	具有硕士学位授予权的大学（318个）	具有学士学位授予权的大学（213个）
增强对海内外未来学生的吸引力	33%	35%	39%
提高机构的国际声誉和排名	19%	5%	2%
追求新的收入来源	11%	27%	8%
参与美国的外交努力	2%	0%	2%
该大学不重视国际化	3%	7%	12%

资料来源：美国教育委员会 绘制美国校园的国际化图。华盛顿特区（www. acenet. com）

如表1.2所示，大部分大学国际化原因都与学术动因有关。对"增强学生在全球时代的适应力"这一问题，93%具有博士学位授予权机构、88%具有硕士学位授予权机构和86%具有学士学位授予权的机构都承认这是国际化的目的，对问题予以积极肯定的比例也最高。此外，与具有硕士学位或学士授予权的机构相比，具有博士学位授予权的机构（它比早期的硕士学位机构更以研究为中心）将国际化视为增加其影响力和外延的手段，从而提高其声誉和排名的比例更高。

追求新收入来源的国际化排名相对较低，被调研对象中，只有11%的具有博士学位授予权的机构、27%具有硕士学位授予权的机构和8%具有学士学位授予权的机构将此列为国际化的原因。

对于"参与美国的外交努力"问题，只有2%的具有博士学位授予权的机构和2%的具有学士学位授予权的机构选择，数量小到几乎可以忽略不计，再次表明大学在实施教育国际化时，几乎不考虑政治目的。

最后，有较小比例的大学声称他们不关注国际化，其中，博士学位授权权的机构的百分比为3%，明显小于具有硕士学位授予权机构的7%和具有学士学位授予权机构的12%。调查表明，学位授予层次越高的大学越重视国际化。

第二章

高等教育国际化策略模式综述

20 世纪 80 年代以来，国际化开始从高等教育的边缘和附属位置走向中心位置，并逐渐成为国家高等教育政策的重要内容和大学的核心战略议题。国际化策略研究也逐渐成为高等教育研究领域的重点。学术界基于不同视角和方法对大学实施教育国际化的组织、活动和过程提出了不同理论观点，为高等教育国际化策略研究奠定了丰富的理论基础。本章将对高等教育国际化策略研究领域具有代表性的六类国际化策略予以详细阐述，为后面章节的国别比较研究奠定理论基础。

第一节　简·奈特（Jane Knight）和汉斯·迪·威特（Hans de wit）的国际化策略理论与持续循环组织策略模式

高等教育国际化是由多种要素共同推动的过程。学界通常使用"机制""加速器""活动""战略"等术语描述这些因素。其中，著名高等教育国际化学者简·奈特和汉斯·德·威特使用"策略"一词描述大学、学院等高等教育机构将国际化维度融入研究、教学、服务功能以及管理政策和体系的诸多国际化活动和行为，并提出了系统的大学国际化策略思想。

一、大学国际化策略的概念

"策略"一词来源于英语 Strategy。汉语中，根据《新华字典》解释，"策略"一词，指的是"在政治斗争中，为实现一定的战略任务，根据形势的发展而制定的行动准则和斗争方式"①。根据维科百书对英语 Strategy 的定义，Strategy 指的是在不确定情况下，为实现一个或多个目标的高层次的计划。当"策略"一词应用于高等教育国际化时，指的是在大学、学院等高等教育机构为推进高等教育国际化进程所采取的诸多方法和行为。简·奈特和汉斯·迪·威特认为这些关键行为可以划分为组织类和项目类两大类。相应地，大学的国际化策略包括项目策略和组织策略，不同的策略又由若干子要素组成。

（一）项目策略

项目策略是指大学将国际化的维度融入它办学功能的学术活动和服务。根据简·奈特和汉斯·迪·威特的研究，项目策略具体分为四类，分别是：与研究相关的活动；与教学相关的活动；与技术帮助和发展合作相关的活动；课外活动和机构服务。此后，根据高等教育国际化形势的发展，特别是高等教育国际化的理念由"教育援助"转变到"教育贸易"，简·奈特将"与技术帮助和发展合作相关的活动项目"转换为"外部联系和服务项目"，并进一步对上述四个分类项目予以优化完善。1997 年，她提出，项目策略包括学位项目；研究和学术合作项目；由教育帮助到教育贸易变化引起的外部联系和服务项目；课程之外的国际化活动项目四大类。然而，上述关于项目策略的分类也不是最清晰的。为此，简·奈特继续对高等教育国际化项目策略进行整理和完善。1999 年，她又提出，项目策略是由学位项目、研究和学术合作项目、技术性帮助项目、教育服务出口项目、跨国教育项目、课外活动项目组成的系统策略，不同策略类别之下根据国际化对象的不同又细分为 A 类、B 类、C 类对象，不同国际化项目策略对象之下又包含诸多国际化具体活动。具体见表2.1。

---

① 商务印书馆辞书研究中心. 新华词典（2001 年修订版）［M］. 北京：商务印书馆，2004：99.

表 2.1　国际化项目策略分类表

类别		具体活动
学位项目	A 类	1. 以学生为中心的项目；2. 学生流动计划；3. 学生交流项目； 4. 国际学生；5. 在国外工作实习留学；6. 考察访问
	B 类	1. 以教职工为中心的项目；2. 教职员工因教学的流动项目； 3. 为教学而访问的讲座员工；4. 为教学而进行的联合任命或双边任命
	C 类	1. 课程发展项目；2. 课程国际化；3. 外语学习； 4. 区域和国际专题研究；5. 地方语言和文化训练； 6. 教学过程、联合以及双边文凭项目，暑期课程
研究和学术合作	A 类	1. 以博士为中心的项目；2. 国际博士生；3. 博士学生流动
	B 类	1. 以职工为中心的项目；2. 教职工因研究的流动性项目； 3. 因研究的访问讲座教职工；4. 联合或者双边的研究任命
	C 类	1. 研究发展项目；2. 国际研究计划；3. 国际化研究协议； 4. 国际化会议和讲座；5. 国际化出版和引用； 6. 地区和国际化议题中心；7. 联合研究中心
技术性帮助	A 类	1. 以学生为中心的项目；2. 学生学术项目； 3. 以学生为中心的培训项目
	B 类	1. 以教职工为中心的项目；2. 教职工学术培训项目；3. 教职工为中心的培训项目
	C 类	1. 课程为中心的项目；2. 机构设立项目；3. 课程发展项目
教育服务出口		1. 因经济原因招收国际学生； 2. 为国际学生开发的特定的追求利益的课程和项目； 3. 面向国际市场发展研究生项目

续表

类别	具体活动
跨国教育	1. 离岸项目和离岸校园；2. 远程教育项目； 3. 分校；4. 结对项目；5. 专营权安排；6. 联合项目； 7. 虚拟的、电子的或者网络项目和机构
课外活动	1. 学生俱乐部和协会； 2. 国际和跨文化活动； 3. 社区为基础的跨文化和国际化的项目和活动； 4. 国际校友项目

资料来源：Hans de Wit, Internationalization of Higher Education In The United States of America and Europe：A historical, Comparative, and conceptual analysis, London：Greenwood Press London，2002，PP. 122－124.

从表2.1可以看出，教育国际化项目策略是由系列数量庞杂、类别多样、涉及面广的策略构成的系统整体。任何大学都不可能实施上述所有国际化活动。事实上，简·奈特和汉斯·迪·威特也注意到的上述国际化项目分类之下呈现的所有国际化活动都可能是一所大学国际化策略的一部分。因此，他们认为："这些国际化活动相互之间并不排斥，但是只有在非常特殊的情况下，极个别高等教育机构才将上述所有国际化活动清晰地纳入其国际化战略之中。因此，不能从上述所有国际化活动或大部分国际化活动是否都明确地或隐含地出现在某一高等教育机构的政策中来评判高等教育机构的国际化策略的优劣，应从大学确认的优先事项以及这些优先事项融入其战略计划的方式来评判高等教育机构国际化策略的优劣。"①

简·奈特和汉斯·迪·威特的国际化项目策略分类厘清了国际化活动及其类型，但这一分类主要是对国际化活动进行了全面罗列，而忽略了不同国

① Knight, Jane, and Hans de Wit. Strategies for Internationalisation of Higher Education：Historical and Conceptual Perspectives. In Strategies for Internationalizaiton of Higher education：A Comparative study of Australia, Canada, Europe and United States of America, edited by Hans de wit. Amsterdam：European A ssociation for Internaional Education, 1995, P. 20.

际化活动之间的重叠与混杂。有学者以现在有关国际化策略的观点来看，认为该分类并不是一个严格意义上的国际化策略分类，"它实际上属于一种'分解式'的研究路径，体现了早期人们用具体活动或项目来理解和描述国际化的时代特征"①。即将国际化定义为与国际研究、国际教育交流与技术合作有关的各种活动、项目与服务的集合，着重描述国际化活动的种类与类型。正是受这种理解的指导，国际化策略常常又被理解为支离破碎的和不经协调的国际化活动，而各种国际化活动之间的相互关系及其影响没有得以认真考虑。因此，在实施国际化策略过程中常常呈现出分散凌乱、缺乏整体协调的节奏，也难以有效整合各种国际化活动的功能以实现效益最大化。后期，简·奈特也意识到该问题，并提出国际化的发展需要从单纯的、包罗万象的国际化活动，上升为高等院校的文化、政策、规划以及组织程序。

（二）组织策略

组织策略是指大学为确保教育国际化活动持续实施，从组织机构、人员安排、政策制定等维度给予的保障。项目策略主要强调大学如何将国际化的维度融入教学、培训、研究和服务功能的活动、服务。不同类别项目策略包含了诸多具体的国际化行为和活动。然而，简·奈特和汉斯·迪·威特也意识到"即使学术项目和活动有了明显的增加，如果这些活动和项目没有获得持久的机构认同和体系支撑，当高等教育国际化的支持者离开机构、资源变得更稀有或者新的优先项出现时，高等教育国际化活动和项目就可能面临消失。因此，国际化活动或项目需要根植于学校的文化、政策、规划以及组织过程，才不至于被边缘化或者作为流行时尚对待"②。大学为确保国际化项目策略得以落实，就需要从组织角度构建持续性保障策略。1995 年，简·奈

---

① 金帷. 国外高等教育国际化策略研究进展综述 [J]. 比较教育研究，2013（7）：73.

② Knight, Jane, and Hans de Wit. Strategies for Internationalisation of Higher Education: Historical and Conceptual Perspectives. In Strategies for Internationalizaiton of Higher education: A Comparative study of Australia, Canada, Europe and United States of America, edited by Hans de wit. Amsterdam: European A ssociation for Internaional Eduation, 1995, P. 20.

特和汉斯·迪·威特将以下内容确定为大学国际化组织策略的具体要素①：

(1) 来自大学校董事会和高级管理人员的承诺和支持；

(2) 有足够数量的教职员工参与或支持教育国际化活动；

(3) 设有实施国际化活动的办公室和职位；

(4) 来自大学内外的充足的资金和支持；

(5) 有对从事高等教育国际化活动的教职工的激励和奖励；

(6) 存在正式交流渠道；

(7) 年度计划、预算和审核过程。

1999 年，简·奈特将上述组织策略进行了分类，形成了管理、操作、支持服务以及人力资源发展这四类组织策略。具体见表 2.2。

表 2.2 大学教育国际化组织策略要素

治理策略	运营策略	支持服务	人力资源策略
1. 高级管理人员表态支持； 2. 教职工积极参与； 3. 明确的国际化动因和目标； 4. 在大学使命陈述和其他大学政策文件中承认国际化的纬度	1. 整合到机构和部门规划、预算编制和质量审核系统中； 2. 恰当的组织机制； 3. 正式的和非正式的联络和协调沟通机制； 4. 有利于促进和管理国际化教育行为的权力管理机制； 5. 足够的财政支持和资源	1. 来自大学层面的服务性机构，如学生住宿、登记、辅导服务、筹款等； 2. 学术性支持机构，如语言训练、课程发展、图书馆； 3. 对在校学习的海外学生和将去国外学习的国内学生的国际化支持服务，即迎新项目、咨询辅导、跨文化训练、学生顾问等	1. 制定国际化和跨文化专家的招聘和选择程序； 2. 制定教职工投身国际化实践、并对作出贡献的教职工予以奖励的政策； 3. 教职工职业发展项目； 4. 支持完成国际任务以及相应的休假政策

资料来源：Hans de Wit, Internationalization of Higher Education In The United States of America and Europe: A historical, Comparative, and conceptual analysis, London: Greenwood Press London, 2002, PP. 124 – 125.

---

① 参见 Jane, Knight, and Hans de Wit , Strategies for Internationalisation of Higher Education: Historical and Conceptual Perspectives. In Strategies for Internationalizaiton of Higher education: A Comparative study of Australia, Canada, Europe and United States of America, edited by Hans de wit. Amsterdam: European A ssociation for Internaional Eduation, 1995, PP. 20 – 22.

二、简·奈特的国际化循环模式

高等教育国际化策略是由一系列国际化项目策略和组织策略构成的系统行为和过程。随着大学各类教育国际化项目活动的增加，如果这些项目活动在大学体制机制和政策上得不到保障，这些项目活动就会随着高等教育国际化倡导者的离开减弱甚至消失。因此，在教育国际化的实践中，许多大学面临着如何将中头上教育国际化的承诺转化为一种全面而实用的战略，即将国际维度融入大学运行系统和价值观并将其制度化的问题。只有将国际化活动融入大学的文化、政策、计划和组织体制过程，高等教育国际化才不会成为昙花一现的美丽愿景。

高等教育国际化不仅是由诸多活动组成的整体，而且这些活动之间还相互作用，从而形成一个系统的整体，因此，需要重视并充分利用各类国际化活动之间的相互作用，让各类国际化活动成为大学国际化不可或缺的要素。通过各类国际化活动的相互作用，增强各个活动的功能效果。欲达此目的，有必要将大学的教育国际化看作是一个持续循环的过程。

1993 年，简·奈特将国际化中的一系列相互关联和灵活的国际化活动视作最终迈向国际化的不同阶段，视国际化为一个持续循环的过程，而非单向线性过程或静态行为，并提出"国际化循环：从创新到制度化"的国际化循环模式。该国际化循环模式由六个阶段组成，每个阶段都试图将国际化维度融入大学的文化和体制机制，使分散的国际化活动融合为大学国际化整体，以实现国际化收益最大化。组成简·奈特国际化循环模式的六个阶段虽有一定序列，但相邻的阶段之间，国际化行为的运行并非是单向的，也有可能会出现双向运行的情况。

（一）简·奈特的国际化循环模式

简·奈特的国际化循环模式，见图2.1。

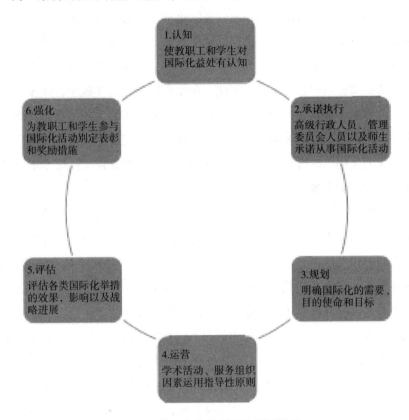

图2.1 简·奈特的国际化循环模式

资料来源：Jane. Knight, Internationalization: Elements and Checkpoints. CBIE Research paper No.7, Ottawa: Canadian Bureau for International Education, 1994, P.12.

（二）国际化循环模式的阐释

第一步：认知。使教职员工和学生意识到国际化的益处。

国际化的意识是实施教育国际化的思想基础。简·奈特对加拿大教育国际化进行研究后发现加拿大大学的高级管理人员以及政府高等教育管理部门已经意识到全球化对加拿大的影响，因此呼吁关注全球化对加拿大产生的影响，强调发挥加拿大大学在应对全球性问题上的作用。大学教职员工也意识到了全球化这一趋势及其影响，特别是随着信息时代的到来，大学课堂正在面向全球开放。

然而，意识到全球化和信息化对高等教育产生的影响只是产生教育国际化认知，了解国际化益处的第一步。增强对国际化益处的了解，培养国际化的意识还需要在全校范围内掀起有关国际化目的、需求、战略、争议性问题、影响要素和益处等问题的讨论，让支持者和反对者都参与国际化讨论，使不同意见和观点相互交流、碰撞，在争辩中掌握和领会国际化益处。最后，鉴于国际化涉及大学方方面面的领域，因此，大学教育国际化不能只局限于一个小团体或者组织，应让大学所有人员都了解国际化，参与国际化。一旦将教育国际化局限于某一小团体或组织的活动，国际化很快就会被边缘化，并被视作是一个排他性的问题。

第二步：承诺执行。承诺将国际维度融入教学、培训、研究和服务功能过程并执行。

大学高层领导人明确做出实施教育国际化的承诺是教育国际化至关重要的步骤。因此，在全校教职员工具备国际化认知的基础上，还需要将国际化认知转化为对国际化的承诺。大学高层领导对教育国际化的承诺既通过增拨资金等具体的方式得以体现，又要通过领导者的态度、行为、对国际化行为的认可和奖励等方式予以表达。教职员工是推动教育国际化的具体行动者，虽然大学高层领导人的承诺可以启动国际化过程，但具体落实高层领导人的承诺还需要教职员工的参与和支持，因此，来自广大教职员工和学生对教育国际化的强力承诺并在实践中支持国际化活动尤为重要。

第三步：规划。制定全面的计划或规划，明确教育国际化的需要、目的、使命和目标。

制定教育国际化规划需要注意以下问题：

适当的时机。一定数量的人员承诺支持、参与教育国际化是制定教育国际化规划、实施教育国际化计划的先决条件。因此，选定制定教育国际化规划的适合时机非常重要。

确定的目标。确定的目标是制定教育国际化规划的出发点和归宿。教育国际化规划要依据大学的办学特色、国际化目标量身定制才可能更好取得成功。因此，在制定教育国际化规划前，需要对大学实施国际化的原因、预期目的、独特特征、资源需求进行清晰评估，然后结合大学办学特色制定适合自身的独特目标。

全方位的落实。大学是由校、院（职能部门）、系部等不同层级机构组成的系统整体。国际化规划需要在大学校、院甚至系等不同组织层面实施开展。对于学校层面而言，需要在大学使命宣言中载明国际化，将教育国际化纳入大学发展优先实现和努力的方向，以明确国际化的重要性。此外，还需要制定教育国际化战略实施计划。由于教育国际化需要来自院系、研究中心、职能部门等基层单位的支持和推动，因此，要在院系、研究中心和职能部门的工作规划中明确教育国际化的目标、任务，确保教育国际化在全校范围内得以实施开展。

尊重历史格局。大学并非始于空白，在制定大学国际化规划时，需要考虑大学所有现有办学举措和办学过程中已经形成的利益团体，尊重特定利益和专业群体，利用国际化资源建立适合各利益群体更有效的沟通渠道和合作模式，争取和依靠他们推动教育国际化进程。如果大学国际化规划不尊重和考虑大学现状及现有利益团体，那么，用于推动教育国际化进程的资源可能将被用于破除国际化的障碍。

渐进展开。国际化涉及的范围广，在制定国际化规划，确定远景发展目标的同时，需要根据现实情况确定阶段优先发展事项，制定实施时间表，逐一落实各项安排。事实上，切实可行的计划往往会收到良好的国际化成效，而一个个小小的国际化成就反过来又会在校园内产生更强大的国际化支持力量。

第四步：运营。实施战略计划内容，营造支持国际化教育的校园文化氛围。

在教育国际化规划的实施阶段，国际化项目策略、组织策略发挥主要作用。如前所述，国际化项目策略包含国际化课程改革、国际化学生、教职员工国际化交流项目、外语学习、国际发展活动、校际发展协议、对国际维度的研究、区域问题研究以及课外活动和校园服务等在内的国际化活动；国际化组织策略是确保将国际化维度融入大学各职能的策略。指导原则是基于大学现有的组织文化、环境以及国际化目标形成的一套指导原则，包括创新、合作、协调等。国际化项目策略是实施过程的重要要素。鉴于国际化项目是由多种活动项目组成的，任何一所大学都不能同时实施所有的项目活动。不同大学应根据自身的资源、需求和目标确定优先事项和实施节奏。此外，大学的国际化组织策略要与国际化项目策略相匹配，因此，组织策略的优先顺序和实施节奏也因大学的不同而不同，不同大学的国际化运营计划都具有不同的目的、特征。

第五步：评估。评估并不断提高国际化过程不同要素的质量和影响。

"评估"一词的含义有两种不同的解释。从传统意义上讲，评估意味着监测、评估单个活动的价值、效果以及单个活动之间如何相互补充，共同作用。评估是为了确保组织目标得以高效实现，确保国际化活动达到预期的标准和期望的手段。此外，"评估"一词还意味着将国际化纳入大学各教学科研机构和行政部门年度考核范畴。将国际化纳入大学教学科研机构和行政部门的年度考核有利于将国际化融入大学的常规管理和学术体系，是对大学国际化活动整合情况的审查。

第六步：强化。对参与国际化活动的教职员工予以认可和奖励

鉴于一些国际化活动发生在校外或海外，其重要性容易被校内师生忽视。因此，通过具体的方式认可和奖励那些参与国际化活动的教职员工，从而创建、发展支持国际化的文化氛围尤为必要。制定国际化激励政策首先要了解教职员工的思想，了解激励教职工参与国际化工作并从国际化工作中获得成就感的因素有哪些。通过认可和鼓励教职工参与国际化，使他们对国际化产生新的认识和承诺。

越来越多的教职工形成的致力于从事教育国际化活动的承诺又会影响国际化的下一步规划。新的教育国际化规划又会改变现有的国际化计划或政策，促使产生和实施新的国际化活动。如此循环反复，使得国际化进程得以不断推进，教育国际化质量得以不断提升。

简·奈特的持续循环国际化模式将国际化视为融国际化于大学文化和体制机制方方面面，并通过制度化予以保障实施的持续变革过程。在简·奈特看来，大学国际化过程中所产生的变革和国际化制度化并不是两个相互排斥的概念，它们能相互成就、相互强化。对于那些致力于将国际化融入其教育、培训、服务和研究功能的大学，变革和制度化都是国际化成功实施不可或缺的要素。

第二节　盖伊·尼夫（Guy Neave）的国际化组织动力模式

一、盖伊·尼夫的国际化组织动力模式

1992 年，盖伊·尼夫在为联合国教科文组织撰写的全球案例研究中，在对大量大学国际化组织动力进行研究分析后，根据驱动国际化的动力源泉将国际化分为领导机构驱动（自上而下）模式和基层机构驱动（自下而上）模式两种典型的国际化组织动力模式。领导机构驱动模式下，大学决策中心层以下的层级缺乏实施国际化活动的体制式联系机制，负责国际合作事务的部门在大学决策中心层，这些部门与学院层面没有联系。基层机构驱动模式下，大学的职能机构以及院系是国际化倡议的主要力量，部门职工以及院系教师负有从事国际合作事务的正式职责，这也是基层机构驱动模式的典型特征。基层机构驱动模式并不排斥在大学决策中心建立专门的机构负责管理全校国际合作事务，但是在大学决策中心建立起来的负责国际事务的机构只是辅助性的，不是倡导性的，它们的任务就是为来自基层机构，传达至上层的国际化倡议提供服务和支持。盖伊·尼夫将这两种模式看作为"物体连续体的两端"。在这两种模式中间，还存在大量中间模式。事实上，以上述某一类组织动力模式为主的国际合作管理模式在某些特定条件发生改变的情况下，也会转向另一类组织动力模式。

盖伊·尼夫认为，当以下情况发生时，国际化组织动力模式就会发生转换："首先是当战略定义机构的权威受到挑战时；其次是当控制高等教育系统的机构或体制权威机构致力于重新进行定义时。"[①]

---

① Guy Neave, Managing Higher Education International Co – operation: Strategies and Solutions. Unpublished Reference Document for UNESCO, Paris, 1992, P. 167.

二、盖伊·尼夫国际化组织动力模式的案例阐述

（一）"领导机构驱动模式"案例——以埃及开罗大学为例①

1992 年，盖伊·尼夫以埃及大学为例，对领导机构驱动模式进行了阐释。20 世纪 90 年代，阿拉伯埃及共和国的高等教育以 13 所大学为基础，同时有 35 所承担 2 年文凭课程的技术学院和 9 所四年制课程为基础的私立高等教育机构组成的非大学机构。20 世纪 80 年代至 90 年代，尽管埃及人口增长速度在加速，但大学学生的入学率却保持稳定。1981 年，入学学生数为 50.4 万人，5 年后，入学学生人数为 50.6 万人。

埃及的高等教育体系受到两个级别的机构控制：第一是 1961 年成立的高等教育部门，该部门负责协调高等教育的总体发展规划并对实施情况进行监督。第二是大学联合部门，大学联合部门成立于 1950 年，负责规划学生人数，主要就是在每学年结束时确定下一学年学生人数，大学联合部成立大学最高理事会。

埃及是一个半计划经济国家，要求大学根据国家规定的社会和经济发展目标确定发展规划。国家通过大学最高理事会实现对大学战略规划的监控。大学最高理事会既要监控大学教育的规划、大学教育质量，还要对大学学位、大学规划执行及完成情况进行全面监督。大学最高理事会在大学办学质量方面发挥了积极作用。

开罗大学就处于该高等教育政策环境之中。开罗大学作为国立大学成立于 1908 年，是该国的旗舰大学，由 16 个学院和 6 个研究机构组成。此外，它在苏丹的喀土穆、法尤姆和贝尼苏弗拥有三个分校。1990 年的总入学人数为 84.05 万人，授予了 1.83 万个学位，是世界上最大的大学。

从开罗大学学生流入和流出数据可以看出，该大学接收外国留学生的数量大于出国学生的数量。1990 年，全日制的外国学生人数达到 1913 人，而在国外学习超过三个月的学生只有 731 名，出国交流的教师为 682 名。

从学校为外国留学生提供的设施和设置机构来看，大学似乎没有为外国

---

① Guy Neave, Managing Higher Education International Co – operation: Strategies and Solutions. Unpublished Reference Document for UNESCO, Paris, 1992, PP. 157—163.

学生提供专门的基础设施，也没有建立相应的管理机构提供特殊的学生援助服务。外国留学生与国内学生共享各类设施。

开罗大学设有正式管理机构负责国际合作事宜。负责国际合作事务的机构由36名工作人员组成，其主要职能是协商和执行国际合作协议。该机构由负责研究生教学和研究工作的副校长负责，该副校长的行政职责范围除了主持研究生教学和研究工作外，还负责开罗大学与埃及国内外其他大学、研究机构、中心和学术机构之间的文化和教育合作事项。该副校长是协助校长开展大学业务的三位副校长之一，他直接向校长汇报工作。

开罗大学的国际化具有自上而下领导驱动模式特点。院系和部门都不具备正式的国际合作职责，据推断，在学院层面，负责研究生教学和研究工作的副院长负责与其他学院和机构进行合作和联络。一般来说，这些责任似乎没有国际维度。考虑到副院长承担的协调职责，很可能他们要对院长负责，并且通过院长向分管研究生教学和研究工作的副校长负责，从而使得引入大学的国际合作协议得以落实。

从国际化工作的组织角度来看，开罗大学内部国际合作事务管理权力是自上而下运行的。国际合作事务管理权力主要集中在学校决策中心层。国际合作事务管理权力的运行方向从侧面反映了埃及大学的权力结构和运行机制，即学校权力集中于校长手里，校长由高等教育部长提名，由共和国总统颁布法令任命。他们的任期为四年，任期结束后可续约。他们不仅是大学的首席执行官，还是国家意志和利益在学校的代表，与国家其他部委的部长排名等同。在大学内，校长拥有对高等教育部长提名副校长时的意见咨询权。然而，大学国际合作事务的"领导驱动模式"建立在一个"精心制定"的战略框架内，大学校长的权力被限定在大学最高理事会确定的政策框架内。

开罗大学国际事务管理组织模式（见图2.2）是权力集中于校级决策层的典型体现：直接负责研究生教学和研究工作的副校长负责国际事务管理。该模式的突出特点是缺乏一个独立处理外国学生事务的机构，国际学生与普通学生共享学校学生支持服务设施。

"领导机构驱动模式"避免了由不同部门实施国际化造成的国际化事务相互割裂的风险。"领导机构驱动模式"下，大学设有专门部门负责国际合作事宜，大学的国内、国际合作院校以及潜在的合作院校都能感受到大学国际合作职责的清晰性，该部门也能通过一定机制将大学国际合作职责渗透到大学内部学院和各相关部门。

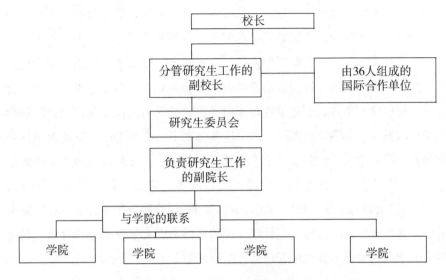

图2.2 开罗大学国际事务管理组织模式

资料来源：Guy Neave，Managing Higher Education International Co – operation：Strategies and Solutions. Unpublished Reference Document for UNESCO，Paris，1992，P. 160A.

（二）"基层机构驱动模式"案例——以荷兰的乌得勒支大学为例①

在盖伊·尼夫的研究中，荷兰乌得勒支大学体现"基层机制驱动模式"特征。该大学于1636年被确认为大学，是荷兰最大的大学之一。上世纪90年代初，它共有2.34万名学生，约2990名全日制学术人员，其中1145名从事教学的老师。学校教学、科研和其他类型的人员保持平衡。大学由14个学院和约150个部门组成，在国际合作领域非常活跃。在调研期间，该校工作人员和海外同事之间约有2000次定期接触，其中很大一部分是零散的和个人的。该校针对不同类别的国家，大学国际交流类型也不太相同，国际政策目标也不一样。大学有一个明确的国际化制度战略规划并有相应的协调体制机制以监控协调大学各部门的国际化举措，确保各部门国际化举措与大学的总

① Guy Neave，Managing Higher Education International Co – operation：Strategies and Solutions. Unpublished Reference Document for UNESCO，Paris，1992，PP. 142—143. .

体政策目标保持一致。

调研之时，该校正式的国际合作组织战略已经实施了四到五年，并得到治理委员会和大学理事会的批准。治理委员会和大学理事会分别是该大学最高的行政和学术组织。学院是贯彻落实大学政策的重要主体，负责落实合作项目、交换学生工作。学院工作人员参与到确定国际机构间联系的实质性运营工作中。学校高级管理层虽然要承担国际合作职责，但是它主要为国际合作事务提供便利条件，创建条件和框架实施学院提出的国际化倡议，清除相应的行政壁垒、刺激新的发展。大学理事会之下设有两个办公室负责国际合作事务，第一个是"内外交流和学生事务办公室"，负责联系和负责外国学生工作，并为同一个地区的学生提供援助服务；第二个是"发展合作办公室"，主要负责与发展中国家的国际合作事务。"发展合作办公室"在国际事务中非常积极主动，参与发起管理和评估乌得勒支大学发展合作计划。乌得勒支大学国际合作事务组织管理运行结构见图2.3。

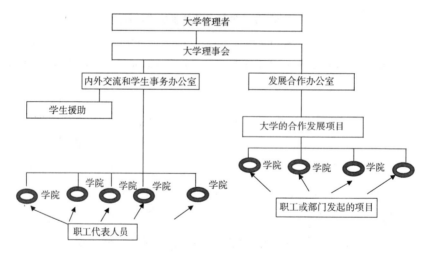

图2.3 荷兰乌得勒支大学国际合作事务组织管理运行结构图

资料来源：Guy Neave, Managing Higher Education International Co‑operation：Strategies and Solutions. Unpublished Reference Document for UNESCO, Paris, 1992, P. 143A.

在乌得勒支大学，学院以下层级的机构就不再涉及国际合作事项。每个学院都有一个国际事务协调组织或对该事务承担责任的人员。"内外交流和学生事务办公室"和"发展合作办公室"侧重于学生交流的技术性问题，是对学院工作的补充而不是替代学院功能；与研究合作有关事项以及因研究合作形成的具有实质性学术问题则由学院负责。

第三节　鲁德兹（Rudzki）的国际化策略模式

鲁德兹认为高等教育的国际化是为达到卓越的教学和研究而开展的有关组织变革、课程改革、教职员工培养和学生流动活动。他将组织变革、课程改革、员工培养和学生流动视作大学国际化的关键元素，同时根据大学对国际化的不同反应，提出了反应模式（见图2.4）和主动模式两种模式。随后，基于大学国际化的关键元素对两种模式进行优化完善，提出大学国际化分形过程模式。

一、反应模式和主动模式①

（一）反应模式

1. 反应模式阶段图

接触

表述

中心控制

冲突

成熟或衰落

图2.4　国际化反应模式图

资料来源：Rudzki, Romuald E. J., The Strategic Management of Internationalization：Towards a Model of Theory and Practice. Ph. D. diss., University of Newcastle Upon Tyne, 1998, P. 216.

---

① Rudzki, Romuald E. J, The Strategic Management of Internationalization：Towards a Model of Theory and Practice. Ph. D. diss., University of Newcastle Upon Tyne, 1998, P. 216—218.

2. 反应模式各阶段阐释及特点

第一阶段：接触。学术员工虽参与与其他国家同行的接触、课程发展、国际流动，但这些活动缺乏明确的目的和时间要求。

第二阶段：表述。一些国际性的交流和联系被明确地表述在正式的国际合作协议中，国际资源可获得性不太确定。

第三阶段：中心控制。对国际化进行管理的行为和反应开始增长。

第四阶段：冲突。学术员工和管理层之间出现的冲突导致学术员工对国际化抱有的良好愿望破灭，国际化行为和意识可能因此减弱。

第五阶段：成熟或者衰弱。国际化要么可能转向一个更连贯即主动模式，要么逐渐减弱。

从构成反应模式的几个阶段可以清楚看出，在反应模式中，管理层未能掌握国际化管理的主动权，国际化呈现"无政府主义"格局。当国际化继续发展时，校内管理层和教职员工之间不可避免地出现冲突，从而错失了国际化合作的机遇，并使得大学未来的国际化发展走向困境。如要推进大学国际化政策执行和持续改进，大学管理层就应确保将国际化传播到机构的各个层面，并将国际化权力下放到实际开展工作的组织层级，同时支持、鼓励教职员工实施国际化活动，激发他们参与国际化的积极性。在反应型模式中，最好的国际合作项目是那些能使多个学院和管理部门都能从中获益的项目，而最不成功的国际项目是由高级管理层启动产生的项目。

（二）主动模式

与国际化反应模式相对应的是国际化的主动模式。国际化的主动模式也包括五个阶段，具体见图2.5。

1. 主动模式图

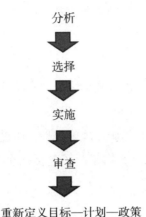

分析

选择

实施

审查

重新定义目标—计划—政策

图2.5 国际化主动模式图

资料来源：Rudzki，Romuald E. J.，The Strategic Management of Internationalization：Towards a Model of Theory and Practice. Ph. D. diss.，University of Newcastle Upon Tyne，1998，P. 218.

2. 主动模式各阶段阐释

第一阶段：分析。具备国际化内涵及益处的认知。对国际化短期、中期和长期的组织目标进行战略分析，明确国际化方式及影响要素。对教职员工进行训练，让员工们讨论，使他们理解国际化的选择，明白什么类型的国际化行为是可以采取的。对现有活动进行国际审计和员工审计。对国际化进行SWOT分析和成本效益分析。

第二阶段：选择。与员工共同制定战略规划和政策，明确使用对于员工和组织均有益的战略规划和政策。明确国际化行为方式，分配资源，联络国内外大学。

第三阶段：实施。实施规划和政策。

第四阶段：审查。按照政策和规划对国际化活动和行为进行评估。

第五阶段：重新定义目标—计划—政策。持续提升质量，针对出现的问题，返回第一阶段进入下一轮改进和发展循环。

鲁德兹用这些模式来研究英国商学院的国际化情况，并得出结论：参与这些活动的学校范围从那些已经置身于全球舞台并致力于国际化的商学院到那些已经采取战略性决定不参与国际化活动的学院。因此，他总结说，国际化显然是被经济以及其他激励因素所驱动，这些经济以及其他激励因素来自英国和欧盟之外的财政因素。

二、鲁德兹的国际化分形（Fractal）过程模式①

（一）国际化分形（Fractal）过程模式

鲁德兹基于前人以及自己研究理论成果，通过实证观察和调研访谈，在前期提出的反应模式基础上，构建起了包括六个阶段的国际化分形过程模式，具体见图2.6。

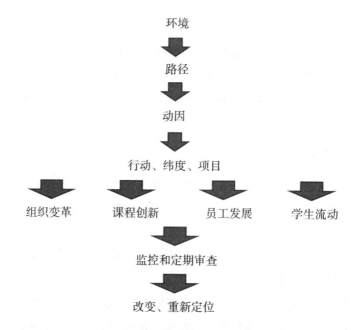

图2.6 鲁德兹国际化分形过程模式

资料来源：Rudzki, Romuald E. J., The Strategic Management of Internationalization：Towards a Model of Theory and Practice. Ph. D. diss., University of Newcastle Upon Tyne, 1998, P. 220.

---

① Rudzki, Romuald E. J, The Strategic Management of Internationalization：Towards a Model of Theory and Practice. Ph. D. diss., University of Newcastle Upon Tyne, 1998, PP. 219 – 230.

（二）对国际化分形过程模式的阐释

第一阶段：环境

在思考大学国际化时，有必要分析大学所处的外部环境。这里的外部环境包括以下方面：首先，国际环境，例如，分析是否有国际机遇、专业间的国际交流往来情况，分析是否有海外援助以支持国际化活动。其次，国家环境，如国家是否设有支持留学生的奖学金、咨询机会。最后，各类组织，例如，英国文化协会的活动，这些组织的活动对国际化行动也会产生重要的影响。

环境分析能确保大学采取的国际化方式和行动符合他们所处的外部环境情况，从而避免高等教育国际化活动或国际化产生的结果不被接受，造成国际化的不可持续性。

第二阶段：路径

大学国际化路径即处于主动国际化和被动国际化之间的各种国际化方式和活动。大学采取何种国际化路径不仅受到大学所处的外部环境因素影响，还会受到大学内部因素的影响。内部因素包括大学办学历史和多年办学形成的校园文化，大学的优先事项和"使命"大学关于国际化的目标、利益期待的观点以及影响大学国际化成功的因素、障碍。主动国际化路径模式下，大学通常都具有明确的战略和政策。被动国际化路径模式下，大学国际化活动和行为主要是为了回应外部因素，如出于利用外部资金的需要或回应政府削减资金，增加收入的需要而实施国际化。此外，国际化路径还包括有秘密国际化、无国际化、不参与国际化三种类型。秘密国际化表现为大学无资金、无机构等国际化物质支持，也不会对国际化活动进行审计，国际化活动发生在师生中，甚至发生在大学管理层，在没有权威和正式机构支持的情况下，可以通过教职员工和学生等个体活动进行识别。无国际化的典型特征是缺乏国际化活动，更重要的是，没有愿望从事任何对个人利益没有直接吸引力的国际化活动。与个人利益有关的国际化活动包括对工作人员的海外旅行或增加他们的收入。不参与国际化指的是大学拒绝参与国际化活动并对参与国际化活动的工作人员实施制裁。

第三阶段：动因

国际化的动因和激励要素受国际化各主体的角色和观点的影响。如前所述，国际化主体包括国际组织、国家政府、地区政府、私营部门、大学和大学师生等。虽然每个主体对国际化都有独特的理解，对国际化的优先事项也有不同的看法，但是他们也存在大量一致的理解和看法。各主体的政策文件和声明表明其支持、参与和实施国际化主要基于社会、经济和学术等动因。这些动因又影响了国际化主体实施的国际化策略，并使国际化呈现出外部合理性。同时，不同国际化主体实施国际化的动因之间可能会相互冲突，具体来说，实施国际化的理由如下：

经济和政治理由。经济增长和未来经济的投资、劳动力市场、对外政策、财政奖励、国家教育需求。

文化和教育理由。文化功能、个人的发展、为研究和教学提供国际化的维度、机构建设、提高教育和研究的质量。

研究表明，英国商学院进行国际化的最重要的理由是财务激励、为研究和教学提供国际维度，而文化影响和个人发展只是国际化过程产生的附带效果。

第四阶段：行动、维度、活动

在大学层面上实施的推进国际化进程的各种行动可以分为以下四类：组织变革（OC）、课程改革（CI）、员工发展（SD）、学生流动（SM）。

1. 组织变革

（1）通过政策、资源分配和战略规划，表明大学的国际化承诺；

（2）与外国大学建立永久合作关系；

（3）根据项目如框架项目进行联合研究；

（4）与其他大学、部门、教职员工和个人建立外部联系；

（5）课程特许经营；

（6）与其他大学建立联合或双边认证；

（7）对国际活动的管理和员工发展的复杂性有清晰的认识。

上述国际化活动都有一个共同的需要，即由高等院校的高级管理机构批准，从而改变了该高等院校的运作方式。

2. 课程创新

课程创新情况包括：

（1）强制要求所有学生学习第二门语言或者为外国学生提供语言支持；

（2）参与欧盟的语言项目；

（3）开发完整的国际化课程，如国际商业研究、欧盟法或区域研究；

（4）开发新模块或在现有计划中植入新的模块。例如"中欧和东欧商业"课程或使用当地跨国案例研究。

3. 员工发展

教职员工只有及时更新知识和技能才能使自身职业发展空间更广阔、更持续。此处的教职员工发展包括学术和行政人员的职业发展：

（1）行政管理人员通过培训，能更专业地处理国际事务；

（2）要求教职员工因材施教，运用不同的教学方法教授外国学生，特别是当外国学生使用非本国语言进行学习时；

（3）提供设施和激励措施鼓励教职员工学习其他语言；

（4）设立年休假，以便工作人员根据自身需要从事海外活动；

（5）与海外教师或研究人员在他国或国内大学一起从事工作；

（6）通过现有跨国项目鼓励教职员工的国际流动；

（7）对人才流失的危害以及人才流失对海外机构的影响有正确的认识；

（8）通过财务和其他资源的分配和支持，让工作人员参加国际会议、研讨会、任务组、大会等。

4. 学生流动

学生流动通常被理解为物理流动（针对少数学生）和智识流动（针对大多数学生）。后一类在有关学生流动性讨论中经常被忽视。与学生的流动性相关的国际化活动因此可以被理解为以下类别：

（1）物理流动：在海外学习课程的一个部分，该情况一般是一个学年或者一个学期，或者在海外学习完整的课程；

（2）智识流动：主要通过招收海外教师、翻译领先的海外图书和期刊、访问海外互联网得以实现；

（3）开发适用于学生学习的海外实地体验项目；

（4）开展学生交流项目；

（5）通过学分转换发展海外学习认可机制；

（6）通过强制性地在所有学习课程中引入语言学习以发展语言能力；

（7）了解学生获得签证的程序。

值得注意的是，如果不关注确保学生流动的成功要素，海外学习的效果会可能与预期相反。由于，海外经历中遭受的最初的文化冲击将给个人留下永久的印象，因此，海外学习可能会强化学生的负面感受。

第五阶段：监控和定期审查

监控和定期审查是确保大学国际化活动和效果与环境、路径、动因和活动相一致的必不可少的要素。国际化进程需要不断监控，以获得正在运作的国际化活动有关准确的信息，并确定需要改进的活动，例如，为海外工作人员和学生提供住宿，改进访问员工被纳入其东道国的方式。因此，审查阶段允许进行评估，以便衡量国际化进程的水平和缺陷，以获得持续改进国际化质量的理解和支持。

阶段六：改变、重新定位

审查的重要目的是改进国际化活动。改进国际化活动包括根据需要增加或减少国际化活动。通过这种改变、重新定位，对大学内外部环境的适应性再次予以评估，从而开始第一阶段流程，再次形成循环，以确保流程的存在和可持续性。

（三）国际化分形过程模式运用于英国各类大学产生的结果

1. 国际化大学

组织变革：卓越大学视国际化为实现卓越教学、研究长期战略发展所不可或缺的元素。它们因其在特定科学领域著名的研究中心而闻名于世，也会因为其著名而吸引最优秀的学者。

课程创新：将国际化研究结果运用于教学课程，学生可以从中获得更多益处，雇主也会认为学生具备了最前沿的知识。

员工发展：世界知名学者受大学著名研究中心吸引，该闻名于世的研究中心学者们也会因此被视作是该领域的引导者，并在国际会议、期刊和出版物上进行信息交流。

学生流动：从长远来看，可以预计大学将收取更多额外的学费。大学根据学生的财富和智识来决定是否录取，是否有更广泛的学生选择范围。学校提供全额资助的奖学金。

2. 投机性大学

组织变革：此类大学将国际化视为一项可选的活动，并通过诸如招募海外学生、课程特许经营等国际活动实现收入最大化，并从欧盟项目等外部来源吸引外部资金。大学很少或者不为国际活动提供资金。国际活动数量的增长主要取决于外部资金，外部资金一旦消失，大学国际化组织发展也会受到严重影响。

课程创新：课程应用于能带来经济效益的领域，如那些面向海外学生的一年"充值"学位。

员工发展：如果可以得到赞助，员工可以参与一些国际活动，例如，国际会议、国际教学交流和联合研究。大学教职工对国际化的态度是消极的。

学生流动性：此类大学重视招收海外学生。

3. 保守性大学

组织变革：此类大学对国际化兴趣不大或根本没有兴趣。大学资金被用于大学认为更重要的活动，例如，对区域发展、教育创新等回应国家政治议程事项上。特别是当回应政治活动能为大学带来资金时，该情况更为普遍。

课程创新：课程根据传统内容或本地市场需求而设立，因此经常作为服务当地或该地区的培训课程。任何拓宽课程的尝试都是教师基于兴趣予以推动的。扩展课程的活动由于需要资金投入而受到大学管理上层的漠视或者反对。

员工发展：大学视独立思想为消极行为，那些满足于在有限的环境中工作并且对其领域了解有限且没有感情的教职工会得到鼓励。

学生流动性：由于工作人员和学科质量不高，为获得足够数量的学生保证课程开展，降低国内学生的入学要求。海外学生人数也很少，但是为增加学生数量又积极招收海外学生。

以上三类大学实施国际化的情况表明了国际化的重要性，国际化是改革大学实现卓越教学和研究的手段和方式，国际化也会深刻影响和改变大学的角色。

然而，这一模式也经常被质疑。"第一，质疑为什么要将环境和路径区分出先后次序。这种位置意味着在国际化战略规划中外部的环境比大学内部的路径更重要。其次，组成大学国际化的四个维度也受到质疑：首先，质疑将非常抽象的'组织变革'与三个非常具体的国际化活动结合在一起；第二，质疑鲁德兹选择'课程创新''员工发展'以及'学生流动'这三类活动，而排除了其他项目策略或将其他项目策略活动置于'组织变革'类别之下的主观性。最后，质疑鲁德兹将组织变革定义为一个过程，通过该过程，大学能有效应对它的环境以确保它的教学、研究和相关活动的目的得以持续生存。"①

第四节　戴维斯（Davis）国际化组织策略模式

戴维斯认为，大学自身具有的研究和学术特性使其本身具有国际化倾向。从历史上来看，基于大学自身国际化特点的国际化活动往往首先在大学的部门或教职员工中启动。随着政治、经济、社会、文化的区域化、全球化发展，当代大学也被卷入全球化浪潮，并且全球化因素对大学国际化发挥着越来越重要的作用。面对高度竞争的国际教育市场，大学开始向企业一样运行。然而，企业运作模式不一定能够轻易地与传统的大学官僚体制文化机构并存，它们之间存在怎么样的张力？大学国际化教育决策和组织运作的关键领域是什么？促进或阻碍大学国际化发展的要素有哪些？为解决上述问题，戴维斯设计了大学国际化策略模式。

一、大学国际化战略发展影响因素及路径②

（一）大学发展国际化战略发展影响因素

戴维斯运用了凯勒（Keller）1983 年提出的"学术策略"作为其分析影响大学国际化策略发展因素的基础。他提出大学在制定国际化战略时需要考虑外部因素和内部因素这两组因素。内部因素和外部因素之下各自又涵盖了

---

① Hans de Wit, Internationalization of Higher Education In The United States of America and Europe: A historical, Comparative, and conceptual analysis, London: Greenwood Press, 2002, P. 128.

② Davies, John L, "Developing a strategy for Internationalization in Universities: Towards a Conceptual Framework", in Bridges To The Future: Strategies For Internationalizing Higher Education, edited by Charles B. Klasek. Carbondale: III. Association of International Education Administrators, 1992, PP. 178—187.

三组子要素。具体见图 2.7。

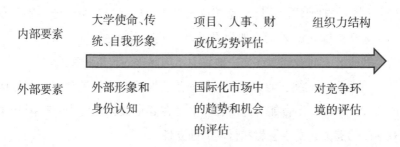

| | 大学使命、传统、自我形象 | 项目、人事、财政优劣势评估 | 组织力结构 |

内部要素　大学使命、传统、自我形象　项目、人事、财政优劣势评估　组织力结构

外部要素　外部形象和身份认知　国际化市场中的趋势和机会的评估　对竞争环境的评估

图 2.7　大学国际化战略影响因素

资料来源：Davies, John L., Developing a strategy for Internationalization in Universities: Towards a Conceptual Framework, in Bridges To The Future: Strategies For Internationalizing Higher Education, edited by Charles B. Klasek. Carbondale: III. Association of International Education Administrators, 1992, P. 190.

（二）影响大学制定国际化发展战略的因素阐释

1. 大学使命

所有大学都有明确或隐含的使命。人们可以在大学使命文件、政策文件、宣传报道和大学简介中看到大学使命。大学使命决定大学规划过程、资源分配标准，大学内部的凝聚理念，并向大学外部传达一套大学基本和稳定的信仰和价值观，因此，对于支持参与国际化的大学来说，应当明确表明国际化在大学使命中的位置。大学使命中描述国际化需要面对如下问题：

（1）支持国际化的原因。是大学真的相信推动国际和谐、多元文化主义，还是主要出于经济动机？鉴于国际经济环境的变幻莫测，不能忽略大学基于财务需求实施国际化。

（2）国际化的领域。由于使命就是宣布哪些是不做的，哪些是需要做的。大学须表明大学国际化是覆盖研究生教学和研究生课程、继续教育、研究、咨询、技术转让等大学全部活动领域，还是只是在大学的特定活动领域实施国际化。

（3）大学致力于国际化的特定区域。大学是否针对特定地理区域位置实施国际化？大学致力于国际化的区域定位受大学规模、传统和乃至大学教授个人的国际联系等多种复杂因素的影响。

（4）大学国际化的目的。有些大学可能只是想通过国际化，以获得特定的文化语言、历史、政治和经济知识，为此，它们可能投入很少的资源。

（5）国际化的地位。国际化是构成大学体制机制的普遍成分，还是在本质上属于大学边缘化的要素？如果是前者，我们就能在课程、财务、人员、市场营销和研究方面看到始终如一地致力于国际化的政策和实践。

（6）有关学生成绩、能力方面的使命是否明确？这将包含诸如在其他文化中的体验式学习、语言能力等内容。学生在其他文化环境中、在国际舞台上有效活动的能力；学生思想和行动的独立性。

2. 项目、人事、财政优劣势评估

凯勒（Keller）认为项目、人事和财务是国际化的重点。通常大学不会完全基于国际化目的而是在日常管理中会发展出上述领域的许多实践活动。但是，有关项目、人事和财务的管理方式可能与大学要实施的国际化活动不兼容或相互冲突，因此，为推动国际化，大学可能需要发展其他具体的方式。

（1）项目

第一，项目优劣势主要涉及以下问题：国际化在课程中是否普遍存在？其普遍性是否足以实现大学使命，符合国际学生群体的需求？国际学生主要集中在商业或法律课程项目，这些课程传授的内容通常以某一国家或某一体系为基础，然而，这些知识与其他国家的学生明显无关。因此，甚至可以认为，在课程国际化不普遍的情况下，密集招收海外学生是不妥的行为。

第二，语言训练是否是项目的核心要素？哪些语言是项目的核心要素？为什么它们会是项目核心要素？语言培训如何与商业或法律等其他领域联系起来？它们讲授的级别是什么，需要什么先决条件？海外实践是不是不可分割的一部分？

第三，开设适用于国内外学生的全日制课程，意味着学生需求、学习模式、行为和期望的多样性，从而增加课程运行困难。因此，需要考虑项目的领导和老师是否能够充分管理和适应这种多样性。

第四，将一段时间的海外学习或工作实践纳入课程，会增加项目规划、监督以及评估困难，如消耗更多资源等问题，大学是否做好了迎接这些困难的准备。

第五，给本科生和研究生提供国际化体验会遇到越来越多的困难，在外国机构或公司的深度海外体验也许并不可行。

以上问题表明了开发国际化项目需要解决的问题。首先是增强课程机构灵活性，以促进跨学科的学生流动；其次是对大学层面的课程进行学术性国际化审查，以确保主要国际元素在所有正在批准或即将进行审查的课程中均有涉及，为此，需要制作符合大学使命要求的课程审查清单，使所有项目与审查清单相契合是一项长期工作；第三是课程开发过程需要敏锐地意识到这一使命，院校部门要致力实现这一使命。

（2）人事

首先，提升工作人员能力，改善工作人员结构。课程教学质量取决于教师和行政人员的态度、技能和知识。学术研究在本质上一直是国际性的，研究人员通过个人接触、交流著作和国际会议发言从而建立国际联系，维持自身在该领域的创造力，使自身处于该领域知识的前沿。传统上，大学教学和管理的国际化程度较低，但是，当今国际化对大学的人事政策提出了一系列挑战。国际化要求大学相关人员完成相应的任务：为学生提供国际营销项目和一般资助和管理；为来自不同文化群体的学生团体提供入学、评估、学生流动、住宿和社交设施等服务性项目；国际和多文化项目设计、资源开发、远程学习；用不同的语言或在不同的文化背景下进行教学；收费、多元收入渠道的财务管理。

大学现有的许多工作人员如要有效地完成以上任务点，就需要提升大学所有岗位工作人员的能力。提升工作人员能力可以通过语言培训、定期借调、休假、结构性的教师交流计划、讲座和研讨会等形式予以实现。目前，这些活动通常不系统完整。此外，为应对各类国际化活动，即使在现有工作人员能完全胜任上述任务的情况下，也有必要聘请外部专家（无论是作为全职员工还是顾问或代理）参与。

其次，完善人事合同和激励机制。大学国际化给员工的工作环境和条件带来了一系列变化，如工作时间不固定；利用常规假期进行海外教学；研究时间被缩短，对晋升前景产生影响；工作地点多元化。因此，国际化要求大学与教职员工的聘用合同内容不应是标准合同，而必须视具体情况的不同而有所变化。大学对员工物质和金钱方面的奖励既要考虑补偿工作量，也要考虑能激励员工开展和创新业务的动力。为国际化创业成功做出贡献的工作人员与其他人员相比可能缺少宣传自己的机会，因此需要寻求额外的宣传标准和机制，以免此类人员受到工作歧视。

大学国际化遵循的路径可能不同。一些大学从宏伟的战略角度来支持国际化，并且它假定在所有领域都充满活力地追求大学确立的优先发展事项。在这种路径指导下，人事政策成为大学追求优先发展事项的工具，大学对员工发展、奖励、正式和体制化人员交流等方面也会给予重大关注和资金支持。另外一些大学则更倾向于通过学院层面推动国际化，它们依靠内在的专业精神以及员工的自身利益来推动大学国际化的发展。

（3）财务

国际化给大学财务带来机遇和挑战。一些大学在国内生源规模下降、政府施加的扩大学生规模以及不确定研究经费的压力下，以贸易思维发展国际化，以确保其财务完整性。20 世纪 80 年代初期，许多大学积极向海外招收全额学费学生就是教育国际贸易化的主要表现。现在，大学国际化收入渠道更为广泛，从海外学生费用、学生补助金；项目资助、海外咨询、海外继续教育课程、海外研究项目、技术转让、特许经营课程到代理安排。面对多样化的国际化收入渠道，大学需要在下列关键问题上确定适当的立场：

A. 国际商业最终必须自筹资金，否则，这只会消耗大学的基本预算，影响传统的教学和研究。

B. 国际化收入单独核算或融入现有资金账户中。为了实现收入，投资性支出必须先放在第一位。投资性支出可能涵盖一系列项目，例如，为学生和商业的营销和广告；大量的旅行费用；员工发展费用；信息系统；代理费；新任命职位产生的费用；大学在海外成立的特许学校。显然，启动国际化以及因国际化而产生的财务支出不能无限期地持续下去，因此需要考虑投入支出问题。

C. 仔细考虑教育服务的定价。教育服务的定价不是机械地从支出成本中产生，而需要综合考虑市场性质、消费者支付的能力、海外国家的政府限制（例如，税收）、文化习俗、其他提供商提供的教育服务类型以及重复性业务的范围等因素后确定教育服务的价格。

D. 用经济性激烈措施激励大学内各部门，以便使他们认为从事国际化服务是值得的。

E. 对在海外进行工作的有限性责任和风险保障问题。

F. 海外收入不稳定性很强，特别是在竞争日益激烈的情况下，因此需要持续不断的努力。特许经营机构可能倾向独立；大学必须非常努力从学生或商业性行为中获得收入；汇率可能波动，从而使稳健的财政盈余变为赤字。由此可见，基于不稳定的财政基础，对建立永久性持续支出应保持小心谨慎态度。

总之，国际化给大学财务管理带来了相当大的挑战。然而，一旦开始实施国际化，对国际财务状况的依赖可能是不可逆转的，因此，大学需要保持对不能维持持续收入的国际化项目持谨慎承诺，理性对待并考虑国际化教育产品的生命周期。

（4）组织

与大学企业理念的其他方面一样，大学国际化活动和服务要么通过一般的组织机构，要么通过专门机构予以提供。根据从事国际化服务的部门类别及层次，可以分为以下类型：

A. 通过设立专门的机构和院系开展本科生以及研究生层次的国际化教学和研究。这些专门机构依据必要的流程负责为海外本科生以及研究生提供教育教学。这些机构通常聚集了具有专业知识的学术人员，同时也负责海外继续教育、研究和特定类别项目的开发。

B. 如果大学传统部门在设立时没考虑国际化职能，涉及工业研究和技术转让方面的国际化职能可能分散在各个部门或由专门设计的组织机构（如中心、研究所、大学公司或孵化中心）承担。

C. 不稳定的经营活动要求人员专业化、反应快速化、融资商业化。此类情况也适用于大型多学科的海外继续教育项目，因此，海外继续教育最好由专业中心予以处理。

D. 除了处理国内和国际工作的专业机构之外，研究合同办公室和工业联络处在海外合同工作的技术和金融发展方面发挥着重要作用。

E. 国际办事处对于后期海外学生交流和研发合同的对外联络和信息收集意义非凡，通常由副校长负责分管国际事务。

F. 在一些国家，越来越多的大学可能面临大量潜在的海外本科生没有资金前往欧洲、澳大利亚或美国学习的问题，但这些国家的高等教育也没有足够的资源供所有国内学生使用。这便催生了合作伙伴关系、海外特许经营安排、在特定国家设立分校或联合授予学位等模式的出现。随之也产生如下一系列问题：选择当地交付中心、前期投资、持续的人员和资源开发支持、定制课程、营销、确保交付和评估的标准、确保配备高质量的人员。

最后，上述国际化行为也将给大学带来如下压力：

a. 难以远程控制特许经营活动；

b. 大学营销部门在开发国际业务时所产生问题的速度超过了国际教育交付负责人可以应付的速度；

c. 大学国际化管理机构和职能部门之间在工作上的不协调；

d. 员工超负荷工作；

e. 如何分配才会使成本和收入更加公平。

（5）外部感知的形象和身份

外部感知的形象和身份是对大学使命的反映。如果大学业务实施所在地的其他主体不知道大学具有的国际化使命，不了解大学的国际化使命，也不相信该大学能提供国际化服务，那么可以说，大学拥有的国际化使命不太令人满意。因此，大学自身的宣传与外部对大学的理解和判断是有区别的。

（6）市场趋势和机会

大学在国际市场中的地位既受民族文化、教育、金融和政治方面的国际发展情况的影响，又受劳动力市场、国际公约和法律规定等因素的影响，而处于复杂多变的状态，因此，大学需要了解市场中变化的趋势和机会。

（7）竞争情况评估

大学处于竞争激励的国际市场中，在不同的国际市场中国际竞争的程度和状况会有所不同。如向海外本科和研究生提供课程的竞争状况就向海外转让技术和在海外实施继续教育领域的竞争状况不同。一些市场已由一家主要供应商掌控，一些市场则由当地大学的联合组织或者本国和其他国家的大学的联合组织掌控，有些市场可能由几个实力相当的提供商掌控。因此，大学在国际竞争中的地位是不同的，在国际竞争中，大学通常扮演着如下角色：

A. 领导者：他们决定其他参与者实施国际化的条件。

B. 挑战者：他们挑战领导者，希望取代他们，这通常需要大量的投资。

C. 追随者：他们满足于在可接受的活动水平和可接受的条件下做追随者。

D. 奋斗者：他们无法有效地打入国际市场，收入不能维持正在进行的国际化努力，也难以提供额外的支出。

E. 小生境者：他们发现一个特定的细分市场，并且在该市场中获得近乎垄断的地位。

一所大学能否在特定的国际市场上能发挥不仅取决于自身能力，而且还取决于竞争者的情况。因此，在大学为国际化付出努力和支出费用之前，有必要仔细评估上述问题。但是，目前大学普遍没有实施这样的评估。具体来说，以下因素是大学做出国际化努力前需要进行比较评估的优劣势因素：

a. 使命和传统；

b. 特定细分市场的经验和专业知识；

c. 成功与失败，以及原因；

d. 大学的风格；

e. 关于细分市场的知识，包括其权力结构；

f. 财务、成本和定价政策，以及提供资金的能力；

g. 提供服务的特点和质量，包括对客户的帮助和支持项目；

h. 大品牌

i. 加入的联盟以及联盟的能力和适应性。

（8）反射。

制定连贯一致的国际化战略需要考虑国际化给大学声誉、财务以及转移其他方面目标带来的巨大风险。因此，要考虑国际化战略的实施问题。

二、大学国际化路径

（一）大学国际化路径[①]

戴维斯基于凯勒的国际化内外六种影响因素，创建了大学国际化路径模式。该模式由两个维度组成，它们分别是国际化活动从零散到系统的国际化活动分布频谱和从边缘到中心的国际化重要性频谱。

---

① Davies, John L, "Developing a strategy for Internationalization in Universities: Towards a Conceptual Framework", in Bridges To The Future: Strategies For Internationalizing Higher Education, edited by Charles B. Klasek. Carbondale: Ill. Association of International Education Administrators, 1992, P. 187.

　　一些大学以零星的、不规则的方式开展国际化活动，在国际化行动程序和组织结构方面存在零散、随机的状态。一些大学则以有组织和系统的方式创建精确的、明确的国际化行动程序，因此形成了从零散、随机到有组织、系统的国际化活动分布谱线。

　　对于一些大学来说，国际化本质上是一项相对边缘性的、辅助性的活动；对另外一些大学而言，国际化对其工作至关重要，并渗透到大学制度体系的各个方面。这两种极端形成了从边缘到中心的另一根谱线，即国际化重要性频谱。

　　戴维斯将上述两根谱线组合在一个矩阵中（见图2.8），从而创建了大学国际化的路径模式。每个大学都可以在四个象限构成的组织矩阵中找到自己所处的位置。

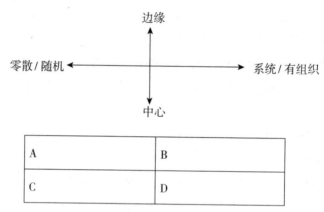

图2.8　戴维斯大学国际化的路径模式

　　资料来源：John L. Davies, Developing a strategy for internationalization in Univeristies：Toward a conceptual Framework. In Bridges To The Future：Strategies For Internationalizing Higher Education. edited by Charles B. Klasek Carbendale：Ⅲ, Association of International Education Administrators, 1992, P. 190.

（二）对戴维斯大国国际化路径模式的阐释

象限 A：零散边缘模式

　　在该模式下，大学的商业性国际化活动数量相对较少。大学有一些海外学生，有少量咨询或国际化继续教育活动。国际研究方面的联系主要局限于对此有兴趣的教职工个人；国际化对组织变革的影响是不固定的，且不具有系统性。大学对自身在国际市场上拥有的机会、所处的竞争环境和发展趋势掌握的数据不多，也很少评估大学的市场机会。

象限 B：系统边缘模式

在该模式下，大学的商业性国际化活动数量仍然较小，但大学对这些国际化活动的组织却是良好的；大学精确识别其国际活动领域，并且付出同等的国际化努力；国际项目和大学的努力都集中于特定的市场，并且大学致力于成为该市场领域的专家；大学国际化活动的成本核算和定价是准确和现实的；大学签署的国际合作协议虽然少，但是却非常重要且每个协议都能获得有效实施；大学员工培训机会虽然有限，但是有限的培训均与国际化项目和活动密切相关。

象限 C：零散中心模式

在该模式下，大学国际业务遍布不同的类别领域。大学不太关注国际营销；课程可能与大学针对的国际问题不太协调。大学与很多大学签署国际合作协议，但是许多协议都没有得以实施，在很大程度上是装饰性的；大学主要市场营销人员的财务紧迫性往往很强；大学普遍存在紧张感；大学国际化的支持服务往往与许多国际努力不适应，而国际化基本规则变化速度快，让人困惑。

象限 D：系统中心模式

在该模式下，大学国际化活动数量大类别多，这些活动相互促进，具有系统一致性。大学国际化使命明确，并遵循具体的政策和程序予以开展；有关国际化的数据库涉及领域广且定期更新；大学在国外有代理机构；执行项目计划的合作大学也有明确有效的运作程序。大学不断对人员和课程政策进行评估和调整，使其对大学国际化努力起到支撑作用；大学不断调整和评估其体制和机制以确保推进国际化；大学明确承诺给予国际项目财政支持，并设立专门组织机构支持一系列国际化活动；实施、支持国际化活动的组织与院系之间的关系虽然紧张，但是这种紧张关系通常具有建设性作用；大学有国际化的奖励和激励机制，这些机制的作用得以有效发挥。

（三）大学与国际化路径模式之间的关系

任何大学都能够在国际化路径矩阵模式中找到适合自己情况的位置。大多数大学的国际化努力始于象限 A。如果来自大学外部的以企业理念推进国际化的压力很大并且大学自身财务状况也不稳定，大学通常会迅速启动国际化，在这种情况下，大学就会从象限 A 移动到象限 C。在这种情况下，大学可能在象限 C 的位置保持一段时间，然后有希望发展到象限 D，并在象限 D 中保持稳定状态。这种状况通常发生在有坚强的组织领导为保障的大学国际化中。

如果大学面临的外部环境不太恶劣，大学国际化状态就有可能从象限 A 移动到象限 B，可能会在国际化状态发展到象限 D 之前实现国际化的体系化。该发展路线是大学国际化的理想组织路线，但并非所有大学都能沿着这一路线发展。

大学除了可以在矩阵的象限 A、象限 B、象限 C 或象限 D 中找到其国际化组织状态外，还可以根据该路径模式确定自己将要实现的状态，并制定相应的国际化举措以达到目标状态。

戴维斯认为："用概念性框架来阐释大学国际化的发展动态发展是值得的，因为国际化不能只是仅仅关注创造国际化政策和结构或者仅仅成为商业灌木丛。"[1]

第五节　范·迪杰克（Van Dijk）和梅杰（Meijer）的国际化立方体

一、理论模型的发展：国际化立方体[2]

1997 年，范·迪杰克和梅杰在对荷兰高等教育国际化状况进行分析的基础上，通过引入国际化政策（对国际化目标的重要性）、支持（国际化活动

---

[1] Davies, John L, "Developing a strategy for Internationalization in Universities: Towards a Conceptual Framework", in Bridges To The Future: Strategies For Internationalizing Higher Education, edited by Charles B. Klasek. Carbondale: Ⅲ. Association of International Education Administrators, 1992, P. 189.

[2] Hans Van Dijk , Kees Meijer, "The Internationalization Cube: A Tentative Model for the Study of Organizational Designs and the Results of Internationalism in Higher Education", European Education, Vol. 30, No. 4, 1998, PP. 46 – 49.

的支持类型）和实施（实施方式）三个国际化要素，拓展了戴维斯提出的四象限国际化矩阵模式，提出了国际化立方体模式。

负责荷兰大学国际化研究的工作组认为戴维斯模式由于只考虑了组织维度的设计（结构/特征），而没有具体考虑大学各层级对国际化活动的管理方式（在学校决策层面管理；在院系层面管理以及决策层和院系层管理活动的互动），因此决定拆分戴维斯国际化活动分布维度（从零散到系统），并从以下三个要素进行组合：

1. 政策。对国际化目标的重视：优先的还是边缘的。

2. 支持。对国际化活动的支持类型：互动的还是单方面的。

3. 实施。实施的方法：系统性的还是零散的。

在他们看来，大学政策有可能将国际化目标置于优先位置，也有可能置于边缘位置。大学组织内部对国际化活动的支持可能由决策层到院系部门自上而下支持或院系部门到决策层自下而上的单向运行，也有可能是决策层和院系双向互动的支持。国际化活动实施的行为可能只是局限于大学内部某一组织，呈现零散状态，也有可能是大学有组织、成体系地开展国际化活动，呈现系统性。正是基于对国际化政策、国际化支持以及国际化实施三要素不同状态的假设，范·迪克和梅杰提出由八个单元构成的国际化立方体模式见表2.3。

表2.3　范·迪杰克和梅杰国际化立方体模式

单元	政策	支持	实施
1	边缘的	单向的	零散的
2	边缘的	单向的	系统的
3	边缘的	双向的	零散的
4	边缘的	双向的	系统的
5	优先的	单向的	零散的
6	优先的	单向的	系统的
7	优先的	双向的	零散的
8	优先的	双向的	系统的

资料来源：Van Dijk and Kees Meijer, "The Internationalization Cube: A Tentative Model for the Study of Organizational Designs and the Results of Internationalism in Higher Education", European Education, Vol. 30, No. 4, winter 1998－99, P. 47.

任何大学都可以在立方体的某一单元找到自己所处的位置。处于立方体第一单元的大学从事的国际活动甚少，或刚刚开始国际化进程，它们的决策层很少有国际联系或只有一两个部门有国际伙伴。位于第八单元的大学的国际化程度相当高，它们的国际化政策明确清晰，并且整个大学所有部门和人员都支持国际化政策，国际化活动频率高，无论是大学权力高层还是院系都提供了足够的国际化支持服务。

范·迪克和梅杰提出国际化立方体模式并不是为了规范指导大学的国际化活动。该模式主要用于分析大学在国际化活动中的位置以及它们如何从一个单元格移动到另一个单元格。

从国际化立方体模式中可以看出，自上而下和自下而上的组织都可以快速启动大学国际化进程。但是，当国际化活动步入更高阶段时，就需要大学内不同层级的组织具备国际化基本条件，且需要大学不同层级组织之间的互动。

二、国际化立方体的运用

1993 年，国际化立方体模式被用于验证荷兰多所大学和非大学教育机构国际化状况及其取得的成就，以论证大学在立方体中的位置与其国际化活动的结果之间的联系。

对荷兰多所高等教育机构的调查结果显示："10 所机构中有 7 所机构处于单元 7 或单元 8 的位置。这意味着荷兰的大部分高等教育机构在其政策中都将国际化目标作为优先选项，并且机构内部各层级给予国际化的支持都非常合理。然而关于实施国际化的组织情况的调查却表明：55% 的调查对象的国际化活动并不是系统化的而只是零散的分布于个别部门。这一结论既适用于大学，也适用于非大学教育机构。总的来说，大学的情况比非大学教育机构的情况更为和谐。非大学教育机构的情况比较极端，有的机构相当重视国际化，并将其作为优先事项，有的机构则只是将国际化作为边缘事项。"①

对荷兰大学的调查和验证主要是分析荷兰的大学在国际化活动中取得的成就是否与它们在国际化立方体模式中的位置有关，以及它们的成就是否与大学对这些国际化活动的资金支持程度相关。假设大学国际化成就与其在国际化立方体中的位置和国际化资金支持之间的关系是正相关的，即假设一所大学从财务预算和工作人员安排方面对国际活动的投入越高，该大学在立方体中的三个维度的得分高，其地位就越高，而且这些国际化活动所取得的成果就会越好。通过对荷兰多所大学的国际化投入水平与其国际化过程（政策、支持和实施）和国际化结果之间的关系调查，形成如下结论：②

1. 参与国际化的员工越多，国际化就会得到更广泛的支持，国际化的实施效果也会更好。此外，对国际化的预算越高，意味着国际化目标是大学政策优先考虑事项，国际化也会获得更广泛的支持，并且保障国际化活动得以实施的基础也会更坚实。

2. 国际化投入与国际化结果直接相关。大学对国际化的投入越多，其取得的国际化成果就越高，其中，学生交流投入与成果的正相关性更为明显。

3. 在确定立方体中大学位置的三个因素中，国际化活动支持因素与国际化结果之间相关性显示最强。大学和非大学教育机构的国际化支持力度之间具有联系，即大学各层级之间的沟通和互动程度与大学对国际化政策的重视程度之间关系密切。

总之，当大学制定了积极的国际化政策时，该政策就会在组织中产生更广泛的支持基础，用于国际化活动的预算就越多，从事国际化工作的人员也会相应增多。国际化政策执行保障和财务支持越多，参与国际化活动的学生和教师也就越多。

---

① Hans de Wit, Internationalization of Higher Education In The United States of America and Europe: A historical, Comparative, and conceptual analysis, London: Greenwood Press, 2002, P. 133.

② Hans Van Dijk, Kees Meije, "The Internationalization Cube: A Tentative Model for the Study of Organizational Designs and the Results of Internationalism in Higher Education", European Education, Vol. 30, No. 4, 1998, PP. 51 - 52.

三、对国际化立方体模式的扩展和发展①

国际化立方体模式是在戴维斯的四象限模式基础上发展起来的，这一发展使得区分大学内不同的国际化发展过程成为可能。随着越来越多的荷兰大学公开宣布国际化是它们发展和工作的优先事项，他们将国际化作为大学真正重要目标，并明确了实现这一目标的三种实施路径。

1. 1-2-6-8 路径。该路径下，国际化进程的启动是经过深思熟虑的。大学为国际化活动的开展创建了良好的组织文化和体制机制。由于国际化进程启动时比较缓慢，因此，又被称为慢起动器。在该路径下，通过有序地拓展国际化活动，大学上下层级之间的互动也得以不断发展。

2. 1-5-6-8 路径。该路径下，反映了大学具有强烈的国际化承诺，大学为国际化活动的开展创建了良好的组织文化和体制机制。该路径又被定义为"有组织的领导者"。

3. 1-5-7-8 路径。该路径下大学对外部发展的回应是快速的，大学不同层面都在开展大量的国际化行动并做出了大量承诺，只是在国际化的后期阶段，才运用更系统的方式将国际化行动组织起来，国际化的支持服务滞后于国际化发展。该路径之下的大学被定义为"创业型大学"

在实现国际化过程中，大学并不会一一走完上述路径规定的所有阶段，大学依照某一路径推进国际化的过程也不是一帆风顺的，中途可能会停滞不前或者出现后退。大学也可以决定维持一定的国际化水平，或决定放弃任何非边际活动。

---

① Hans Van Dijk , Kees Meijer, The Internationalization Cube: A Tentative Model for the Study of Organizational Designs and the Results of Internationalism in Higher Education, European Education , Vol. 30, No. 4, 1998, PP. 53 – 54.

第六节 范·德·温德（Van der Wende）的 拉菲克（NUFFIC）国际化模型

一、拉菲克（NUFFIC）模型

范·德·温德的高等教育国际化拉菲克模型视大学国际化为一个过程，他将以下三种因素作为高等教育国际化的重要因素：首先是大学政策或者大学国际化政策确定的国际化目标和战略；其次是实施国际化目标和战略的三类活动，即学生流动、教职员工流动以及课程发展；最后是实施国际化对学生、教职员工和教学的短期影响以及对教育质量、产出和机构排名的长期影响。具体见图2.9。

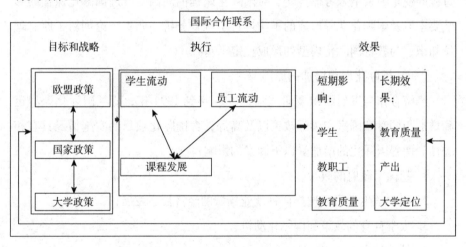

图 2.9 高等教育国际化的拉菲克模型

资料来源：Hans de Wit, Internationalization of Higher Education In The United States of America and Europe：A historical, Comparative, and conceptual analysis, London：Greenwood Press，2002，P. 134

二、对拉菲克模型的阐释与验证

1996 年，经济合作与发展组织（OECD）之下的教育研究和创新中心（CERI）对澳大利亚、丹麦、法国、德国、日本和荷兰六个经合组织国家的课程国际化项目进行了调查研究。对荷兰国际化课程的研究发现，1986 至 1996 年，荷兰提供的国际化课程数量大幅度增加。这些国际化课程主要集中在经济和商业研究、人力资源等社会科学领域。

范·德·温德的拉菲克模型建立在经济合作与发展组织的调研基础上，特别是荷兰课程国际化推进过程及结果的调查研究基础之上。调研由学生流动性、员工流动性和课程开发三要素构成并相互作用的教育国际化理论框架为基础，运用教育改变、课程发展和实施、高等教育政策制定理论指导调研问题的设计，将外部因素、内部因素以及国际化过程的特点视作影响国际化过程的变量因素纳入考虑范畴。对国际化课程的动因、推进国际化课程的影响要素以及国际化课程形成的影响进行了调查分析，调查结论创新了原有理论知识，为教育国际化模型的形成奠定了基础。

（一）国际化课程增加的原因①

经济合作与发展组织调研显示，1986 年到 1994 年，荷兰国际化课程迅猛增加与同时期国家和国际政策以及高等教育国际化项目的实施情况具有相关性。课程国际化的增加受以下因素的影响：

1. 超国家政府的政策；

2. 影响学生学习后选择何种就业领域的经济社会发展；

3. 大学自身的政策和国际化动机；

4. 外国学生流入；

5. 与国外院校合作中出现的问题和挑战。

传统高等教育政策制定理论假定课程改变的动机来自政府、大学内部或市场力量。此外，这些理论认为，机构自治和学术自由在很大程度上决定了

---

① Van der Wende, Marijk, Internationalising the Curriculum in Dutch Higher Education: An International Comparative Perspective. Ph. D. diss., Utrecht University, 1996, pp. 59 – 60.

制度的创新程度。经合组织的研究表明，国家政府和大学处于一定的国际环境中，国家政府与大学之间的关系也会受到超国家高等教育政策的影响。因此，国家政府、大学以及它们之间的关系不再被视为大学变革课程的唯一动因，高等教育机构所处的市场环境和国际环境也是课程国际化的动机，而政府对国际化课程的推进则发挥了促进作用。该研究也证明，大学自治和学术自由也是大学对上述事态发展及由此产生的挑战做出及时反应的重要因素。

（二）影响课程国际化进程的要素①

对荷兰高等教育机构的案例研究表明，课程国际化与一般课程改革过程并没有很大的不同，除了员工需具备国际知识和经验外，最核心的是需要具有创新理念的知名学者引导、员工群体的广泛参与以及大学高层管理人员的支持。课程国际化的成功推进也是一项学术性挑战工作，需要设计明确和可行的目标，并且获得大学由上至下或由下至上的推进。因此，影响大学国际化课程推进的要素主要有以下几个：

1. 大学内部的组织结构体制及管理机制；

2. 国家和国际组织的政策以及合作院校的情况；

3. 与课程创新相关的市场因素。

当课程还需要在国外实施运用时，由于外国学生和国外合作院校的工作人员也会参与课程国际化过程，并影响课程国际化的实施效果，因此该类课程国际化的成功推进还需要具备以下要素：

1. 要有致力于国际化，并具备从事国际化事业所要求的国际知识、经验、外语以及跨文化交流沟通技能的员工；

2. 与国外合作伙伴建立稳固的联系，可以联合开发和交付课程；

3. 采取有力措施确保国外合作机构提供的各部分课程具有一致性；

4. 要营造有利于促进和支持国际化课程制定和实施的政策环境；

5. 具有足够的资金改善学习设施，建立专门机构为外国学生、学者和管理人员的住宿和接待提供针对性服务。

---

① Van der Wende, Marijk, Internationalising the Curriculum in Dutch Higher Education: An International Comparative Perspective, Ph. D. diss., Utrecht University, 1996, PP. 61 – 62.

上述影响课程国际化的各种因素相互作用。外国学生和员工等因素参与课程影响了创新课程的复杂性。大学外部因素也会增加课程创新的复杂性。课程创新复杂性的增加又对实施课程国际化所需的内部要素提出了新的要求，影响课程国际化的外部因素可能也会变成影响课程国际化的内部因素，因此这两类因素之间的界限也并不总是泾渭分明。

（三）教育国际化三大活动之间的关系①

经合组织的研究证实，学生流动性、员工流动性和课程开发这三大国际化活动是相互关联的。外国学生被国际化课程所吸引，国际化课程为国际学生的存在提供了条件。外籍员工对课程国际化做出了巨大贡献，而员工流动性是本土员工获得教授国际化课程所需知识和技能以及事业发展的重要条件。

（四）课程国际化对学生和教师的影响②

通过调查显示，如果学生和教师对课程国际化的影响均持积极肯定的态度，课程国际化对学生和教师的影响也是积极的。对学生而言，课程国际化使学生掌握该学科领域的国际知识，增强对其他国家和地区知识的了解；提升了跨文化理解、交流能力；提高外语水平；获取了国际职业资格。对教师而言，外籍工作人员引入新的专业知识和教学方法；国内工作人员的国际经验和知识得以提升；员工执行能力增强。此外，课程国际化也存在一定的消极影响：对学生而言，不同大学提供的课程内容不会完全契合，从而造成知识的非系统性；学生在国外留学期间可能受到不同文化的冲击从而妨碍了适当的跨文化合作和交流；国际学生不能熟练运用东道国的语言造成生活和学习的困难；国外学习可能会延迟完成学位课程；等等。

---

① Van der Wende, Marijk, Internationalising the Curriculum in Dutch Higher Education：An International Comparative Perspective, Ph. D. diss., Utrecht University, 1996, P. 66.

② Van der Wende, Marijk, Internationalising the Curriculum in Dutch Higher Education：An International Comparative Perspective, Ph. D. diss., Utrecht University, 1996, P. 65.

三、政策和实践建议①

（一）进一步推动和鼓励国际化课程

应大规模有针对性地扩展和推动课程国际化。政府和大学都应制定政策鼓励和推动课程国际化的发展，国际化课程应符合经济社会发展的需求，确保优质教育方式和资源的供给与经济社会发展的需求相适应。

鉴于大多数学生不能通过海外学习获得国际教育资源，课程国际化作为向非流动学生提供国际教育经验的最有效方式，其规模和运用范围有必要进一步扩大。为此，应划拨专门资金用于课程国际化项目的开发，并制定具体的计划确保课程国际化稳步推进。

（二）转变国际化制度战略方向

国际化战略不应将国际化视为对外关系政策的手段，而应将国际化视为实现教育发展和创新的重要工具。国际化也不应该被视为目的本身，而应视为改善教育质量的手段。国际化战略应与政策创新、员工发展和质量改进相联系。

国际合作部门和人员不应专注于国际关系和交流的管理，应与负责教育规划和创新，质量保证和专业培训的部门密切合作，加强课程开发规划和管理的学术专业知识。

（三）政府政策与大学行动之间要相互作用

政府应制定政策鼓励、巩固现有大学间的联系，从而为课程国际化奠定坚实的基础。政府政策应明确规定为国际化课程的开发提供财政支持，大学也应做好外部财政支持结束时间的预测。政府和大学都制定政策，积极支持招聘外籍员工，鼓励和促进国内员工走出国门，积极参与对外交流。

（四）员工国际化和职员发展

外国工作人员的参与以及国内工作人员的国际经验是国际化课程成功的

---

① Van der Wende, Marijk, Internationalising the Curriculum in Dutch Higher Education: An International Comparative Perspective. Ph. D. diss., Utrecht University, 1996, PP. 67－70.

关键因素。大学应该创造短期流动等机会激励员工参与到国际课程中来，要将国际经验和业绩纳入为工作人员聘用、晋升、考核的重要衡量因素。国家法律和大学政策应鼓励招聘和任用外国人员，并为招聘和任用外国人员提供便利条件。

（五）促进国内外学生的融合

应确保国内外学生在课堂内外实现整合。在课堂上，应安排由不同国籍学生组成的小团体合作解决某一问题。有关教学语言的规定、学费和住宿安排都不应阻碍国内外学生的充分融合。

（六）课程整合和质量保证

明确国际化课程在整个课程体系中的地位，与人才培养目标以及与该学科专业其他课程的关系。将国际化的课程纳入教育质量审核范围，同时确定与非国际化课程不同的审核标准。

（七）外语教学

国际化课程有利于提高学生外语水平。然而，大学应要求学生在中等教育阶段就获得更好、更有效的基础外语培训，大学只提供与学科和专业词汇相关的外语培训，确保不会因外语教学降低国际化课程质量，必要时可以为承担国际化课程的教师提供语言培训。

（八）区域、国家和国际组织的支持

国家、区域和国际组织应积极参与课程国际化合作协调工作。大学之间应加强合作，以避免代价高昂的重复劳动。大学之间可以相互学习借鉴推进课程国际化的方法和策略，国际上的可访问数据库应提供特定国家或地区国际化课程的最新概况。国家、区域或国际组织应积极开设讲习班、举办会议和培训班以交流课程国际化建设经验和信息，并培训专业人员。

（九）运用新技术

充分运用现代信息新技术扩大国际化课程的覆盖范围，增强国际化课程的有效性，使更广泛和更多元的学生群体从国际化课程中获益，让学生不出国门就可以学习国际化课程，降低经济负担。

第七节　大学国际化策略模式的发展

一、国际化策略模式的评析与发展

前面六节介绍了国外学者关于高等教育国际化的六种策略模式。简·奈特基于教育国际化过程方法，强调教育国际化是一个持续循环的国际化过程。盖伊·尼夫提出的教育国际化组织动力模式是服务和管理国际合作的组织范式。鲁德兹提出的国际化分形过程模式则是国际化策略的计划性方法。戴维斯的国际化组织策略模式则注重国际化组织策略。范.迪克和梅杰的教育国际化模型是对戴维斯教育国际化模型的修改和发展，强调国际化组织策略。范·德·温德的拉菲克国际化模式基于国际化的实施过程路径而建立。

盖伊·尼夫、鲁德兹、戴维斯以及范.迪杰克和梅杰提出的大学国际化的四种理论模式在其规定性和描述性方面相互补充。它们可以用于衡量一所大学体现在正式文件或纸质上的国际化承诺，以反映大学的国际化实践状况，甚至可以说，它们将大学战略中或明确或隐含的重要事实纳入了理论框架。

戴维斯模型、范.迪克和梅杰的模式比鲁德兹、盖伊·尼夫的模式更具有连贯性。戴维斯的模式对于评估大学的国际化组织战略以及指导大学国际化实施具有重要意义。对此，戴维斯自己也认为他创造一个反思大学国际化动态的概念性模式，这一模式不只是一意孤行创造新的政策和结构。

范·德·温德和简·奈特聚焦国际化过程，构建了国际化策略模式。他们不关注国际化的组织而关注国际化过程。通过对比简·奈特和范·德·温德的教育国际化策略模式，我们可以看到，与简·奈特的持续循环国际化组织策略模式相比，范·德·温德的拉菲克国际化模式更强调外部和内部环境对国际化策略的影响。正如范·德·温德所言："国际化几乎比大学其他领域的任何行为都要求对最高秩序、实施和影响的环境进行分析"①，而简·奈特的国际化循环模式则强调国际化意识、承诺、计划、操作以及审查。然而，无论是范·德·温德还是简·奈特的国际化策略模式都缺乏关注大学决策层面与部门之间的联系，而这恰是盖伊·尼夫、戴维斯、范.迪克和梅杰的国际化模式中表现出来的要素。

将简·奈特的意识、承诺、计划、操作、审查、强化六种元素与范·德·温德的语境分析、实施和影响三种元素相结合，简·奈特建立了一个经过修改后的国际化模式。具体见图 2.10。

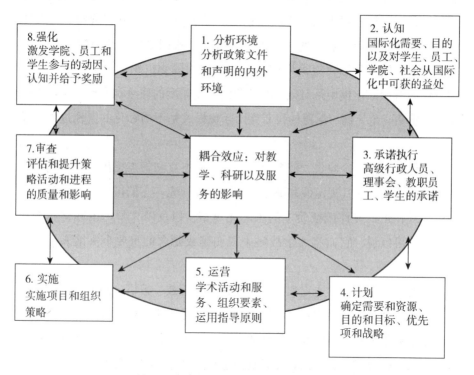

图 2.10　发展后的国际化循环策略模式

资料来源：Hans de Wit., Internationalization of Higher Education In The United States of America and Europe：A historical, Comparative, and conceptual analysis, London：Greenwood Press, 2002, PP. 122 - 134.

---

① Van der Wende, Marijk, Quality Assurance in Higher Education and the Link to Internationalisaiton. Millenlum 3, No. 11, 1998, P. 73.

该模式中，国际化的耦合效果虽然被放在中心，但却处于国际化循环之外。主要原因在于将国际化本身看作战略而没有意识或者详细的战略将它融入机构教学、研究和服务功能中。在许多情况下，国际化被认为具有整合功能，但是并不是主要基于国际化的作用予以判断的，而主要是基于国际化的品质予以得出的结论。然而，当着重强调国际化的整合因素（如国际化作为一个战略成为大学或部门整体战略的关键因素），国际化循环就成为大学总体规划循环的一部分，整合过程就成为中心环节。在这里，国际化不再是大学对外联系政策的一部分，而应该如范·德·温德所言，国际化应是教育发展和创新的因素。

这一模式考虑了大学国际化环境、国际化实施以及国际化对大学的作用。每个阶段都关注了大学、大学各院系（部门）在国际化中的作用以及两者互动关系产生的作用，并确保院系和大学的功能在具体环境都得到足够的重视。

二、国际化策略要素分析

（一）国际策略要素

事实上，不同大学因其学科、专业发展水平不等，大学在国际上也会享有不同的声誉和地位。从更高层次的因素来考虑，不同民族国家经济、社会、文化水平的差异也会对其所在民族国家的大学声誉产生影响。大学国际化策略也需要建立在国家经济社会发展水平、大学声誉、学科专业等多维因素差异的分析和考量基础之上。不同国家、不同大学的国际化理念、路径以及活动都存在差别，但是，目前针对不同国家高等教育机构国际化策略的比较研究还很少，现有国际化策略研究主要着眼于教育比较优势地位国家的大学如何将国际维度融入大学知识传播、人才培养等环节的国际化行为策略，而忽略了比较教育劣势国家的教育输入国际化方向以及由此形成的不同的教育国际化策略。因此，除简·奈特和汉斯·迪·威特提出的组织策略和活动策略基础外，还应将国际化的方向策略纳入策略范畴。由此可见，国际化策略是由国际化方向策略、国际化组织策略以及国际化活动策略组成的系统整体，国际化方向策略对国际化组织策略和国际化活动策略具有决定作用。每个策略要素之下又包括了诸多的子要素，具体见表2.4。

表2.4 国家化策略要素

1	国际化方向策略	教育输入方向、教育输出方向、教育输入输出双向
2	国际化组织策略	国际化战略、国际化体制机制、国际化组织人事
3	国际化活动策略	学术性活动、研究和合作活动、技术性帮助、跨国教育、学生支持服务活动、课外活动。

（三）国际化策略要素的阐释

1. 国际化方向策略

国际化方向策略包括三个要素。一是教育输出方向策略。高等院校在对自身教育、研究状况进行清晰认识的基础上，基于比较优势，向处于劣势的国家（地区）输出自己的优质教育教学、科学研究资源。欧美发达国家高等院校凭借英语优势以及多年积淀形成的优势教育资源，对外进行教育输出，普及自身文化价值观念，获取经济、社会和文化效益是该方向策略的典型。二是教育输入方向策略。高等院校在对自身教育、研究状况进行评估分析后，认为自身的教育教学、科研力量不强，从而确立教育输入方向策略，以引入他国（校）优质教育教学、科研资源提升自身的水平。三是教育输入、教育输出双向策略。高等院校基于对民族国家经济、社会和文化发展状况以及大学教育教学水平的认识评估，引入处于优势地位的大学教育教学资源，提升自身教育教学水平，同时向处于劣势地位的国家或大学输出自身优质教育教学资源。

2. 国际化的组织策略

此处国际化的组织策略指的是高等院校采取的有助于确保高等院校实施教育国际化的战略计划、政策文件、体制机制以及人员管理。根据简·奈特和汉斯·迪·威特的观念，将国际维度融入高等教育教学、研究和服务的活动只有获得组织的支撑和保障，才能避免国际化不因学校优先事项的变化而改变，不因领导人的改变而改变。因此，组织策略是确保国际化在学校的文化、政策、体制机制中根深蒂固的策略。组织策略具体又包括战略计划、体制机制保障以及组织人事保障，即学校的发展战略和文件要将国际化纳入其内容并予以固定下来，学校的体制机制要能保障国际化活动的运行和推进，学校要有专门的机构和人员从事国际化活动。只有得到政策和体制保障，才能确保国际维度融入学校教学和研究活动中。

3. 国际化的活动策略

将教育国际化维度融入大学教学、研究和服务的各个环节需要一系列数量庞杂、类别多样、涉及面广的活动予以支持。这些活动涉及学术活动、研究活动、跨国教育、学生支持服务活动、课外活动等不同类别。不同的国际化活动策略又包括了纷繁复杂的活动内容。因此，从表面上看，各类国际化活动通常呈现出支离破碎、分散凌乱、缺乏整体的节奏。对此，简·奈特也意识到了该问题，提出将国际化活动上升为院校的文化、政策、规划以及组织程序，就可以将包罗万象的国际化活动上升为有序的整体，实现国际化功能的有效整合，从而实现效益最大化。鉴于任何大学都不可能囊括和包含上述所有国际化活动，大学基于不同的方向策略也可能采取不同的活动策略。

第三章

美国大学国际化动因及策略

第一节　美国高等教育国际化综述

一、20 世纪之前：教育输入期

20 世纪之前，美国高等教育国际化的主要特点是学习和借鉴欧洲高等教育模式，派出人员到英国和德国大学进行学习。通过学习欧洲高等教育模式，借鉴他国高等教育经验，美国的高等教育体系在历经英国古典学院体系、德国研究型大学体系之后，最终形成了美国特色的多样化高等教育体系。伴随着美国经济发展和综合国力的提升，美国高等教育也不断得以发展和完善。随着美国对外影响力日渐增强，美国也成为世界教育中心。从 20 世纪初开始，从世界其他国家来美国学习的学生人数开始上升。美国高等教育国际化的方向也发生了相应的变化，即美国高等教育不再单纯地模仿、学习欧洲的教育模式，而是开启自己的教育输出方向，向外扩张美国自身的高等教育模式，提升美国影响力。

二、20 世纪前期：高等教育转型期

20 世纪前期，美国高等教育国际化从输入方向转为输出方向。在这过程中，众多的教育协会、基金会等社会组织纷纷成立。这些新成立的社会组织主导了美国高等教育国际化的发展方向与内容，成为推动美国高等教育国际化的主体力量。因此，这一阶段各类社会组织在高等教育国际化的进程中扮

演了重要的角色。由于众多社会组织推动和主导美国高等教育国际化的开展，因此，社会主导性也是该阶段的典型特点。此外，随着高等教育国际化的推进，美国政府也开始积极涉入高等教育国际化进程，并在高等教育国际化进程中不断增强其影响力。政府的介入使得美国高等教育国际化超越教育和学术本身意义，笼罩了越来越厚重的政治色彩。

三、二战结束到冷战结束：政府主导期

第二次世界大战结束之后，国际形势出现了新的变化。美苏两极争霸构成世界主要格局。美苏双方都采取了诸多措施，力图维护和扩大国家的利益。两国除了在军事上相互对峙之外，还在经济、外交等诸多领域展开竞争。此外，第二次世界大战后，随着第三世界国家的兴起，新兴第三世界国家迫切需要重建本国高等教育体系。此时，美国政府将高等教育作为实现其争霸企图，满足新兴第三世界国家教育需求的重要工具，对高等教育国际化进行战略规划，从第二次世界大战末期到20世纪60年代，美国政府通过出台系列法案、设立相关机构来控制、主导高等教育国际化的方向与内容，支持和推动高等教育对外扩张，通过向第三世界国家进行教育援助，输出美国的高等教育模式，扩大了美国在这些国家和地区的影响，在美苏双方的竞争对抗中发挥了重要作用。这一时期，发展比较完备的美国高等教育也自然成为新兴第三世界国家学习和效仿的模式。这一阶段，美国高等教育国际化表现出明显的政府主导特征，政府成为美国高等教育国际化的主要推手，高等教育国际化也成为政府的一项战略工具，在美苏之间的冷战对抗中，发挥了巩固和扩大美国影响力，拉拢社会主义阵营国家、第三世界国家民众的作用。由于美国高等教育国际化受国家战略与政府的深刻影响，当美国与苏联的冷战对峙发生变化以及美国国家战略发生调整时，美国高等教育国际化的实施与发展也随之发生改变。在美苏冷战对峙激烈、冲突激化时，美国政府对高等教育国际化非常重视，给予大力的支持，推动高等教育国际化的快速展开，但是当美国因为内外部因素导致战略收缩，高等教育国际化也就因为政府支持力度的减弱出现停滞。冷战后期，美国重新意识到高等教育国际化对扩大美国软实力的重要性，对高等教育国际化再次给予重视和支持，美国高等教育国际化又随之恢复并快速发展起来。

四、21世纪以来：竞争发展期

进入21世纪，冷战的结束及美国世界霸权地位的稳固使得美国政府对高等教育国际化的支持力度相较于20世纪末有所弱化。美国高等教育国际化进入竞争发展期。2001年"9·11"事件给美国造成惨重的伤亡，同时也给世界带来了巨大的冲击。"9·11"事件后美国国内的保守主义逐渐居于主流，保守主义观念主导下的美国高等教育国际化也一度陷入发展困境。为维护国家安全，美国政府实施了限制高等教育国际化的一系列政策，使得美国高等教育国际化进入了"严冬"时期。随着安全局势的逐渐好转，美国开始放松对高等教育国际化的抑制。此时，欧洲、日本、澳大利亚等国家和地区日益完善的高等教育国际化模式也开始不断挤占美国高等教育国际市场，从而给美国高等教育造成了一定的竞争压力。为此，美国开始实施高等教育国际化全面化战略，以迅速恢复和发展美国高等教育国际化。

第二节　美国高等教育国际化动因

一、政治动因

美国著名高等教育家阿特巴赫（Altbach）曾一针见血地指出，在所有发达国家，接收外国留学生都与该国基本的政治外交政策联系在一起。接收留学生多的国家都是世界强国，它们都把接收外国留学生视为保持他们在第三世界国家影响力的重要手段。另一位学者曼德（Mende）也认为，发达国家援助发展中国家高等教育的目的，不是为了满足"当地人民的需要"，而是为了对当地进行"再殖民"。两位学者的论断深刻地揭示了高等教育国际化的政治目的，即推动高等教育国际化的政治动因。

美国高等教育国际化的政治动因在第二次世界大战后至冷战结束前得以明显呈现。第二次世界大战后，美国成为世界事务的中心，在美国与苏联争霸的过程中，美国试图通过教育输出这一和平演变的手段达到瓦解苏联共产主义阵营，实现其国家利益，扩大其在全球的势力范围这一目的。因此，美国开始重视国际教育并颁布了一系列法律、政策推进高等教育国际化。1946年，美国国会通过《富布赖特法案》，该法案将美国在海外获得的财产用于资助美国大学教授和学生从事海外讲学和研究；设立奖学金项目，支持海外学生和学者来美国学习和从事研究活动。根据奖学金项目，美国每年可以接收世界各国人员到美国学习，主要学习领域为人文和社会科学。根据该计划，中国每年可以派 20 名学生留美，同时向中国派 20 名美国学生，所需费用均由美国承担。1948 年，根据"富布赖特计划"，35 名外国学生和 1 名外国教授得到美国奖学金赴美留学。1954 年，美国接收留学生的人数上升到 3.42 万名，1969 年达到 12.13 万名，到 1988 年，该数字上升到 36 万名。不断增长的数字显示了"富布赖特计划"的成功性，实现了美国和其他国家学者的相互往来，美国也成了世界各国学者的汇聚地，成为国际学生教育中心。"富布赖特"国际化行动之所以得到支持，主要是出于政治期待，即期待在美国接受培训的，之后在他国担任领导人的人员，在从事国际事务时将会更容易理解和同情美国。1958 年，美国颁布了《国防教育法》，计划投资 10 亿美元资助高等教育，并规定在美国建立现代外语教学中心以训练联邦政府或美国工商界所需的外语人才，并要求提供与此外语相关地区的历史、经济、政治、社会、地质等学科的教学，联邦政府资助所需费用的 50%，该费用包括支付教师在国外的旅行和补助金，邀请外国学者教学的往返费用，发放从事外语教学科研学生的奖学金。在此方案的资助下，美国大学相继成立了一批现代外语教学和国际区域问题研究中心，从而推动了区域问题研究。1960 年，联邦政府《高等教育法》第 6 款规定帮助开展多学科领域研究和发展外语中心，帮助开展国际学习和国际事务项目。有学者指出，联邦政府介入高等教育国际化是为了发挥美国作为"自由世界领导者"的新作用。1961 年，美国通过《双边教育和文化交流法》，授权联邦政府资助国际问题研究和交流计划；1961 年美国成立国际发展总署，旨在向不发达国家和地区提供经济、技术、文化援助，以及开展海外教育，通过这些教育援助，培养被援助国的亲美意识，并以美国政治、经济、文化和教育发展作为参照，重塑被援助国发展模式。美国许多大学在卡耐基基金会、洛克菲勒基金会的资助下参与教育援助，如英国前非洲殖民地国家的师资是由美国哥伦比亚大学培养的，东非大部分高级志愿者来美高校进修是由洛克菲勒基金资助的。"1949

年杜鲁门总统在其就职演说中介绍了世界和平与自由的'四点政策'中的第四点——成为技术援助计划和教育计划的基础，为论证美国对外发展技术援助是基于国家利益考虑提供了根据。"① 此外，在1961年，美国国际发展总署负责管理的技术援助计划中也可以看到几乎绝对的基于冷战思维国家利益的考虑。

1966年，美国国会正式通过了《国际教育法》，该法提出："在促进国家间的相互理解和合作中，有关其他国家的知识是最重要的；应确保这一代和未来几代美国人有充分的机会在最大可能的程度上发展他们有关其他国家、人民和文化的所有知识领域的智力；协调在国际教育方面联邦政府现有的和未来的各种计划。"

总之，第二次世界大战后，出于"国家安全"和提升"美国中心地位"的政治考虑，美国制定并颁布了一系列国际化政策，为美国带来了巨大的现实和长远利益，促进了美国与国际学生派遣国政治关系的持续发展。教育国际化基于促进"和平与谅解"、国家安全等动因而展开。

冷战结束后，政治因素仍然是美国高等教育国际化的动因之一。从1991年开始，美国教育委员会（ACE）发布一系列报告，强调美国大学目前的国际化状况，并为支持全面国际化建立资源和项目，为大学校长和主要学术人员出版国际化指南，并且根据大学的国际化情况进行排名。国家政府的介入体现了对教育国际化的重视，也表明了教育国际化对国家利益的重要性。"9·11"事件后，美国试图通过推进教育国际化，在世界各地广泛建立朋友和盟友以对抗未来威胁到国家安全的因素。2006年，美国政府在白宫举办了一次大学校长国际教育峰会，会议提请注意国际教育对于国家利益的重要性，从而明确表明教育国际化的政治动因。②

二、经济动因

在美国高等教育国际化由政府主导的时期，政府虽然通过制定规章制

---

① Kavita Pandit, "Leading Internationalization", Annals of the Association of American Geographers. Vol. 99, No. 4, 2009, PP. 645 – 646.

② Kavita Pandit, "Leading Internationalization", Annals of the Association of American Geographers. Vol. 99, No. 4, 2009, PP. 645 – 646.

度、成立机构对高等教育国际化进行规划与管理，以主导高等教育国际化的方向与内容，但是美国的大学作为高等教育的实施主体之一，也在国际化的过程中发挥了重要作用。美国大学通过发挥自身的能动性，积极参与到高等教育国际化之中。《高等教育法》、"富布莱特法案目"、教师交流计划、国际研究、海外交流计划等都是有着大量拨款的项目，这些项目附带的大量财政资助对美国大学有着巨大的吸引力。为了获得政府资金，美国许多大学都建立了国际化办公室，争取政策和项目扶持，为本校的国际化筹措资金。事实上，美国大学通过参与到政府的高等教育国际化战略中，从政府机构获得了不少的资金与收益，因此，该时期驱动美国大学开展国际化的主要动力是获取经济利益。

冷战结束后，主导美国高等教育国际化的动因开始从政治动因转向经济动因。促成这种转变是由多种因素推动的。首先是经济发展对人才需求的增加。随着 20 世纪 80 年代美国高科技行业的迅速发展，通过教育国际化吸引全球优秀学生是推动美国科技创新的关键要素。国际学生参与美国校园的科学技术计划并在其中发挥了重要作用，从而推动美国大学成为全球技术创新的中心。正如有学者所言："这些学生主要是中国人和印度裔，他们毕业后又进入美国工业界，并在美国高科技热潮中发挥了重要作用。"① 正是创新、经济发展和国际人才之间的联系，使得美国放松签证政策，吸引国际优秀人才，从而又进一步推动了科技发展。

此外，1994 年的《服务贸易总协定》（General Agreement on Trade in Service，GATS）的签署，正式将教育纳入"服务贸易"的范畴，确立了高等教育国际化的国际服务贸易性质，并使之成为世界通行的 13 种服务贸易之一，从而进一步促使各国政府、高校基于经济上的考虑而掀起新一轮的国际化办学浪潮。在经济利益的驱动下，美国的许多学者和教育机构极力建议把高等教育视为一种可以像任何其他商品一样买卖的商业性产品。该建议得到美国教育国际贸易全国委员会（The National Committee for International Trade in Education）、美国商业部服务业办公室（The US Department of

---

① AnnaLee Saxenian "Silicon Valley's New Immigrant Entrepreneurs", Working Paper. No. 15, 2000, PP. 4 – 6.

Commerce's office of service Industries）和一系列以营利为主的教育举办者的支持。①

高等教育从公共物品转变为国际贸易商品促使了大学通过公司化、企业化的方式实施教育国际化活动。作为《服务贸易总协定》谈判达成的一揽子商品的一部分，高等教育服务在全球市场中的份额随之增加。"大学希望占据这个市场的重要份额，这对他们的国际化战略有着深远的影响。"② 大学试图通过招收学生和建立国外分校来扩大其全球国际教育市场的份额。

在经济因素驱动下，高等教育国际化的重要呈现形式就是大学积极招收全球学生。随着英国和澳大利亚等国家开始积极进入国际学生市场，中国、印度和韩国等主要学生开始输出国开始加强对国内高等教育体系的投资，美国也增强了对"在世界范围内"背景的广泛关注，并为美国正在失去其作为知识经济领导者的地位开始担忧，也越来越认识到国际学生是美国的重要经济来源。

美国各大学在美国高等教育走向国际市场中发挥了最大的作用，它们纷纷走出国门、寻求合作伙伴，在世界范围内招收学生，颁发自己的证书。它们凭借着庞大的大学数量，健全的高等教育体制、优质的学术教育资源，积极参与世界办学竞争。在经济动因之下，高等教育国际化由政府主导逐步转变为大学主导。

为了在激烈的竞争环境中赢得国际教育市场，美国大学在资源有限的情况下，通过改革组织机构、创新体制机制实现对有限资源的妥善运用。大学领导人开始关心和思考组织发展方向、勾勒发展蓝图。各大学也开始根据自身的特点，将国际化纳入办学会过程之中。许多大学都设立国际学院和国际学生事务办公室甚至建立专门网站，负责处理国际学生事务，解答国际学生的疑问，帮助学生找工作。国际化办学成为大多数高等教育机构办学方针中不可或缺的重要发展战略，成为筹集资金和扩大学校影响的重要措施。

由于教育国际化对学校长远发展也有着巨大的意义，美国大学除了招收

---

① ［美］菲利普·阿特巴赫. 全球化驱动下的高等教育与 WTO［J］. 蒋凯，译. 比较教育研究，2002（11）：1.

② Kavita Pandit, "Leading Internationalization", Annals of the Association of American Geographers. Vol, 99, No. 4, 2009, PP. 647.

国际学生外，还在其他领域表现出积极的态度。即使"9·11"事件给美国教育国际化笼上一层阴影，但是在美国大学的积极参与和推动下，美国高等教育国际化也很快走出"9·11"事件的阴影，并得到快速的发展。美国国际教育协会 2014 年 11 月发布的年度报告显示，从 2004 年起，美国招收的国际学生数量一直保持着增长的趋势，在 2013—2014 年度更是达到 88.6 万人，较上一年度增长 8.1%。借助全面国际化战略，美国的高等教育在国际教育市场中增强了竞争力，众多优秀国际学生的到来，不仅为美国提供了大量的财政收入，还为美国提供了大量的优秀人才，从而为美国巩固自己的国际地位奠定了深厚的人才基础。此外，为抢占国际学生市场，美国大学也开始建立海外基地或分校，并与外国合作伙伴进行合作，以学术性的"离岸外包"或高等教育"特许经营"等多种模式开展教育国际化。2013—2014 年，国际学生及其家属在美国经济中净影响近 270 亿美元。仅在加利福尼亚州，就有超过 12 万名国际学生及其家属为国家经济贡献了 40 多亿美元。这样的经济收益不仅限于招收数千名国际学生的大型公共机构。事实上，在对 400 多所学校的调查发现，即使在经济困难时期，国际学生入学率提高的机构也更有可能实现入学率和网络学费收入目标，这反映出美国高校热衷于利用美国高等教育的国际市场积极招收国际学生的情况。①

"在经济动因驱动下，在公立和私立大学之外，出现了一些新的教育国际化主体，它们主要是一些营利机构、第三方提供商和收取佣金的招聘代理。随之而来的大学文凭、认证和签证产业也在不断扩大，这反过来又促使一个日益增长的国际'质量保证'产业的形成。"②

三、文化和学术动因

知识是无国界的，是世界性的，高等教育在其最初产生时就具有国际性。中世纪的学术朝圣、大批学者的游学就是基于学术和文化动因自发实施国际化教育行为。在美国高等教育国际化初期，高等教育国际化主要由一些

---

① Megan M. Siczek，"Developing Global Competency in US Higher Education：Contributions of International Students"，The Catesol Journal，Vol. 27，No. 5，2015，P. 7.

② Kavita Pandit，"Leading Internationalization"，Annals of the Association of American Geographers，Vol. 99，No. 4，2009，P. 647.

私人组织和基金会推动，他们通过自己有限的能力组织教育国际化活动，促进国际学术交流。驱动他们从事教育国际交流的动因非常单纯，那就是学术和文化交流，为学生、教师提供求学便利。虽然后期美国教育国际化先后进入政府主导和大学主导阶段，但是这种基于文化和学术动因的教育国际化活动仍然存在。现在美国仍有许许多多的私人基金会在国际交流和高等教育国际化中发挥着重要作用。如许多教师和学生获得美国福特基金会、洛克菲勒基金会等组织的支持，在世界各地广泛流动，对国际和区域问题进行研究，从而促进高等教育国际化的发展。

文化和学术动因还通过国际学生活动予以体现。国际学生是生源国和东道国之间有效沟通交流的重要桥梁，美国和世界其他国家的关系因来自国际教育交流的互动而得到加强。"正是通过这些关系，我们才能够共同解决全球问题挑战，如气候变化，流行病蔓延，以及打击暴力极端主义，只有通过在我们社会中引入多种视角，我们才能从国际教育中获得多元收益：提高全球竞争力、自我意识和弹性，以及在 21 世纪的经济竞争能力。"①

第三节　美国大学国际化策略

一、方向策略

自 20 世纪以来，美国高等教育凭借其领先的学术水平和完善的教育体制，实现了从教育输入到教育输出方向的转变。伴随着高等教育方向的转变，美国大学也在其国际化教育目标中或明确或隐晦地对高等教育国际化的教育输出方向予以了体现。大学国际化的目标是国际化战略规划的前提，也是一个需要机遇和付出巨大努力才能实现的远大目标。大学所确立的真正有胆略的全面国际化远大目标，要敢于挑战既定的教学与学术研究的实施标准，并能够通过这一宏伟目标的实施，提升学校竞争力，使学校从其众多竞

---

① Megan M. Siczek，"Developing Global Competencyin US Higher Education：Contributions of International Students"，The Catesol Journal. Vol. 27，No. 5，2015，PP. 7 – 8.

争者中脱颖而出，成为其他高校争相效仿的创新楷模。有远见的大学领导者能够通过设立全面国际化的远大目标从而在根本上改变大学的国际化模式。

美国大学国际化的教育输出方向策略也体现在美国大学的国际化战略目标之中。耶鲁大学前校长理查德·雷文（Richard C. Levin）提出："耶鲁在21世纪压倒一切的战略目标是成为真正的全球性大学，即吸引和培养世界范围内的一流师生……不仅为美国，也为全世界培养领袖人才。"纽约大学校长约翰·塞克斯顿（John Sexton）的校园全球化战略是使全球教师共同协作，提供跨越国界的教育。密歇根州立大学校长安娜·西蒙（Anna Simon）将其国际化战略从接受美国政府赠地办学转变到接受世界赠地办学，实现大学的地方使命与全球战略使命与行动的无国界连接。亚利桑那州立大学校长迈克尔·克罗（Michael M. Crow）提出21世纪新大学战略规划是建设具有全球影响力的地方大学。1995年，密歇根州立大学设立了这样一个愿景：用10年时间，将学生出国留学率从9%提高到30%。当时许多学者嘲笑这样一个雄心勃勃的目标，认为这样的目标只有大的研究型公立大学才有资格设立。但是，这一目标的大胆创新增加了该大学的知名度，形成了远远超出正常预期的国际化发展速度，使该校的出国留学率在计划时间内接近30%。

美国加州顶尖大学在其制度使命和价值观上都凸显了教育国际化输出方向。1993年，南加州大学在其国际化使命声明中指出："（我们）是多元的，欢迎各种族、信仰和背景的杰出男女……我们是全球中心的全球性机构，多年来吸引的国际学生比其他任何一所美国大学都多"；加州大学洛杉矶分校承认它"提升知识，解决紧迫的社会需求，并创建一个视角丰富，让所有人都能蓬勃发展的大学"。位于世界上最多元化和充满活力的城市之一的环太平洋地区，加州大学洛杉矶分校超越校园边界在地方乃至全球建立伙伴关系。宾夕法尼亚大学教育国际化的目标是让更多人能够享受到宾夕法尼亚大学独特的智力资源。通过全赠款等一系列援助方案，满足大学生的全面经济需求，扩大宾夕法尼亚大学世界学者计划，加强对研究生的经济援助；通过实施包括"教师多样性和卓越行动计划"在内的优先发展规划，增加各个层面的多样性和卓越性；推进开放式学习及其他高品质的在线教育项目，推进宾夕法尼亚大学教学和教育研究的创新性。

二、组织策略

在全面推进高等教育国际化时期。美国教育理事会国际化与全球事务中心（Center for Internationalization and Global Engagement，CIGE）提出了他们称之为"CIGE 模式"的全面国际化发展模式。这一模式认为，全面国际化是"一个战略性的协调过程，旨在调整和整合能够使大学向更加全球化和国际化发展的政策、项目及创新举措"。全面国际化的 CIGE 模式是由六个相互关联的目标领域组成的战略整体。这六个相互关联的目标领域包括：明确的高校战略规划；配备行政机构和职员；课程、合作课程、学习成果；教师政策与实践；学生流动；合作与伙伴关系。其中明确的国际化战略规划和配备行政机构以及职员属于国际化策略的组织策略范畴。

（一）明确的国际化战略规划

全面国际化战略规划指的是学校决策者明确提出该校关于国际化的战略使命与实施路线图，并制定正式的评估机制来加强战略规划的实施。该规划包括几个内容：一是制定战略规划，将国际化置于学校战略使命和全校战略规划的优先发展地位，并制定明确的国际化发展实施计划；二是成立国际化发展委员会，由来自整个高校的代表组成的指导委员会来负责监督国际化项目的实施；三是通过主要团体座谈、调查和开放性的讨论来宣传国际化的优先发展地位，获得学生、教师、员工和其他利益相关者的认同与支持；四是根据战略规划中的国际化目标，对国际化进展情况和成果进行正式评估。

"美国教育委员会（American Council on Education）自 2001 年开始，每 5 年对美国大学及教育机构进行调查，询问他们是否将国际化列入其使命说明，是否在他们的战略计划中将国际化教育纳入优先事项，以及是否制定专门针对全校国际化的单独计划，此外还调查这些大学及机构是否有全校性的委员会或专门工作组推进全校国际化工作。根据美国教育委员会 2017 年发布的 2016 年调研报告结果显示，通过大学使命或战略规划表达对国际化承诺的大学及教育机构的比例呈上升趋势，并且支持大学国际化行为的财政力度也在增大。"①

"2016 年，美国教育委员会调研显示，49% 的被调查机构在其大学使命陈述中涉及了国际化或与国际化相类似的国际或全球活动；47% 的机构将国际化或与国际化相关的活动纳入大学战略计划的五大优先事项。2011 年的调研数据反映，27% 的机构制定了专门针对整个机构国际化的战略计划，而2016 年调查显示，几乎所有层次和领域的机构都设立了全校性的工作组织以致力于推进国际化而不是只有国际化的战略计划。"②

（二）组织机构策略

1. 机构、人员

"美国教育委员会 2016 年调查数据表明，在许多机构中，国际化已经成为其国际化办公室协调下的一项集中性工作。学校高级领导仍然是国际化的重要推动力量，但是学校其他层次的管理人员在国际化中的作用已越来越重要。大学校长仍被视为大学国际化的最大推动力。然而，大学负责教育国际化工作的高级行政人员对教育国际化进程的作用开始凸显，国际化对校园的影响已日益突出。

"2016 年，受访机构中有 58% 的机构都设立专门的国际化办公室领导国际化活动。该比例比 2011 年增加了 22%。其中，具有博士学位的机构增长了 31%，然而，硕士学位的机构极有可能全部采取集权组织结构领导国际化。超过一半（占比 53%）的高等院校拥有一名全职管理员，负责监督或协调多项国际化活动或项目，这一比例比 2011 年增加了 13%。增幅最大的是联营机构（Associate Institute）和特别重点机构（Special focus institute），而具有博士学位的机构在该项目上的百分比则下降了 2%。在拥有全职管理人员的机构中，12% 的全职管理人员表示他们直接向校长负责并报告工作；另有 47% 的全职管理人员表示向首席学术官员报告工作，这一比例与 2011 年几乎相同。虽然向首席学术官员报告工作在所有类别的机构是最常见的现象，但是在联营机构和特别重点机构中，负责国际化工作的高级管理人员比

---

① Robin Matross Helms，"Mapping Internationalization on U. S. Campuses：2017 Edition"，P. 7. 资料来源于美国教育委员会网站（访问时间：2018 年 5 月 1 日）

② Robin Matross Helms，"Mapping Internationalization on U. S. Campuses：2017 Edition"，p. 8. 资料来源于美国教育委员会网站（访问时间：2018 年 5 月 1 日）.

其他类型机构的国际化高级管理人员更有可能直接向校长负责并报告工作。"[1]

以上体现了不同机构的国际化事务管理权限流程。最近，"一项对美国大学校长研究（ACPS）的调查显示：不到一半（占比45%）的高等院校校长拥有国际经验，其中21%的校长拥有海外专业经验；16%的校长在美国以外的地方学习；12%的校长获得了国际补助金；8%的校长出生在美国境外；7%的校长受雇于美国以外的高等教育机构；6%的校长获得了美国以外的学位。国际教育管理者协会2014年进行的高级国际官员（SIO）调查显示：高级国际官员最主要的三项职能分别是管理国际联系和国际伙伴关系、代表机构处理国际事务、规划国际战略。24%的高级国际官员拥有副校长或助理校长、校长、教务长的头衔，而18%的是副校长、校长、教务长；65%的受访高级国际官员向副校长、校长、学术事务负责人报告工作，而最后一种隶属关系是调查中最明显的"[2]。

2. 财政支持

财政支持是推进教育国际化的重要前提。"尽管近年来预算经费有限，但许多高校还是投入大量资源用于国际化工作，其中包括相当大比例的大学积极寻求外来资金推进国际化。"[3] 据美国教育委员会2016年调查结果显示：超过70%的机构报告称，校内支持国际化的资金在过去三年中要么增加要么保持不变，其中，具有博士和硕士学位的机构支持国际化的资金有了明显增加；约五分之一的机构（21%）制定了正式战略或启动了专门的筹款活动，以筹集资金支持国际化活动。整体而言，大学筹款活动数量在增加，虽然筹款活动在2006年至2011年美国经济衰退期间有所下降。与前两次调查时发现的大部分的高等院校都是从校友、基金会和公司处获得国际化支持相比，2016年调查显示，从校友和个人捐赠者处获得国际化教育资金的高等院校在

① Robin Matross Helms，"Mapping Internationalization on U. S. Campuses：2017 Edition"，PP. 10–12. 资料来源于美国教育委员会网站（访问时间：2018 年 5 月 1 日）.

② Robin Matross Helms，"Mapping Internationalization on U. S. Campuses：2017 Edition"，p. 11. 资料来源于美国教育委员会网站（访问时间：2018 年 5 月 1 日）.

③ Robin Matross Helms，"Mapping Internationalization on U. S. Campuses："2017 Edition"，p. 9. 资料来源于美国教育委员会网站（访问时间：2018 年 5 月 1 日）.

增多。此外，与硕士、学士等其他层次的机构相比，博士学位机构从校友和个人捐赠者以及基金会处获得的国际化资金比例更高。①

3. 在全校范围建立全面的国际化支持环境

为激发教职工和师生参与教育国际化，在全校范围内打造国际化支持环境，使教育国际化的推进和对教育国际化的重视不因领导者的改变而改变。为此，美国国际教育者协会建议：将参与国际化教学、科研活动明确列入高校聘用、晋升和终身教职的要求中；对师生参与全面国际化活动提出明确要求；在描述专业领域及所修课程时，要强调学生获得国际化、全球性及比较观点，并在每一门课程中明确详细地列出获得国际化、全球性及比较观点的路径；界定评估强调学生获得国际化、全球性及比较观点的学习项目，如明确规定学生需要通过学分的积累、还是通过参与项目来展示自己在国际化方面的进步。

"美国实施全面国际化对整个校园生活和学习产生了巨大影响，并从根本上重塑了大学的外部支持框架结构及伙伴关系。全面国际化不仅实现了将国际的、全球化的，以及比较的维度注入课堂教学及实践实习中，还会将这种维度和视野引入到教师的研究范式、研究生的研究项目以及其他拓展项目中。"②

三、国际化活动策略

（一）课程国际化

课程国际化是高等教育国际化的重要因素。通过国际化课程学习，学生可以获得更广阔的国际视野，具备更强的全球竞争力。为培养学生的国际视野和适应全球竞争力的能力，大学应该在课程内容、课程考核评估、教学技术和手段等方面与国际接轨。具体来说，外语、区域研究、全球性问题的课程应包含在本科通识教育中；专业课程要包含本专业领域中涉及国际视角和全球性问题的内容；课程考核要注重以国际化为核心的能力情况；学生课外

---

① Robin Matross Helms. Mapping Internationalization on U. S. Campuses：2017 Edition. p. 9. 资料来源于美国教育委员会网站（访问时间：2018 年 5 月 1 日）.

② 陈德云. 全面国际化：美国高等教育国际化发展的新动向［J］. 全球教育展望，2014（12）：110 - 118.

活动要涉及解决全球性问题，加强课程中的国际元素；促进不同背景的学生讨论交流和融合；采用创新技术与方法提高学习的全球化，如利用技术实施国内外联合授课以及与国外的学生和教师相互交流。

第二次世界大战后，美国大学广泛开展的国际教育丰富了课程国际化内容。各种区域问题研究中心为美国高校提供了大量的外语、国际与区域研究课程。20 世纪 70 年代起，美国四年制大学的普通教育课程中，西方文化、第三世界研究、国际教育等具有国际内容的课程逐步受到学生欢迎。一些美国大学也要求学生至少选修 1～2 门包含国际内容的课程。1989 年，77% 的四年制大学和 46% 的两年制大学在普通教育中至少开设了一门含国际内容的课程。随着全球贸易竞争的加速以及对国际人才需求的增加，大学为适应国际市场的需求，也不断推出新的专业与课程。如哈佛大学、耶鲁大学、哥伦比亚大学、芝加哥大学开设的国际内容课程均超过 1000 门。

除了课程内容和考核评估的国际化外，美国大学还在课程教育方式和方法上实现国际化。美国大学一直寻求课程与信息技术的结合以实现教育环境的智能化，通过云端教学、在线学习、智慧教育融课堂教学、虚拟社区、开放教育资源和协作式学习为一体，从根本上拓展了校园学习环境，将学习的决定权从教师转移给学生，实现了课堂的翻转。

（2）加强学生交流

美国大学国际化的另一个有效策略就是招收国际学生，国际学生也日益成为美国许多大学收入的重要来源。此外，美国高等教育自身提供的优质教育资源、良好的学术声誉，以及政府提供的丰厚奖学金也吸引着世界各地优秀学生来美国留学。"根据国际教育协会与美国国务院教育和文化事务局2011 年联合发布的《门户开放报告》显示，美国是国际学生出国学习的首选地，因为对国际学生来说，留学美国不仅可以学习文化知识，获得梦寐以求的学位，通过新的学习生活变得更加成熟和独立，熟练掌握英语。"① 国际留学生的到来除给美国创造经济效益外，还带来了充裕的人力资源，通过培养国际学生，扩大美国在世界各地的朋友和盟友，增进了国际沟通与理解。

---

① ［哥伦比亚］玛丽亚·坎图. 美国高校国际化的三大有效策略 ［J］. 吕耀中，孔琳，译. 世界教育信息，2017（7）：52－53.

此外，国际学生也为美国学生提供与其他文化接触的机会，为课程带去不同的视角，给校园带去了独特的文化氛围等益处。这些益处都激励着美国政府与大学积极招收国际学生。

美国大学国际学生数量在 20 世纪迅猛增长。1994—2003 年，留学生数量从 45.2 万增长到 58.6 万。然而，"9.11"事件后，大学国际学生的注册模式发生了显著变化。此外，来自英国、澳大利亚等国日益激烈的国际学生招生竞争，致使美国国际学生人数开始下降，2004 年美国国际学生人数下降到历史最低点。此后，联邦政府和高等教育部门又采取了一些积极措施，从而使得美国国际学生人数又有了急剧增长。根据国际教育学院（IIE）统计数据显示，2013—2014 学年，在美国学习的留学生达 88.6 万人，比前一年增加 8%；2013—2014 年，国际学生占美国高等教育学生人数总数的 4.2%，其中，耶鲁大学 2014 年国际学生的比例甚至达到了 20.55%、杜克大学达到了 15.91%、加州大学伯克利分校达到了 9.3%。美国 2004—2016 年留学生增长情况见图 3.1。

美国国际留学生主要来自亚洲国家和发展中国家。中国是最大的生源国，其次是印度。2017 年，美国皮尤研究中心（Pew Reasearch Center）调研显示："2016 年美国又新招收了 36.4 万名留学生，与 2004 年的 13.8 万人相比，增长了 164%；与 2008 年经济大萧条时的 17.9 万相比，增长了 100%。将近一半（占比 49%）新招收的外国学生攻读研究生学位，其中攻读硕士学位的占 41%，攻读博士学位的占 8%。其他新招收的外国学生则攻读学士学位（占比 38%）和副学士学位（占比 13%）。这些留学生中，大约有 10.8 万名新生来自中国（占留学生总数的 30%），大约 6.6 万人来自印度（占留学生总数的 18%），其次是韩国，约有 2.1 名外国学生（占留学生总数的 6%）。美国加利福尼亚州、纽约州、得克萨斯州、马萨诸塞州、宾夕法尼亚州、伊利诺伊州、佛罗里达州、俄亥俄州中有两个州新招收的外国学生占留学生总数的 28%，他们分别是加利福尼亚州（6 万名学生）和纽约州（4.1 万名）。怀俄明州和阿拉斯加州两个州的外国学生不到 500 人，分别是 375 人

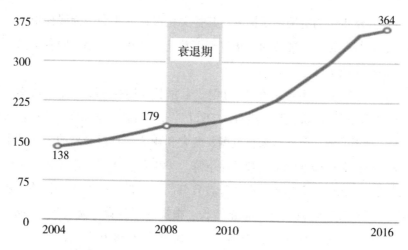

图3.1　美国2004—2016年留学生增长情况（注册副学士、学士、硕士和博士学位项目的学生人数，单位：万）

　　说明：学生人数是获得F-1签证被允许到美国进行全日制学习的人数。年是日历年，没有获得2013年数据。

　　资料来源：皮龙特研究中心（Pew Reasearch Center）对美国移民和海关执法机构2017年3月16日数据的分析。

和117人。"①

　　美国大学重视海外学习经历认为海外学习经历有利于培养学生跨文化理解能力、创造力和想象力，改善人际交往和沟通技巧。因此，伴随着高等教育国际化，美国各高校都制定了美国学生可以参加海外留学的留学方案。2015—2016学年，32.5万名美国学生在国外学习学分，比上一年增加3.8%，该数据是1989—1990学年的5倍。1989—2016年学生海外学习数据见图3.2。

　　2015—2016年，除了上述32.5万名学生在海外学习学分外，还有362所院校报告了2.31万名美国学生参加了海外非学分学习、实习和志愿服务以获得海外经历。

---

① Nell G. Ruiz, Jynnah Radford, New foreign student enrollment at U. S. colleges and universities doubled since Great Recession, 资料来源于皮龙研究中心网站（访问时间：2018年5月1日）.

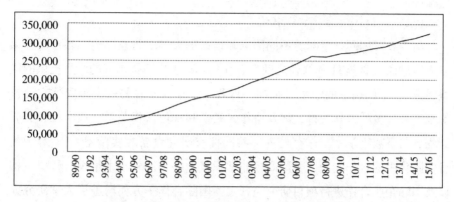

图3.2 1989—2016年美国学生海外学习学分情况

资料来源：Open doors：Fast – Facts – 2017. 资料来源于国际教育研究所（iie）网站（访问时间2018年5月1日）

从美国学生留学目的地来看，接受美国留学生前10的国家依次是：英国、意大利、西班牙、法国、德国、中国、澳大利亚、爱尔兰、哥斯达黎加、日本，分别接受美国留学生总数的12%、10.7%、9.2%、5.3%、3.7%、3.6%、3.4%、2.9%、2.8%、2.2%。具体见表3.1。

表3.1 美国学生留学目的国

序号	目的国	2014—2015	2015—2016	百分比（％）	百分比变化（％）
1	英国	3.818 万	3.914 万	12	2.5
2	意大利	3.376 万	3.489 万	10.7	3.3
3	西班牙	2.832 万	2.997 万	9.2	5.8
4	法国	1.819 万	1.712 万	5.3	− 5.4
5	德国	1.101 万	1.19 万	3.7	8.1
6	中国	1.279 万	1.168 万	3.6	− 8.6
7	澳大利亚	1.023 万	1.107 万	3.4	8.2
8	爱尔兰	0.881 万	0.953 万	2.9	8.2
9	哥斯达黎加	0.93 万	0.923 万	2.8	− 0.8
10	日本	0.605 万	0.714 万	2.2	8

数据来源：Open doors：Fast – Facts – 2017. 资料来源于国际教育研究所（iie）网站（访问时间2018年5月1日）

(三) 建立国际合作伙伴联盟

高等教育国际化意味着不同国家和地区的大学、行业协会、教育服务第三方提供商、商业 IT 和媒体之间在合作的基础上向不同国家的学生提供的教育服务。"不同国家的学生参加同一课程，一个大学在另一个国家建立分校等都涉及大量的合作安排，涉及协作式教学和学习伙伴关系、双学位和文凭课程、共享数字学术工作存储库、共同拥有研究设备和实验室。"① 对于教育国际化中的合作问题，美国高校非常积极地并与国外学术组织、科研机构以及国际企业合作进行项目研究与开发。国际合作一方面增进了大学研究人员国际经验，另一方面又可以使研究成果应用于实践，提高了大学的知名度。如 1993 年，美国宾夕法尼亚大学发起的六国教育研究项目（Six Nation Education Research Project），其项目参与国家美国、中国、日本、新加坡、瑞士和德国均负责不同主题的研究项目，通过其他国家的研究人员参与，从而促进了高等教育的国际合作。加州伯里克分校与世界许多国家进行合作，2004 年，加州伯克利分校就与中国台湾最大的研究机构——工业技术研究协会合作建立研究中心，台湾方面每年出资 50 万美元支持 15 位研究生和博士后进行为期 5 年的技术和化工研究，研究人员由伯克利大学派出。总之，国际合作是美国高等教育国际化的一项重要内容，美国大学也"通过合作和伙伴关系来扩大其全球影响力，包括学生与教职人员的交换交流、联合授予学位、建立分校和其他海外项目"②。

(四) 境外办学

境外办学是指高等教育的输出国在该国以外的合作机构设立课堂或者校园，向其他国家的学生提供课程和教育项目，学生学习结束后，由高等教育国输出国的大学向考核合格的学生颁发证书。海外校区也可以为输出国大学的学生提供海外学习体验课程和海外学习环境。自 1994 年世界贸易组织通过《服务贸易总协定》，将教育纳入"服务贸易"范畴，确立了高等教育国际化的国际服务贸易性质后，随着教育服务贸易观念的广泛普及，教育服务贸易

---

① Kavita Pandit, "Leading Internationalization", Annals of the Association of American Geographers, Vol. 99, No. 4, 2009, PP. 645 – 656.

② Patricia Dewey, Stephen Duff, "Reason before passion: faculty views on internationalization in higher education", High Educaction, No. 58, Issue 4, 2009, PP. 491 – 504.

形式也愈加多样化，诸如"离岸教育服务""跨国教育服务""网上教育服务"等各种境外教育服务形式层出不穷。境外办学主要包括几种形式：建立海外分校，招收海外学生；与国外学校合作办学，本国出师资和课程，国外高校出场地和教学设施。境外办学对于国际学生来说，成本低，不出国门就可以享受国际优质教育资源，因此受到广大国际学生的欢迎。美国高校在世界留学生市场竞争激励的情况下，也开始发展境外办学。目前，美国许多大学如芝加哥大学、宾夕法尼亚大学等知名大学都在海外建立学院、分支机构以及合作办学项目。全世界40多个国家成为美国高校和教育服务公司境外办学地，接受美国高校和教育服务公司设分校或具有美国学位授予权的办学项目，其中，亚洲各国是美国课程的主要输出目的地。

（五）师资国际交流

作为教学和科研的主要推动力，教师在大学国际化中发挥着关键作用。美国大学从政策和支持机制上确保教师有机会提升他们的国际竞争力，并能最大限度地发挥国际对学生学习的影响。有学者认为："两国间短期教师交流项目（如）是有益的。教师以顾问和项目主管的身份带领学生出国学习，将有利于促进学生和教师的国际化发展。"①

美国国际教育联合会资助许多美国教师和学生以及研究人员去东欧、欧亚大学和东南欧国家从事研究，也请这些地区的教师和研究人员来美国。美国"教育合作伙伴"项目（Partners in Education，PiE）就是为美国和欧亚教师、管理人员设立的教育培训和交流项目。此外，各国学者也通过美国政府、大学以及民间组织提供的赞助项目来到美国，走进美国高校参加教学和研究工作。"2015—2016学年，美国接受国际学者排名前10的大学分别是哈佛大学（4951名）、加利福尼亚大学洛杉矶分校（3512名）、斯坦福大学（3512名）、加州大学伯克利分校（3399名）、密歇根大学安娜堡分校（3155名）、哥伦比亚大学（3082名）、加州大学圣地亚哥分校（2853名）、约翰·霍普金斯大学巴尔的摩分校（2625名）、耶鲁大学（2565名）、麻省理工学

---

① ［哥伦比亚］玛丽亚·坎图. 美国高校国际化的三大有效策略［J］. 吕耀中、孔琳，译. 世界教育信息，2017（7）：53.

院（4951 名）。"① 具体见表3.2。

"这些交流学者主要来自中国（占比33.2%）、印度（占比10.7%）、韩国（占比9.2%）、德国（占比4.0%）、加拿大（占比3.7%）、法国（占比3.4%）、日本（占比3.3%）、巴西（占比3.2%）、意大利（占比3.0%）、西班牙（占比2.3%）。"② 具体见表3.3。

表3.2　2015—2016 年度美国接受交流学者排名前 10 名大学

序号	大学名称	人数（单位：人）
1	哈佛大学	4951
2	加利福尼亚大学洛杉矶分校	3512
3	斯坦福大学	3512
4	加州大学伯克利分校	3399
5	密歇根大学安娜堡分校	3155
6	哥伦比亚大学	3082
7	加州大学圣地亚哥分校	2853
8	约翰·霍普金斯大学	2625
9	耶鲁大学	2565
10	麻省理工学院	2408

资料来源：Institute of International Education. （2016）. "Institutions Hosting the Most Scholars, 2015/16. "? Open Doors Report on International Educational Exchange. 资料来源于国际教育研究所（iie）网站（访问时间：2018 年 5 月 21 日）

---

① Institute of International Education. （2016）. Institutions Hosting the Most Scholars, 2015/16. Open Doors Report on International Educational Exchange. 资料来源于国际教育研究所（iie）网站（访问时间：2018 年 5 月 21 日）

② Institute of International Education. （2016）. Top 25 Places of Origin of International Scholars, 2014/15 – 2015/16. Open Doors Report on International Educational Exchange. 资料来源于国际教育研究所（iie）网站（访问时间：2018 年 5 月 21 日）

表3.3　美国 2014—2015 及 2015—2016 年度交流学者来源国前 10 个国家

序号	来源国	2014—2015 年度交流学者人数（单位：人）	2015—2016 年度交流学者人数（单位：人）	百分比（%）	百分比变化（%）
1	中国	40193	44490	33.2	10.7
2	印度	33768	34894	10.7	10.7
3	韩国	7415	7395	9.2	13.2
4	德国	5318	5345	4.0	0.5
5	加拿大	4611	4976	3.7	7.9
6	法国	4511	4545	3.4	7.0
7	日本	4394	4478	3.3	-0.7
8	巴西	4249	4345	3.2	-1.1
9	意大利	3866	4036	3.0	4.4
10	西班牙	2886	3112	2.3	7.8

资料来源：Institute of International Education. （2016）. "Top 25 Places of Origin of International Scholars, 2014/15 – 2015/16."? Open Doors Report on International Educational Exchange. 资料来源于国际教育研究所（iie）网站（访问时间：2018 年 5 月 21 日）

第四节　美国大学国际化案例

——以耶鲁大学（Yale University）为例

随着美国高等教育国际化转向"院校主导型"模式，大学作为高等教育国际化的实施者，在国际化过程中的地位也不断提升，并逐渐成为推动高等教育国际化的主体。各个大学也根据自身的优势和特质，选择了不同的国际化策略，使得美国高等教育国际化策略形成了多元化局面，从而提升了美国高等教育在国际教育市场上的吸引力和竞争力。

由于美国有着数量众多的大学、学院以及教育机构，这些院校参与国际化的程度不尽相同，水平也参差不齐。有些院校在国际化上缺乏经验，基本是从零开始参与到国际化的潮流中；有些院校将学生的交流作为国际化的重点，实施的国际化战略侧重于支持本国学生前往海外学习以及招收国外的留学生；有些院校主推课程的国际化，经过长期的努力，使得自身的课程内容与课程设置具有鲜明的国际化特色；有些院校特别是偏向研究型的院校，则重点发展区域研究、跨国研究、国际事务研究；还有院校重点发展了与其他国家的大学、教育机构的合作关系，注重搭建教师、学生交流平台，联合办学以及建立分校等国际化措施。在美国高校体系中，逐渐出现这样一些高校，他们集以上所有国际化方面的努力于一身，从而形成系统的全面国际化战略。这些高校通常具备宽广深厚的国际化发展基础，并致力于学校教学、研究及社会服务各方面国际化。这些高校高瞻远瞩，能够在全球高等教育体系的框架下思考高等教育国际化和学校的发展，它们代表了美国甚至世界高等教育国际化发展的方向，耶鲁大学正是其中的佼佼者。

一、耶鲁大学简况

耶鲁大学作为建立于殖民地时期的大学，起源于1701年由公理会在康涅狄格州建立的教会学校，1718年正式命名为耶鲁学院。经过了多年的发展，1887年学校正式改名为"耶鲁大学"。耶鲁大学在发展过程中始终保持着教会学校的传统，因而一度被视为非常保守的学校，最初定位于服务地方需要。经过几百年的发展，耶鲁大学成为全美全球创新、灵感和培养领导才能的源泉。20世纪末，耶鲁大学开始真正向着国际化的道路上大步迈进，并取得了显著成效。

二、方向策略

1993年耶鲁大学就公开宣告，耶鲁大学在新世纪将为世界培养卓越而优秀的领导者而努力，从而将耶鲁大学打造为"领袖的摇篮"。由此便确定了耶鲁大学教育输出方向。耶鲁大学教育输出方向建立在其深厚的学术基础和声誉基础之上。

三、组织策略

（一）明确国际化战略目标

耶鲁大学为推进国际化进程，制定专门的国际化战略规划。2005 年的《耶鲁国际化：2005—2008 年战略框架》（The Internationalization of Yale：The Emerging Framework 2005—2008）和 2009 年制定《国际化框架：耶鲁议程 2009—2012》（International Framework：Yale's Agenda for 2009 through 2012）两个战略规划推动耶鲁大学国际化发展。2005 年的国际化战略规划为耶鲁大学进一步的国际化指出需要努力的方向，其中进一步提高耶鲁大学的国际化程度是其中首先要努力的方向。《耶鲁国际化：2005—2008 年战略框架》从战略上规划了耶鲁大学的国际化，指出耶鲁大学如下发展目标：

1. 培养国际化水平的学生

在课程设置上增加国际化的内容；强化耶鲁全球科研中心在国际化研究中的作用；提高教师的国际化研究能力；增加学生出国学习研究的机会；培养学生的领导能力，以适应全球化时代的变化。

2. 最大限度吸纳世界各地的优秀人才

通过国际校友会等渠道，招收优秀的国际学生；提供必要的奖学金吸引外国优秀留学生。

3. 将耶鲁打造成为全球性的大学

促进耶鲁大学各学院的国际化发展，提升耶鲁大学的知名度与美誉度，构建国际化的行政管理体系以及国际化的交流网络。

2009 年，耶鲁大学制定的《国际化框架：耶鲁议程 2009—2012》为耶鲁大学进一步的国际化指出需要努力的方向：

首先，进一步提高耶鲁大学的国际化水平。建立国际事务研究所，在教育与科研中强调国际研究的重要性；吸纳世界各地的优秀教师，提升师资队伍的国际化水平；强化对中东地区的研究；对课程内容与模式进行创新，重视区域研究、全球问题研究；增加学生的海外学习机会；提升专业学院学生的科研能力；强化对其他国家精英的培养。

其次，继续维持耶鲁大学对优秀学生与教师的吸引力。推动美国完善移民政策，吸引优秀人才；在耶鲁大学的文化与理念中融入国际化思维；为留学生及访问学者提供必要的帮助，使其可以更容易地融入耶鲁大学的校园文化中；为留学生及访问学者提供外语能力培训。

再次，进一步强化耶鲁大学的合作关系与能力。完善行政管理体系，助力学校的国际活动；重视网络作用，构建网络课堂；实施更多的海外协作科研项目；强化国际研究能力，强化对全球性和区域性议题的研究能力。

两个战略规划为耶鲁大学的国际化确定了努力的方向，这些方向又成为引导广大教师和学生行为的指挥棒。

（二）机构和人员

为推进教育国际化发展，耶鲁大学于 2000 年成立了耶鲁全球化研究中心（Yale Center for the Study of Globalization），利用耶鲁大学丰富的教育资源，同世界其他国家的公共机构以及全球组织进行合作，使世界各地均成为耶鲁大学的关注对象。

此外，耶鲁大学还设有国际办公室、留学生和访问学者、国际和专业办公室以及国际税务办公室等完善的机构制，为学校实施国际化战略提供多方位支撑。为将耶鲁打造成为全球性大学，耶鲁大学高层推动教育国际化。正如其 2005 年国际化战略和 2009 年国际化战略所确定的那样，耶鲁大学的行政管理体系和教学科研院所都进行了国际化改革，通过构建国际化的管理体系，促进了大学的国际化。

四、活动策略

（一）策划培训项目

耶鲁大学积极开发和实施针对全世界各个国家高级官员的培训项目。如 2007 年为印度议员开发的项目，2006 年为日本国会议员与外交部官员定制的培训项目。"2001 年，耶鲁大学创建了'世界学者项目'（The World Fellows Program），建立了全球网络，以扩大国际视野。项目每年都会在全世界范围内的各个领域选拔出有杰出表现并处于事业成长期的领导人才，为他们提供为期 4 个月的专业学习和领导艺术训练，以培养全世界年轻领袖，同时，每年都会有来自 100 多个国家的 1500 多名外国学者到耶鲁访学。该项目是耶鲁大学标志性的全球领袖发展项目，也是耶鲁国际化进程中的核心内容。"①

（二）建立国际合作伙伴

在构建全球性大学的国际化发展战略指引下，耶鲁大学快速推进学校的国际化进程，密切与海外大学以及教育机构的合作关系。耶鲁大学的所有学院在全球都拥有合作伙伴，如耶鲁管理学院发起的"全球高级管理联盟"汇聚了世界25个国家，6个州的顶尖商学院。此外，位于英国的"心血管研究项目"，位于非洲的"政策改革项目"，位于上海的"联合生物医学研究室"都是耶鲁大学在国外参与和开拓的重要的多学科研究项目。耶鲁—新加坡国立大学学院也是耶鲁大学同新加坡合作的项目，该项目的设立被耶鲁称为是具有"里程碑"意义的事件，因为该院是美国耶鲁大学首个在海外发展开设的学院。

（三）课程国际化

耶鲁大学重视课程的国际化，并在这方面做出了巨大努力。"比如，森林与环境学院扩大课程范围，涉及国际环境问题、可持续经济发展、城市建设与发展、发展中国家能源问题、资源有效使用等内容的课程比例达到20%；法学院的课程改革方向趋向国际层面，30%的课堂教学会涉及国际内容。在学生的教育中，非常重视培养学生的分析、创业、领导能力，鼓励学生的冒险和创新精神。"此外，大学还改革人才培养模式，突出海外实践经历的重要性。"在整个求学阶段，学生并不是固定在美国，而是在7个国家（地区）进行学习生活。更为突出的是耶鲁大学利用互联网，设立了耶鲁大学公开课，在世界范围内进行授课，从而使得耶鲁大学真正成为全球性大学。2003年，耶鲁创办了'耶鲁与世界'（Yale and the World）网站，通过互联网技术，为全世界学生提供了全球化研究与交流平台，免费为全世界师生提供由耶鲁知名教授和学者讲授的课程，并通过音频和视频的方式，将学校课堂教学过程和会议内容上传到网上，方便人们下载学习。"②

（四）招收吸引优秀留学生

优秀人才是创建全球性大学的坚实基础。为吸引世界各地的优秀人才，

---

① 王俊烽. 耶鲁大学国际化办学理念与策略［J］. 世界教育信息，2013（3）：38.
② 王俊烽. 耶鲁大学国际化办学理念与策略［J］. 世界教育信息，2013（3）：39.

耶鲁大学采取灵活的招生政策，并设立优厚的助学金项目。在招生方面，耶鲁大学实行"不问家境，择优录取"（Need Blind Admission）的招生政策，以保证学生来源的优质化。耶鲁会根据所录取学生的家庭收入，给予他们不同程度的经济资助，博士生不仅不交学费，还会获得数额可观的生活补贴。耶鲁的目标是创造一个优良的环境，为了吸引世界上最好的学生。"2008年，耶鲁大学开始实施新的学费减免政策，根据经济需要进行资助的范围已经扩大到申请本科学院的国际学生。"① 此外，耶鲁大学还成立了"耶鲁青年全球学者计划（YYGS）"，为未来选拔优秀学生奠定基础。根据该计划，耶鲁大学纽黑文校区和中国北京耶鲁大学中心对优秀高中生进行为期两周的密集课程培训，增进世界各地学生与耶鲁大学的联系互动。通过系列努力，耶鲁大学国际学生数量取得重大成就。2017年，"耶鲁大学国际学生占学生总数的21.90%，有来自121个国家的2841名国际学生在耶鲁大学注册入学。"② 具体见图3.3。

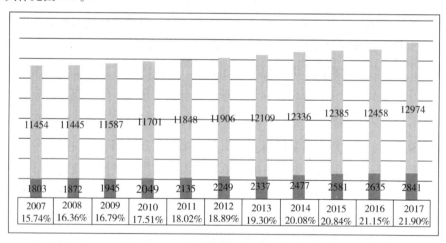

图3.3　2007—2017年耶鲁大学国际学生情况

　　说明：■表示国际学生人数；■表示所有学生。

　　资料来源：2017年秋国际学生注册. https：//yale. app. box. com/v/student–fall
–2017。

---

① 王俊烽. 耶鲁大学国际化办学理念与策略［J］. 世界教育信息，2013（3）：39.

② International Students Admission. 资料来源于耶鲁大学网站（访问时间2018年9月
27日）

（五）促进学生出国交流

耶鲁大学不仅向国际学生提供慷慨的经济资助，同时也为本校学生到其他国家学习、交换、访问提供有利条件，以加强学生的国际流动，帮助学生了解其他国家不同的历史和文化。"2006—2007 学年，学校提供了 320 万美元，奖励近 500 名耶鲁学生赴海外从事国际与区域研究活动。"① 学校的"国际和国际专业经验中心（CIPE）""福克斯国际奖学金（The Fox International Fellowship Program）"等为耶鲁本科和研究生提供了海外学习、工作和研究的大量项目。其中，福克斯国际奖学金是耶鲁大学和 20 所世界知名合作大学之间的研究生交流项目。

（六）建设国际化师资队伍

耶鲁大学高度重视师资队伍国际化建设。在《耶鲁国际化：2005—2008 年战略框架》实施过程中，"耶鲁大学加强国际化师资队伍建设，在人类学、经济学、历史学、政治学等专业学科领域，聘请具有国际理念和经验的专家和学者，促进了学科的国际化发展。耶鲁大学还聘请杰出的国际事务实践者教授相关课程"②。据统计，2007 年"耶鲁大学拥有 3200 名专职教师和 7000 名员工，他们来自 110 个国家和地区"③。

（七）建立国际问题研究中心

耶鲁大学提倡学生针对现实问题提出解决方案。为激发学生的创造性，耶鲁大学针对诸多国际问题，成立跨学科研究中心，如耶鲁北京研究中心、惠特尼和贝蒂麦克米兰国际和区域研究中心以及杰克逊全球事务研究所。其中，麦克米兰中心的宗旨就是让人们了解美国境外的世界，以及美国在世界上的作用。麦克米兰中心提供六个本科专业，分别是非洲研究、东亚研究、拉丁美洲和伊比利亚研究、现代中东研究、俄罗斯和东欧研究以及南亚研究。麦克米兰中心也提供了三个硕士学位课程，分别是非洲研究、东亚研究、欧洲和俄罗斯研究。

---

① Richard C. Levin, The Global University：Inauguration of the Fox International Fellowships [EB/OL]．资料来源于耶鲁大学网站（访问时间 2019 年 2 月 10 日）．

② 王俊烽．耶鲁大学国际化办学理念与策略［J］．世界教育信息，2013（3）：40.

③ 联明，朱庆葆．耶鲁大学建设全球性大学的理念与策略［J］．清华大学教育研究，2007（8）．

第四章

英国大学国际化动因及策略

第一节　英国大学国际化综述

12 世纪前，英国尚无大学，英国学者需跨越海峡，远赴欧陆求学。在1167 年前后，一批留学巴黎的英国学者，因英法两国关系的恶化，被迫迁回英国，聚集在牛津，建立"高等学科研习所"（牛津大学的前身），从此开启了英国高等教育悠久的历史。17、18 世纪，伴随着英国的殖民扩张以及随之建立起来的"日不落帝国"，英国的教育影响遍及全球，英国的高等教育模式曾一度成为当今体系完善的美国高等教育模式的模板。

英国早期大学试图保持学术自治。随着英国工业革命的发展对知识和人才的需求，大学对政府、工业的依赖性越来越强，并被确定为国家资产。特别是 1850 年至 1889 年成立的大部分大学，它们在工业界的资助下成立，创造了大量的知识和技能满足工业革命需要。因此，有学者提出那时的"大学的存在和目的并不只是为了单纯的学习和学术服务，它们主要是为国家的物质繁荣服务"[1]。

"1889 年英国大学获得第一笔拨款，1919 年大学拨款委员会（UGC）的成立，使大学的国家属性进一步增强。此后，高等院校几乎三分之一的收入

---

① Christine Humfrey, "The long and winding road: a review of the policy, practice and development of the internationalisation of higher education in the UK", Teachers and Teaching, Vol. 17, No. 6, 2011, P. 651.

来自议会拨款。自 1946 年后，英国高等院校对政府的依赖程度逐渐增加。"①

在政府资助和控制时期，英国大学的教育国际化配合政府价值取向，为传播英帝国主义经验积极招收海外留学生，扩大英国的政治社会影响。同时，英国还为其每一个殖民地培养大学教师，设立大学，使这些教师和大学培养的人才成为忠实于英国的精英。之后，英国在寻求扩大政治影响的目标和前提下，向发展中国家的学生提供奖学金，以吸引发展中国家学生来英留学。英国政府甚至还派遣专家去发展中国家，帮助发展中国家兴办大学、培训教师，走过很长一段慷慨援助的历史。1963 年发布的《罗宾斯报告》就报道，英国每年为资助外国留学生花费 900 万英镑。英国为外国留学生提供资助的主要目的是为了维持英国在第三世界的影响力。"政府的决策者认为外国留学生不仅学到了被留学国的科学技术知识，更重要的是学到了被留学国的思维方法、行为方式、价值观念等知识。这些知识在他们身上涂抹了想洗也洗不掉的油彩，打上了永远也消除不了的烙印，其深远的文化影响难以估量。"②

20 世纪 70 年代早期，随着越来越多的学生接受英国高等教育，英国政府开始关注不断攀升的高等教育支出费用。20 世纪 70 年代后期，英国政府在其白皮书中提出了一个问题，即非英国学生是否应该继续在英国获得免费的大学学位，从而获得来自政府对高等教育的补贴？1979 年是 20 世纪英国高等教育具有分水岭意义的年份。随着"铁娘子"撒切尔领导的保守党在英国大选中获胜，以自由市场和小政府为导向的"新自由主义"思想逐渐取代工党在战后积极建设"福利国家"的思潮成为英国社会政策的指导思想。就高等教育领域而言，1979 年保守党上台执政后，撒切尔夫人就宣布了从 1980 年起实行两项政策：其一，缩减 20% 的中央政府高等教育拨款；其二，向外国留学生收取全额成本学费，即按照本国学生学费（由政府支付给大学）的 4 倍，向外国留学生收费。1981 年，英国政府正式立法，规定非英国学生以

---

① Christine Humfrey, "The long and winding road: a review of the policy, practice and development of the internationalisation of higher education in the UK", Teachers and Teaching, Vol. 17, No. 6, 2011, PP. 651 – 652.

② 崔庆玲. 在高等教育国际化中、美、英两国留学生教育思考 [J]. 理工高教研究, 2004 (5): 52 – 57.

及欧盟学生，都要支付学费。这一政策刚实施，引起了英国联邦成员国的极大震惊和反感，但英国高等教育凭借其优质的教育质量、良好的学术声誉和独特的地理位置，仍然吸引着世界各地学生。1988 年，保守党政府出台《教育改革法》，力推教育市场化改革，以立法形式赋予大学更多自主权，准其自主管理校务，支配人、财、物等资源。"20 世纪 80 年代中期，留学生人数开始恢复并快速增长，1990 年和 1992 年，英国在校留学生的人数分别是1980 年的 1.5 倍和 1.8 倍。事实表明，撒切尔政府实施高等教育财政新政策后，英国大学并没有因为政府削减经费而陷入困境。英国高校从海外留学生处收取高额的学费，从而弥补了政府财政补助的不足。1979—1980 年学费收入为 0.46 亿英镑，1988—1989 年，收入增加到了 1.02 亿英镑。"①

1992 年英国颁布了《高等教育法令》，该法令进一步将英国高等教育带入市场。随后，布莱尔领导的"新工党"视教育政策为重要的经济工具，大学学生国际化状况随之展现出新局。上台伊始，布莱尔在展望英国前景时就称："教育是现有的最佳经济政策。"与此同时，英国高等教育的战略规划文件《迪尔英报告》也提出要"建立世界一流的，集学术与经济功能于一体的高等教育系统。"2003 年 1 月 22 日，教育和技能大臣查尔斯·克拉克宣布发布《高等教育的未来》白皮书。白皮书列出了政府对大学进行激进改革和投资的计划。白皮书鼓励大学获得更多自由，以拓展资金来源。"英国高等教育统计局（HESA）报告显示，1999—2000 年，英国大学总收入的 23.4% 来自海外全日制高等教育学费，这一数据在 2000—2001 年增长为 24.48%。"②
21 世纪后，英国加快了高等教育国际化和国际教育发展步伐，2011 年 6 月，英国发布了《高等教育白皮书》，倡导将市场竞争机制引入到高等教育之中；此外，英国还试图融入欧洲高等教育一体化框架，因此成为最早签署《博洛尼亚进程》（Bologna Process）的国家之一；英国政府也积极推动《伊拉斯谟计划》，为欧洲的学生提供研究课程，也为第三世界国家的毕业生提供奖

---

① 王立科. 英国高等教育国际化政策及其借鉴意义［J］. 内蒙古师范大学学报（教育科学版），2008（5）：55 - 56.

② Ramı M. Ayoubi, Hiba K. Massoud, "The strategy of internationalization in universities: A quantitative evaluation of the intent and implementation in UK universities", International Journal of Educational Management, Vol. 21, Issue: 4, 2007, P. 332.

学金，资助其来欧洲学习。英国高等教育国际化在政府和高校的推动下，成绩斐然，英国成为世界第二大留学目的国。"2016—2017 年，在英国接受高等教育的留学生达到44.2375 万人。"①

第二节 英国高等教育国际化动因

一、政治动因

推动英国高等教育国际化的政治动因主要源于英国高校对政府拨款的依赖以及由此形成的大学国家属性。此外，政府也期望通过奖学金等方式资助和鼓励外国留学生来英国留学，通过留学生这一桥梁，与其他国家和民族建立沟通，加强文化了解和认同，降低战争风险，推进英国与其他国家的和平共处。正如有学者指出，在英国高校就读的来自俄罗斯、东欧、高加索和中亚的学生在校园政治活动中表现活跃。此外一些以国家为基础的学生社团也有利于提高校园的政治意识和政治行动。通过这些社团，英国政府一方面可以获得政治建议，另一方面也可以加强英国与留学生所在国家的政治联系。由此可见，留学生扮演着英国与其所在国沟通联系大使的角色。

此外，来英国学习的留学生在发展与英国相互理解沟通的同时，他们还会成为英国的"最佳大使"。由于英国长期殖民统治地位形成的世界优越性，留学生对英国政治、文化和价值怀着无比的钦佩之情，并积极主张将英国模式推向世界，从而扩大英国的政治影响力。当这些由英国怀着战略目的，并由英国政府资助的外国留学生回国在国内公共机构工作或担任领导时，这些学生便有可能在更广的范围内向更多的公众推广英国文化价值，在潜移默化中成为英国的政治大使。正如有学者在评价英国政府奖学金政策时所说："自1983 年以来，英国政府一直提供极具竞争力的奖学金用于'具有成为未来领导者、决策者和舆论制定者潜力的学生'，该项奖学金政策非常开放，

---

① International student statistics：UK higher education. 资料来源于美国国际学生事务委员会（UKCISA）（访问时间2018 年9 月27 日）.

负责这些奖学金评选的部门非常期望能够将其奖学金提供给来自世界各地的优秀学生，并让留学生在学成后返回自己的国家，在特定领域传播英国文化和价值观。这一政策的目的不只是推进英国经济的发展，而主要是为了建设文化，以及与其他国家的政治和外交联系。"①

二、经济动因

亚当·斯密早就指出，大学的经费来源有三种：一是国家，二是大学，三是学生。通过招收自费的国际学生，高校可以增加经济收入。长期以来，英国大学就以经济动因招收国际学生而闻名。自 20 世纪 80 年代英国政府颁布法规，允许公立高校向留学生收取全额学费，自费生带来的额外收入，由各校自主支配开始，国际学生就成为大学的重要财富。英国大学早已习惯面向国际学生收取高额学费。如苏塞克斯大学 2016—2017 学年外国交换生的学费标准明确规定欧盟学生为每学期 4500 英镑，非欧盟学生需交纳 7400 英镑。同是外籍学生，亲疏有别的收费指向是显然的。可以说，如果没有来自自费留学生的收入，几乎所有英国高校都会感到经费匮乏，尤其在研究生教育层次上，一些院系将会受到关闭的威胁。然而，对于一些声望极高的大学来说，他们宣称出口教育是获取人才的手段，出口教育表面上看并没有商业动机，但是其期待的长远利益仍然蕴含经济因素。"像剑桥大学和伦敦帝国理工大学这样的大学招收全球学生，尤其是招收研究生阶段的全球学生，吸引最聪明的人才，确保大学的研究产出和质量始终领先于竞争对手。这种动机虽非直接商业化，因为他们经常向顶尖学生支付奖学金，但大学显然期望一种长期财务回报，即获得更好的全球排名和更高研究收入。"② 曾是伦敦大学玛丽皇后学院国际教育负责人约翰·贝拉吉欧（John Belcher）在 1987 年的一篇论文摘录中指出：英国人欢迎国际学生出于教育、政治、商业和发展

① Maia Chankseliani, "Four Rationales of HE Internationalization: Perspectives of U. K. U-niversities on Attracting Students From Former Soviet Countries", Journal of Studies in International Education, Vol. 22, No. 1, 2018, P. 63.

② Nigel M Healey, "Beyond 'export education': aspiring to put students at the heart of a university's internationalisation strategy", Perspectives: Policy and Practice in Higher Education. Vol 21, No. 4, 2017, P. 121.

等多种因素的考虑；国际学生的教育不应该由英国纳税人补贴；国家奖学金项目要按照国家优先考虑的优先事项精心设计，并有利于选定的个人和学生类别。在一项对英国大学招收来自国外留学生的调研采访结果显示，"几乎所有高校的代表都将经济动因作为政府和大学推动英国高校国际化的因素"①。

高等教育国际化的产生与发展始终是与人类社会经济活动联系在一起的。20世纪70年代以来，经济全球化成为世界经济发展最重要的、不可逆转的趋势。经济全球化给高等教育带来了一系列的变化。经济全球化趋势要求各国的高等教育必须培养更多熟悉世界经济贸易、生产管理的人才。因此，经济全球化及对世界性人才的需求成为高等教育国际化的重要推动力。"1988年，撒切尔夫人强调说，大学应该与社会经济发展和工商业紧密地联系起来，大学担负着为社会经济发展做贡献的'第三使命'，在创造知识、转化知识、应用知识中发挥作用。2003年英国《高等教育的未来》报告更明确和强化了大学的这种社会功能。英国各级政府高度重视大学在经济发展中的作用，采取积极行动，促使大学在办学宗旨、服务方向、人才培养等各个方面都力图面向社会、面向世界。这些政策和措施，大大推动了英国高等教育国际化进程。"②

基于经济动因招收自费国际学生，不止关乎大学本身，也是英国社会政策的一部分，并被纳入政党政治的重要议题。高等教育的经济动因是20世纪70年代末撒切尔政府政策的直接结果，其后的政府也一直推行该政策。1997年，工党执政伊始，布莱尔在展望英国前景时就称："教育是现有的最佳经济政策。""政府和企业界在六个关键领域里有直接共同利益。我认为其中真正的关键在于教育，抓对了教育，其余自然正确归位；抓错了教育，可预见的结果是经济衰落，社会状况恶化。"为贯彻教育国际化的经济动因理念，1999年，英国政府推出"首相国际教育行动计划"，旨在吸引海外学生

---

① Maia Chankseliani, "Four Rationales of HE Internationalization: Perspectives of U. K. Universities on Attracting Students From Former Soviet Countries", Journal of Studies in International Education, Vol. 22. No. 1, 2018, p. 57.

② 黄永林. 英国高等教育国际化的动因、特点及其启示 [J]. 国家教育行政学院学报, 2006 (2): 83.

到英国留学。该计划分为两个阶段，第一阶段从 1999 年至 2005 年，规定到 2005 年英国要吸引 7.5 万名非欧盟国家的留学生，年收入 7 亿英镑；第二阶段从 2006 年至 2011 年，计划收录非欧盟国家留学生 10 万人，预计学费年收入为 8.8 亿英镑。与留学生的增长相呼应的是新工党晒出的漂亮的经济"成绩单"：2005 年，工党"实现了国内经济年增长率为 2.75% 的业绩。到 2004 年第 4 季度，经济已实现连续 49 个季度的增长，是英国历史上从未有过的经济持续增长期限，人均 GDP 超过了德国、法国和意大利，同时，失业率也维持在较低水平，2004 年的失业率为 2.7%"。为进一步认识留学生增长与英国经济增长的关系，1995 年有专业机构评估显示：英国的留学生学费及相关支出，每年可为英国带来 10 亿英镑的收入，同时还能提供 3.5 万至 5 万个工作岗位。英国工业贸易部计算的结果表明，所有与教育相关的出口总额每年不少于 70 亿英镑，教育进而成为英国最重要的经济活动之一。此时，英国在册的国际学生数尚不足 20 万，其经济贡献已不容小觑。英国大学学生国际化的经济效益，对卡梅伦领导的联合政府同样不可忽视。2010 年，在全球金融海啸的震荡下，英国经济出现连续 6 个季度的下滑，经济规模缩水 6.1%。同年 10 月，英国财政部颁布的《2010 年公共开支审查报告》传递出政府将减少财政拨款、增加学费、转嫁经费成本压力的信号，这无疑给英国高等教育带来巨大的冲击。然而，从大学国际化的视角看，在全球范围推行学生国际化策略，以保持对国际学生（特别是自费留学生）的吸引力，对英国政府和经济社会发展都具有重要而特殊的意义。

进入 21 世纪以来，英国大学逐渐被推到经济增长"代理人"（agents）的位置。其中，国际学生的学费收入、消费能力及其创造的就业机会等，都对提振英国经济功不可没。2016 年 6 月，在英国"脱欧"公投前夕，"罗素大学集团"在其官网上发声表示反对。集团总干事温迪·皮亚特（Wendy Piatt）明确表示："欧盟的存在有利于我们聘请杰出的学者、录取优质的生源。这些学者和学生都会为英国的大学和社会发展做出重要的贡献。……欧盟成员国的学生每年也会为英国带来 370 亿英镑的经济收入、提供大约 34000 个工作岗位。"一旦"脱欧"，势必增加英国高等教育的不确定性，并使大学面临欧盟乃至更多海外生源流失的风险，这将直接导致高校财源的压缩。

通过以上分析，不难看出不论在高校层面还是在国家层面，驱动他们推进国际化的主要理由是获取经济收益和谋取长期经济利益。

三、文化和社会动因

知识的发展已成为没有国界的全球性事业，大学本身就具有国际性，因此，教育的国际化是不可避免的。教育国际化就是遵循知识国际性，恢复大学本真属性。然而随着社会的发展，大学通过研究创造和教学传播知识的核心使命已经发生了微妙的变化，大学已逐渐变得不再那么高尚。例如，1877年的"牛津与剑桥法案"将大学的使命定义为"促进宗教、教育、学习和研究"，隐含地认为这些目标是社会产品，大学担负着一定的社会功能。英国前政治家利亚姆·伯恩斯（Liam Burns）更进一步说："学生对他们为什么想上大学很清楚……是为了找到更好的工作和更好的职业。""从这个角度看，大学担负的社会使命就是教育学生在全球化劳动力市场上取得成功。"[1] 为此，大学可以通过改革学生的学习经历做到这一点，而"教育国际化就是将学生置于多元和多样文化环境和氛围中，从而实现这一目的"[2]。

教育国际化的社会文化动因强调教育国际化对丰富学生多文化体验的重要性。招收国际学生可以丰富校园氛围，有利于大学校园内的其他国内学生突破文化障碍、打开视野。外国学生在与本国学生的交往过程中，必然会产生文化差异所带来的对抗，这种对抗也有利于他们在社会学习和个人发展方面取得更大进步。英国一直非常重视将国际维度引入高校的教学、科研、管理及服务中。1993 年，英国在绿皮书中明确指出，教育的一个目的是为年轻人在一个更为广阔的社会和经济领域行使自己的职责而做准备。此外，英国教育界也认为，大学有责任和机会通过教学及科研来提高人们对不同社会现象的理解与意识，促进相互理解。随着学术交流、海外办学及留学人员的增多，英国的高等教育国际化促进了不同国家学术团体的相互理解，提升了教

---

[1] Taylor, S., "Globally – Minded Students: Defining, Measuring and Developing Intercultural Sensitivity", The International Schools Journal, Vol. 33, No. 1, 2013, PP. 65 – 75.

[2] Nigel M Healey, "Beyond 'export education': aspiring to put students at the heart of a university's internationalisation strategy", Perspectives: Policy and Practice in Higher Education, Vol. 21, No. 4, 2017, P. 122.

师、学生及员工理解不同国家（环境、经济、文化和社会）间相互依存现实的能力，为在国际化和多元化的背景下从事工作做了充分的准备。

此外，大学特殊的知识文化性质和育人功能使其在社会和城市中扮演着重要角色。与城市内其他一些组织相比，大学更具有国际化和全球意识。因此，国际学生的存在对于大学所在的城市、社区来说也具有重要的意义。大学的国际化面貌和全球化程度越高，大学所在的城市和社会也越能从其接触的国际学生中听到更多的声音、获得更多的想法，增长更多的见识。一项对来自苏联国家的国际学生对英国社会的影响调查显示，"苏联国家的学生对英国高等院校的社会和文化贡献主要体现为如下三种：促成大学生活中非学术性要素；增加校园多样性，使所有学生具备在全球化的世界中工作所需的生活和学习准备；为更全球化的发展做出贡献，在更广泛的社区中思考。"①"对于那些不像欧洲其他地区的学生那样流动的英国学生来说，往往缺乏学习外语或海外留学的机会，与苏联国家的学生进行的社会和文化交流也为英国学生提供了一些有关阿塞拜疆、哈萨克斯坦和俄罗斯等国家的信息。如果他们只是在国内学习，没有这种相互作用，他们就不知道。因此，有人认为，这种相互作用鼓励英国学生学习国外的'不同的生活方式'，为他们在全球范围内生活和工作提前做好更充分的准备。"②

英国除通过教育国际化丰富本国文化资源、促进文化交流与了解外，还利用教育国际化推广自身文化，加强自身文化在世界的影响力。"英国对全球的文化影响基本上可以分为三个阶段：首先是 18 世纪到第二次世界大战结束的殖民扩张阶段。该阶段，殖民地国家或地区被迫毫无选择地接受英国文化。其次是第二次世界大战结束后到 20 世纪 90 年代的对外援助阶段。该阶段，英国采用对外援助等文化渗透和潜移默化方式继续影响第三世界国家的教育和文化。再次是 90 年代至今。为推动英国文化经济的快速发展，英国

---

① Maia Chankseliani ，" Four Rationales of HE Internationalization：Perspectives of U. K. Universities on Attracting Students From Former Soviet Countries"，Journal of Studies in International Education，Vol. 22，No. 1，2018，p. 58.

② Maia Chankseliani ，" Four Rationales of HE Internationalization：Perspectives of U. K. Universities on Attracting Students From Former Soviet Countries"，Journal of Studies in International Education，Vol. 22，No. 1，2018，p. 60.

积极参与世界各国间的合作项目，发挥文化的软实力作用。自 80 年代以后，英国参与了一系列的由英国文化协会发起的帮助发展中国家的活动。英国政府为这些国际化活动提供资金，一部分是直接拨款，以奖学金或其他奖励方式来吸引海外优秀学生；另一部分是间接拨款，通过英国文化协会和海外发展管理机构援助第三世界国家的发展。"①

四、学术动因

"英国牛津大学校长科林·卢卡斯教授强调，大学的存在是为了探求真理，大学的使命是探求人类物质世界、精神世界发展的历史。大学从事的是人的教育，应该培养学生判断事物的能力、独立思考的能力，培养学生成为成功者所必需的社会和个人品质。知识无国界，大学作为知识的殿堂，从它诞生起就天然具有开放品格和世界精神。"② 美国比较高等教育学家菲利普·G. 阿特巴赫也认为，大学是国际化的，它们通过一种共同的历史传统跨越国界相互联系，并通过一个国际知识网络彼此相连。从历史上看，早在中世纪，学生与学者的流动就是欧洲大学的特点之一。英国大学在创始之初，就与人员的国际流动紧密关联。英国的第一所大学——牛津大学，就是学员国际流动的直接产物。当代英国大学的一大特点是国际化，英国教育"国际化"的重点之一，也是强调学生的跨境学术流动。

对英国大学而言，招揽国际学生除了前述的经济动因和社会文化动因以及政治动因外，还包括学术动因。留学生被视为大学学术研究的重要主体和组成部分，因此也是提升大学学术声誉，为大学学术做出贡献的重要力量，而后者在某些情况下比前者更普遍。英国人相信："国际化能使大学的教育观念和文化观念多元化。来自不同文化传统和制度的学生，能为英国高等教育带来诸多好处，如拓展知识基础、扩大研究领域、提高研究声望和丰富课程内容。"③ 不管一所大学的身份和地位如何，只要该大学具有成为全球化

---

① 谷海玲，廖益. 英国高等教育国际化动因分析 [J]. 职业圈，2007（13）：120.

② 黄永林. 英国高等教育国际化的动因、特点及其启示 [J]. 国家教育行政学院学报，2006（2）：83.

③ 皮特·斯科特. 高等教育全球化：理论与政策 [M]. 周倩，高耀丽，译. 北京：北京大学出版社，2009：33.

大学的野心，就会吸引来自世界各地的国际学生，这是大学的本质使然。这一观点也在玛雅（Maia）的调查中予以体现："我们对此有了洞见，我们接纳国际学生的原因是因为他们很聪明。我们真的不在乎你来自哪里。我们想要的是最聪明的学生。当有大量的国际学生就读该大学时，这个大学扩大了思维的可能性。"① "通过在校园内创建这个国际学习者社区，你就是为未来创造更多国际合作伙伴和与全世界进行研究合作的机会，从大学的长远国际化来看，这是很重要的方面，与来自世界各地校友建立庞大的校友网络，并在学术上和研究基础上合作。"② 来自大公民大学（Big civic University）的一位受访者谈道："这（国际化）是该大学历史的一部分……招收国际学生的悠久传统……核心价值观，我们将自己视为国际社会的一部分……他们产生了巨大的收入来源是事实，但这不是主要驱动因素。学术理念正在成为国际社会的一部分，涉及在许多国家进行知识转让和辩论。"③ 来自英国郡大学（County University）的代表认为："国际学生提升大学的表现……这不仅仅是一个财务问题。研究生群体有助于研究成果的产出。科学研究小组和我们的工作人员一样，如果没有博士后和博士后国际学生，科学研究小组将无法发挥作用。"④

为了通过教育国际化提高大学学术地位和声誉，英国大学虽然重视招收留学生，但是又防止某一国际学生群体人数过多从而损害校园多样化，不利于学习和研究。例如，中国被认为是英国高等教育的最大国际学生市场，但英国高校不希望其整个教室里挤满了中国学生，他们认为中国学生需要与来

---

① Maia Chankseliani, "Four Rationales of HE Internationalization: Perspectives of U. K. Universities on Attracting Students From Former Soviet Countries", Journal of Studies in International Education, Vol. 22. No. 1, 2018, p. 61.

② Maia Chankseliani, "Four Rationales of HE Internationalization: Perspectives of U. K. Universities on Attracting Students From Former Soviet Countries", Journal of Studies in International Education, Vol. 22. No. 1, 2018, p. 62.

③ Chris Bolsmann, Henry Miller, "International student recruitment to universities in England: discourse, rationales and globalization", Globalisation, Societies and Education, Vol. 6, No. 1, 2008, p. 81.

④ Chris Bolsmann, Henry Miller, "International student recruitment to universities in England: discourse, rationales and globalization", Globalisation, Societies and Education, Vol. 6, No. 1, 2008, p. 84.

自中东和美洲的学生混合在一起。除此之外，也要考虑国际学生与国内学生的比例问题，一位英国高校受访者声称，只要该大学校园中有超过15%的国际学生，这种状况就会扭使国内学生整体状况发生扭曲。可见，国内学生和国际学生，以及不同国家的国际学生之间在"数字上的平衡"也被认为是大学通过国际化提升学术声誉和质量的关键指标。

与教育国际化学术动因相呼应的另一国际化措施是确立质量监督和管理体系。随着英国大学国际化进程的推进和国际市场的扩大，"英国高校合作制定了互相认可的、严格的学术质量标准和质量体系，包括对海外办学的监督，以维护英国学术和大学在世界的核心地位。"①

第三节 英国大学国际化策略

一、方向策略

英国大学高度重视教育国际化，他们凭借着以国家质量体系为基础的大学高质量标准、英国长期积淀的高等教育学术声誉，吸引着来自世界各地的国际学生。目前，英国已经是继美国后世界第二大留学目的国，也是留学生优先考虑的出国留学地。无论是在英国殖民帝国时期，还是在第二次世界大战后以及当代，英国始终将出口高等教育视为教育国际化的重要方向。基于教育出口方向，英国大学积极开展教育国际化活动，将教育国际化作为大学的办学特色之一，并围绕教育出口实施各项国际化策略。英国大学的教育输出方向策略主要体现在招收留学生、出口本土教育和利用本国优质教育资源致力于为全球发展培养高素质人才。英国一些大学的人才培养目标明确表明了教育出口方向。如曼彻斯特大学要求学生眼睛不仅要向内（本国）看，而且要向外（国外）看，提出要培养"国际公民""国际学生"；诺森比亚大学提出要在国际化的背景下摆正自己的位置，加强对学校师生员工进行高等教育国际化有关知识的培训和教育。

---

① 谷海玲，廖益. 英国高等教育国际化动因分析 [J]. 职业圈，2007 (13)：119.

为了更好地做好教育输出，"越来越多的英国大学设立了从事国际化合作的机构或组织，在海外开展留学生教育咨询服务、举办教育展览。中国作为高等教育最大的市场，对英国高校产生了巨大的吸引力，它们采取各种手段争取中国留学生生源，如许多大学都设立了专门负责中国交流与合作事宜的中国部。近几年，英国大学联合在北京、上海、杭州等地举办英国教育展，大大提高了在中国的知名度。"①

英国大学在实施教育国际化的过程中也重视向国外输出学生，加强学生对异国文化的体验，但是这一教育输入方向策略效果收益不太明显。根据一项对英国大学的抽样调查结果显示："绝大部分的抽样大学正试图促使本国学生到海外学习。但是他们觉得这很困难，主要是因为英国人不愿意在非英语国家学习。而根据苏塞克斯移民研究中心和应用人口研究中心（Sussex Centre for Migration Research and the Centre for Applied Population Research）2004 年的总结报告显示，英国学生缺乏语言能力是导致他们不愿出国或出国留学率偏低的主要原因之一。"② 可见，英国优质的高等教育质量以及英语的世界性运用是英国大学实施教育输出的有利条件，然而，英国高等教育质量和英语运用也妨碍了本国学生的跨文化实地体验。

二、组织策略

（一）国际化战略

根据库桑多尼（Koutsantoni）2006 年对 131 所英国大学的抽样调查发现，英国有一半的大学有国际化战略。调查显示，"招收国际学生是这些大学国际化战略的重点，他们中很少有学校考虑改革大学制度，使之适应来自不同教育背景和教育经验的新招收的国际学生。"③ 英国大学国际化战略内容详

---

① 黄永林. 英国高等教育国际化的动因、特点及其启示［J］. 国家教育行政学院学报，2006（2）：85.

② Mihoko Toyoshima, "International strategies of universities in England", London Review of Education, Vol. 5, No. 3, 2007, P. 273.

③ Philip Warwick, Yvonne J. Moogan, "A comparative study of perceptions of internationalisation strategies in UK universities", Compare：A Journal of Comparative and International Education, Vol. 43, No. 1, 2013, p. 103.

见表4.1。

表4.1 英国大学国际化战略内容

比例	项目内容
52%	拥有国际化战略
16%	大学计划中未提及国际化
28%	仅涉及国际学生招收
8%	涉及国际员工招聘
6%	提到员工发展
4%	涉及学生国际体验问题
0.5%	涉及教学和学习问题

说明：2006 年对英国 131 所高校的调查结果

资料来源：Philip Warwick and Yvonne J. Moogan，A comparative study of perceptions of internationalisation strategies in UK universities，*Compare*：*A Journal of Comparative and International Education*，Vol. 43，No. 1，2013，PP. 104.

这个发现与班尼特（Bennett）和凯恩（Kane）在 2011 年以及特纳（Turner）和罗布森（Robson）在 2007 年的调查结果一致。然而，自 2006 年库桑多尼（Koutsantoni）调查以来，英国的大学继续制定国际化战略，但在实施这些战略方面仍然十分薄弱。[①]

（二）国际化组织机构和人员

大学国际化战略的成功实施需要强有力的组织领导，在那些被认为具有更成功的国际化战略的大学里，高级学术和管理人员对国际化战略具有明显和一致的承诺是他们的共同特征。这在一定程度上验证了个人和小团队是国际化的主要驱动力这一观点。依据该观点可以推断，如果某个拥有一定权力和影响力的组织在两三年内持续不断地推动国际化议程，国际化战略实施的可能性就更大。然而，"英国很多大学都有国际化战略，但通常情况下，国

---

① Philip Warwick，Yvonne J. Moogan，"A comparative study of perceptions of internationalisation strategies in UK universities"，Compare：A Journal of Comparative and International Education，Vol. 43，No1，2013，p. 114.

际化战略的内容都没有成功地传达给组织中那些高级管理人员，或被组织中高级管理人员所理解，而这些高级管理人员可能就是会将战略付诸行动的人，因此，导致国际化战略非常不规则的执行模式。"① 如在第二章在对国际化组织策略分析时所述，师生员工的认同是大学国际化组织策略的重要内容，一个被师生员工了解和支持的国际化战略会更顺利地被执行，反之国际化战略就可能形同虚设。2009—2010 年对英国 7 所研究型大学国际化行为的调查显示："试图采用自上而下和集中驱动的方式实施国际化战略，因为没有注意到强制执行国际化战略在大学这样的专业服务机构中建立承诺的重要性，致使大学学术人员对国际化战略做出了严重抗议，最终的结果是大多数英国大学倾向于避免自上而下实施国际化，而是依靠模块和项目层面的自下而上的举措实施国际化。"②

英国大学国际化的领导力在整个大学中也呈现出一种有趣的模式。"对 1992 年以前的大学（1992 年以前的大学又称为老的大学，1992 年以后的大学主要是前理工学院）来说，国际化工作是由院长或专业型副校长（PVC）等高级学术人员负责，而对于 1992 年后的大学，国际化责任经常由高级非学院院长担任。"③ 对于许多大学来说，副校长（国际）的角色对变革至关重要。大多数大学都是按功能组织的，他们有分管研究、教学的校长（或副校长），他们有首席运营官、首席财务官和人力资源总监，学术机构由院长领导。因此，高级管理团队里每个职员都有特定的任务和职责。而"国际化是一项跨越若干职能的事业，它既涉及人力资源方面的事务，如教师聘用、政策引导和奖励的方式，也涉及财务政策，如资源分配方式，还与教学、研究、课程开发等运营有关，甚至与基础设施保障等事务紧密相连。因此，在

---

① Philip Warwick, Yvonne J. Moogan, "A comparative study of perceptions of internationalisation strategies in UK universities", Compare: A Journal of Comparative and International Education, Vol. 43, No. 1, 2013, p. 113.

② Philip Warwick, Yvonne J. Moogan, "A comparative study of perceptions of internationalisation strategies in UK universities", Compare: A Journal of Comparative and International Education, Vol. 43, No. 1, 2013, p. 112.

③ Felix Maringe, "Strategies and challenges of internationalisation in HE: An exploratory study of UK universities", International Journal of Educational Management, Vol. 23, Issue. 7, 2009, P. 560.

国际化过程中，除非由大学高级决策层副校长以上职位的人员分管国际化工作，否则国际化就会被边缘化，甚至被完全忽略"①。"1992 年后的大学和以前的大学都有充裕的预算，支持国际学生招收活动、员工和学生的国际流动，但是，除组织的中心层面之外，没有什么东西可以与国际化的努力遥相呼应。"② 事实表明，凡是被认为国际化进程取得进展的大学，至少有一名专业副校长层次（PVC‑Level）的高级学术人员在持续、明显和积极地领导国际化活动。这项研究非常清楚地表明，如果领导积极活跃于国际化活动中，国际化战略成功实施的可能性就大。然而，"接受调查的大学中却只有少量的大学意识到领导能力和沟通策略是实施国际化战略的重要因素"③。

为了促进教育国际化，有一些英国大学已经任命具有外国国籍的人员担任校长或副校长。"他们认为外国国籍的校长或副校长是大学国际化的好工具，有利于吸引优秀的国际研究人员和学生。然而，当在访谈中问到该问题时，许多大学表示，最重要的是任命合适的人，不论其国籍，只要他熟悉英国的学术文化。1992 年之前的一所抽样调查的大学提到，副校长的角色在这个意义上更重要。另一个 1992 年以前的大学因为已经任命外国校长，对此事没有发表看法，但事实上他们正在充分利用这一任命。这所大学的网站表明，该校已在制定国际化战略方面做出最重要的决定。在 2001 年任命外国校长之后，他们受校长的母国邀请，成为第一个在其领土上开设校园的外国大学。可以肯定的是，这个任命与他们的目标国家建立了更好的关系，更重要的是大学与目标国中央政府、地方当局和社区建立了更为牢固的

---

① Nigel M Healey，"Beyond'export education'：aspiring to put students at the heart of a university's internationalisation strategy"，Perspectives：Policy and Practice in Higher Education. vol 21，No. 4，2017，P. 127.

② Felix Maringe，"Strategies and challenges of internationalisation in HE：An exploratory study of UK universities"，International Journal of Educational Management，Vol. 23，Issue：7，2009，P. 560.

③ Philip Warwick & Yvonne J. Moogan，"A comparative study of perceptions of internationalisation strategies in UK universities"，Compare：A Journal of Comparative and International Education. Vol. 43，No. 1，2013，p. 115.

联系。"①

为推进教育国际化进程，为招收更多的留学生，大多数英国高校都设有国际事务办公室或类似的组织，应对大学之间在科学研究以及招收学生和工作人员方面的世界性竞争。"英国的大学设立国际办公室的历史不长。在所有抽样的1992年以前的大学中，最早的国际办公室始建于1985年，原来只有一个人在办公室工作，但现在员工人数已经增加到30人，他们也有3个在国外的工作人员。其他1992年以前的被调研大学的国际办公室的历史为10至20年。这些办公室的职能和职责通常涵盖国际学生事宜、学生交流项目、机构联系、研究合作和课程国际化。很多1992年以前的大学回应说，他们的国际办公室的责任随着国际化的兴起而扩大。1992年以后的大学则没有明显的变化趋势，但是从事国际化工作的组织机构情况则比较复杂。在一所1992年后的大学里，国际办公室成立于15年前，从那以后它一直致力于招收国际学生。另外两所1992年后的大学提到，他们有处理国际事务的办公室，但是办公室职责范围不一，一所1992年后的大学设有国际发展办公室招生和国际咨询小组，为学生提供国际支持和国际化课程；另一所1992年以后的大学的结构更加分散：有一个国际办公室，一个国际项目办公室和四个不同校园的营运办公室以协调它们的国际化工作。"②

2007年对英国大学的一项调研显示：除了一所大学以外，所有大学都有国际工作组。除了国际事务办公室外，在每所大学中，大学的高级管理成员，如校长、副校长等组成工作组，工作组成员由不同学院或单位的负责人组成，以实施国际化政策和策略。

此外，英国大学还积极在海外设立海外分支机构或海外代表，以推进国际化特别是国际学生的招收工作。海外分支机构或海外代表的数量也成为衡量大学是否积极参与国际化的指标之一。有四所1992年前的大学表示，他们在国外没有任何分支机构，并且也没有计划在未来建立分支机构。尽管如此，他们在国外都有教育代理人，主要负责招收国际学生。这项研究发现，

① Mihoko Toyoshima, "International strategies of universities in England", London Review of Education, Vol. 5, No. 3, 2007, PP. 273 - 274.

② Mihoko Toyoshima, "International strategies of universities in England", London Review of Education, Vol. 5, No. 3, 2007, P. 275.

从招收国际学生和营销策略的角度来看，与代理机构合作对英国大学来说正变得越来越重要。"一所 1992 年以前的大学提到他们的教育代理人在中国、印度和中国台湾非常活跃；另一所大学在中国大陆、中国台湾、印度、韩国、日本、泰国和马来西亚都设有代理机构。另一所 1992 年以前的大学说，他们在世界上有超过 80 个代理机构，他们经常访问并检查代理机构的工作。这所大学建议，他们接近有 40% 的国际学生使用他们在其他国家提供的代理服务，尽管不同国家的学生使用国外代理机构的情况差异很大。这所大学还表示，代理机构不参与学生的录取或选拔过程，但每个代理机构都与大学国际办公室的工作人员保持密切合作。代理机构的奖励来自他们的业绩，并支付佣金（商定学费的百分比）。应该指出的是，英国文化协会在代理机构和英国大学之间的关系中也扮演着积极的角色。他们认为代理机构是他们的营运合作伙伴，因此提供可观的服务来提高代理机构的工作质量。"①

也有一些大学在境外设立分公司。调研显示，"有一所 1992 年以后的大学在德里和东京设有分公司，其他在印度、巴基斯坦、孟加拉国和尼日利亚有 50~60 名代表。剩下的两所大学回答说他们没有设立海外办事处，也不打算设立海外办事处。然而，其中一个曾经在南非有海外校园。"②

根据一项对英国大学关于国际化文件的文献和访谈调查显示："国际化现在是大学使命的关键战略内容。但是，所调查的六所大学（1994 年以后）中只有一所拥有独立的国际化文件，并将课程、招生、工作人员招聘、工作人员职业化和资助，扩大参与和跨界活动等各种活动，作为其未来五年国际化战略的关键要素，其余的大学只是将国际化作为一段时间内整个机构战略计划的关键组成部分。"③

对国际化的支持条件和设施的调研显示："1994 年后的大学和以前的大

---

① Mihoko Toyoshima, "International strategies of universities in England", London Review of Education, Vol. 5, No. 3, 2007, PP. 275 – 276.

② Mihoko Toyoshima, "International strategies of universities in England", London Review of Education, Vol. 5, No. 3, 2007, P. 276.

③ Felix Maringe, "Strategies and challenges of internationalisation in HE: An exploratory study of UK universities", International Journal of Educational Management, Vol. 23, Issue: 7, 2009, P. 560.

学都有充裕的预算支持学生招收活动，员工和学生的流动。但是，除校级层面之外，没有什么东西可以与国际化的努力遥相呼应。"① "大量大学在基础设施、餐饮、教学和学习方法的计划中没有考虑到学生组成和需求的变化。有很多英国大学仍然没有专门的穆斯林祷告室，没有洗浴设施，无法在居所大厅提供电饭煲，还有没有考虑重大宗教活动的考试安排。"②

三、活动策略

（一）招收国际学生

长期以来，招收付费国际留学生一直被视作英国高等教育国际化的代名词。国际学生也是英国大学国际化的重要因素。"在 20 世纪 80 年代以前，英国大学 90% 以上的经费由政府提供。在经历经济危机后，撒切尔政府确立了削减各层次的公共经费的财政目标。高等教育领域的财政经费也因此受到影响，1980 年至 1984 年，英国政府划拨给大学拨款委员会（UGC）的经费锐减 17%。20 世纪 80 年代末期，英国政府还取消了对海外留学生的学费优惠措施，转而执行全成本学费政策。从 20 世纪 70 年代后期至 90 年代后期，由于高等教育规模的扩大，英国政府教育经费资助实际下降了 40%。2006 年，英国政府对高校的拨款占高校收入的比例还不到 60%。国家对高等教育投入的减少，促使各高校将扩招海外学生的收入作为教育资源的重要补充（海外学生的学费是本国学生学费的 5 ~ 6 倍）。"③ 此外，看到国际留学生给英国带来的丰厚经济利益，在经济动因的驱动下，英国政府也采取各种途径促进本国高等教育服务的出口，鼓励本国的高等教育机构面向国际社会争取国际生源，获得直接的经济收入，以缓解教育经费紧张压力。如为鼓励招收国际留学生，"英国 1983 年以来就推出了一系列奖学金制度，形成由政府奖学

---

① Felix Maringe, "Strategies and challenges of internationalisation in HE：An exploratory study of UK universities", International Journal of Educational Management, Vol. 23, Issue 7, 2009, P. 560.

② Nigel M Healey, "Beyond 'export education'：aspiring to put students at the heart of a university's internationalisation strategy", Perspectives：Policy and Practice in Higher Education. vol 21. No. 4, 2017, P. 127.

③ 黄永林. 英国高等教育国际化的动因、特点及其启示［J］. 国家教育行政学院学报，2006（2）：86.

金、学术团体奖学金、高校奖学金组成的奖学金制度体系"①。"英国大学联合会"设立了"英国高等教育国际联合会"和"英国高等教育欧洲联合会"来推动英国的高等教育国际化，这些组织分析和研究欧洲的教育市场后，发布欧洲高等教育的相关信息，以增强英国教育部门在欧盟中的地位。英国政府还在世界各地设立了文化协会，通过举办说明会、发放宣传材料向所在国的民众宣传展示英国的高等教育，为当地的学生提供留学咨询。为充分挖掘中国市场，英国政府每年都会召开中英教育部长级高峰会议，为深化两国的高等教育交流提供政策支持；设立"卓越人才奖学金"和"中英优秀人才"项目，资助中国优秀的留学生前往英国学习。有学者甚至说："英国大学的国际化是围绕招收和培养国际学生而形成的多活动策略组合。"②

受政府鼓励开拓国外留学生市场政策的驱动，英国大学都想方设法扩大留学生（特别是研究生）招生规模。国际学生给英国带来了持续的收入增长。"2014—2015 年，英国国际（非欧盟）学生的学费收入为 42 亿英镑，占总收入的 12.7%"。③ "2016—2017 年，英国留学生达到 450660 人，其中欧盟学生 138000 人，非欧盟学生 312660 人，其研究生层次的国际学生占学生总数的 42%。从英国国际学生的来源国来看，中国学生人数远远超过任何其他国家，近三分之一的非欧盟学生来自中国，比 2012—2013 年增长了 14%，也是唯一一个学生数量显著增加的国家。"④ 国际学生除了能带来经济效益外，一所 1992 年后的大学认为："招收国际学生的好处不仅是收入，而且国际学生推动了一些不太受欢迎的课程。"⑤ 正是基于多种原因和政府政策的

---

① 黄永林. 英国高等教育国际化的动因、特点及其启示［J］. 国家教育行政学院学报，2006（2）：84.

② Nigel M Healey, "Beyond 'export education': aspiring to put students at the heart of a university's internationalisation strategy", Perspectives：Policy and Practice in Higher Education. vol 21, No. 4, 2017, P. 123.

③ Nigel M Healey, "Beyond 'export education': aspiring to put students at the heart of a university's internationalisation strategy", Perspectives：Policy and Practice in Higher Education, vol 21, No. 4, 2017, P. 119.

④ International student statistics：UK higher education. 资料来源于美国国际学生事务委员会（UKCISA）网站（访问时间：2018 年 5 月 21 日）

⑤ Mihoko Toyoshima. International strategies of universities in England, *London Review of Education*, Vol. 5, No. 3, 2007, PP. 272.

鼓励，英国大学积极招收国际学生。在一些大学，国际学生的比例甚至高达40%以上。具体见表4.2。

表 4.2　2016—2017 年度英国国际学生（非欧盟）规模前十位大学

序号	大学名称	国际学生数（单位：人）
1	伦敦大学学院	15735
2	曼彻斯特大学	13505
3	爱丁堡大学	11490
4	考文垂大学	10705
5	伦敦国王学院	9990
6	帝国理工学院医学院	8900
7	伦敦艺术大学	8550
8	华威大学	8455
9	牛津大学	8255
10	格拉斯哥大学	8235

资料来源：International student statistics：UK higher education. 资料来源于美国国际学生事务委员会（UKCISA）网站（访问时间：2018 年 5 月 21 日）

（二）开展境外办学

英国政府和大学还积极开展境外教育，拓展境外教育市场。境外办学主要包括合作办学和设立分校。英国大学与国外教育机构合作在境外办学的模式大致分为两类：一类是英国某大学和国外大学共同新建一所大学，合作开展教学和科研工作，如诺丁汉大学在世界各地（包括中国）就建立了分校；另一类是英国某大学在境外与国外大学联合培养大学生，其授课方式又可分为"N＋0"模式和"N＋M"模式。"N＋0"模式是在境外实施教学全过程，即由英国大学派出师资授课，所招学生在当地大学读完所有课程。"N＋M"模式是学生在当地读完两年或大部分课程，最后一年或最后一阶段转入英国大学继续就读，如"2＋2"模式、"1＋2＋1"模式和"3＋2"模式等，学生读完规定的课程并取得合格的成绩，便可获得英国大学颁发的学位和毕业证书或英国大学和当地大学共同颁发的学位和毕业证书。合作办学模式结合了不同国家的教育优势，使学生不出国门就可以享受英国的优质教育资源，也为学生节约了一定的经费，受到学生的广泛青睐。

英国大学也积极在海外建立分校。英国的大学通过在国外建立分校，直接在当地招收留学生，按照英国的教育模式对其进行培养，扩大了招生数量，降低了培养成本，获得了更多的利润。如位于英国诺丁汉郡的诺丁汉大学在中国宁波和马来西亚吉隆坡均设有校园，诺丁汉大学声称自己是"英国的全球大学"，它也被视作英国最国际化的大学。

随着英国大学境外办学的迅猛发展，为保证英国高等教育的质量，维护其国际声誉，英国高等教育委员会于1995年10月颁布了《高等教育境外合作办学实施准则》（共十五条），该准则特别强调境外办学的教学水平和教育质量，规定学生入学资格、课程设置、学制都必须与英国国内的相应规定保持一致，英国大学必须完全控制考试和评估方式等。根据该委员会建议，2001年起，英国开展的合作办学项目（含境内外两类）必须经过质量保证署（1997年前为高等教育质量委员会）检查达标后，方可实施。①

（三）开设国际课程

课程的国际化是高等教育国际化的基本要素之一，它标志着高等教育的国际化已发展到了实质性阶段。高度国际化的课程设置是英国大学实施国际化策略的坚实基础，也是培养国际学生的主要路径。从某种程度上说，正是课程国际化才保证了英国大学的全球竞争力。随着全球市场和全球文化的日益发展，英语越来越多地被用于信息交流和共享，并作为跨境教育的主要教学语言。对国际学生而言，留学国是否以英语为交流工具，是决定其要否到该国留学的重要考虑因素。英国大学"免费"的语言教育环境，以及英国作为多元文化和族群的聚集地，无疑使其在高等教育市场中具备天然的竞争优势。除语言因素，英国大学多层次、多形式的国际化专业课程供给受到了国

---

① 黄永林. 英国高等教育国际化的动因、特点及其启示［J］. 国家教育行政学院学报，2006（2）：86.

际学生的广泛欢迎，形成了对国际学生的强大吸引力。1990 年以后，英国大学国际化课程的数量和比重迅速增加。英国大学的"国际化课程"已超越"英语课程"的简单样式，而具有更高的立意。英国学者约翰·比彻（John Belcher）认为，所有国际化课程的开发都应融入这样一种观点，即如果没有国际视野就不可能养成批判思维能力。因而，在英国大学现有的国际化课程中，除了向国际学生全面开放专业课程外，还在原课程体系中，努力加入国际化元素（如世界历史、国际政治、世界经济等），或开设国际主题的新课程，以及地区或国别研究课程，如曼彻斯特商学院开设的"欧洲研究"和"亚太研究"等。① 具体来说，英国在课程的国际化建设方面主要采取以下六种策略："一是开设专门的国际教育课程。在国际框架下讲授某种学科，使学生意识到所有国家的相互联系及世界共同的普遍性问题。二是在现有的课程中加入国际性的内容，这些内容紧密关注国际上本学科的最新动向，及时让学生了解最新研究成果。三是开设注重国际主题的新课程。例如，英国著名的曼彻斯特商学院，其课程贯穿了以国际化为主题的课程，如国际商务、国际战备、国际管理战略等课程。四是区域性或国别研究课程，如曼彻斯特商学院的以'欧洲研究'为主题的课程，允许学生用 10 周的时间对欧盟各国的经济发展特点进行研究，其中包括去巴黎和布达佩斯等地进行实地考察。五是建立国际交换课程网络。通过交换课程补充学校教学计划中未能设置的课程，同时使学生体验不同的文化背景。六是重视远程网络教学。"②"英国政府把普及网络教育作为保证英国人才能够紧跟世界潮流的主要手段之一。为扩大其海外教育出口规模，进一步将网络教育的触角扩展到世界的每一个角落，英国通过网络提供学位课程，在国际间建立国际性虚拟大学，并被英国政府作为今后高等教育发展的重中之重。"③ 正是由于英国大学天然的语言优势，加之优质的国际化课程，不断吸引世界各地学生赴英国留学

---

① 唐军. 后福利时代英国大学的学生国际化策略评析——以苏塞克斯大学为例［J］. 英国研究，2016（8）：63 – 67.

② 张小明. 英国留学生教育管理透析［J］. 江苏高教，1997，（3）：88 – 89；詹春燕. 高等教育国际化策略——英国经验及其启示［J］. 湖北社会科学，2008（4）：180.

③ 詹春燕. 高等教育国际化策略——英国经验及其启示［J］. 湖北社会科学，2008（4）：181.

或成为英国留学生。

（四）加强合作联系

为整合英国高等教育力量，英国大学之间形成了相互合作的网络关系，大学之间互认教育项目。此外，英国的高等教育国际化也非常重视与国外机构的协作，例如，"英国—印度研究计划"（UK – India Research Initiative）就是英国与印度在教育领域合作的典型例子。根据该项目，英印双方在项目框架内联合培养研究生，建立了一系列合作的研究课题，通过双方的配合，推动英印之间的教育交流。英国也重视与欧盟合作，拓展英国高等教育影响力。英国政府曾积极推动"博洛尼亚进程"。"博洛尼亚进程"的目标是整合欧盟的高等教育资源。签约国中的任何一个国家的大学毕业生的毕业证书和成绩，都将获得其他签约国家的承认，大学毕业生可以毫无障碍地在其他欧洲国家申请学习硕士阶段的课程或者寻找就业机会，实现欧洲高等教育和科技一体化，建成欧洲高等教育协作区，为欧洲一体化进程做出贡献。

此外，英国几乎所有的著名大学都与其他国家对口的高校签有校际科研合作协议。它们通过互换图书资料、互派学者讲学、共同开展课题研究、相互交换留学人员等多种方式进行有效合作，学习他国的先进经验，获得更多的国际思想，从而促进英国大学的发展。

第四节 英国大学国际化案例

——以英国温彻斯特大学

（The University of Winchester, UK）为例

一、英国温彻斯特大学概况

温彻斯特大学位于英格兰南部温彻斯特市。温彻斯特市是英国最美丽的城市之一。它是英国的古都，被阿尔弗雷德大帝国王选为威塞克斯王国的权力所在地。温彻斯特也是作家简·奥斯汀的安息之地，她被埋葬在温彻斯特大教堂。温彻斯特大学的前身是1840年由英格兰教会基金会成立的温彻斯特

教区培训学校。从成立之日起，它一直得以持续稳定发展，并于1928年被命名为阿尔弗雷德国王学院。2005年，正式更名为温彻斯特大学。温彻斯特大学的起源和发展历程决定了它追寻以人为本的宗旨："成为世界领先的价值驱动型大学。""教育、推动知识和服务于共同的利益"是温彻斯特大学的办学使命；"知识自由、社会正义、多元化、灵性、个人重要性和创造力"的价值观指导它的办学。温彻斯特大学是一个在日益国际化的环境中运作的，具有地区和伦理学史的小而相对较新的大学。2015—2016学年，温彻斯特大学大约有6900名学生，其中1260名是研究生，国际学生占6%。

二、方向策略

英国高等教育输出的总体方向和以追求经济效益为驱动的动因深深影响了温切斯特大学教育国际化的方向和目标。温切斯特大学在其使命宣言中称：要用其"教学和研究解决全球性挑战"，"培养学生成为解决问题和社会变革的驱动力"。"作为价值观领先的大学"，温切斯特大学考虑的是"人类面临最紧迫问题的影响时"，大学"如何才能最大限度地发挥研究的共同利益"，"为学生提供社会和经济贡献"。正是怀揣着解决远大问题任务的使命，温切斯特大学试图以其卓越和创新的教学、研究能力为全球发展做出贡献。

温彻斯特大学发展战略明确指出："在全球竞争加剧和人口衰减的情况下，大学要保持学生人数，并努力实现国内和国际市场的增长"，为此，需要把自己的教育教学"拓展到新的领域和新的区域"，需要"创造性的伙伴关系，进一步提高大学研究和知识交流的影响力"，这一目标和战略取向体现了强烈的教育输出方向。

三、组织策略

（一）制定国际化战略

"在2011年之前，温切斯特大学就通过《伊拉斯谟计划》与美国、日本和欧洲开展了多项交流项目，招收国际学生。一部分学术人员积极参与国际交流联系。学校国际委员会汇集了各院系和其他相关利益方的代表，但是，没有明确的制度战略来管理、维持或拓展国际化活动，国际化活动很大一部分是偶然性或个别人员或者部门实施的零散的活动结果。"① 随着教育国际化逐渐演变成为英国教育的重要主题，温切斯特大学置身于全球化世界的现实以及招收国际学生所产生的经济收益，都极大地刺激了温切斯特大学进一步推进教育国际化进程，拓展教育国际化参与度。"2010 年，大学设立国际化主任一职，并制定了国际化战略以为大学提供更广泛、更具战略性的内容。学校制定了两个关键性国际化战略，分别是《国际化战略 2010—2015 年》和《国际化战略 2015—2018 年》。"② 后一个国际化战略总结了前一个国际化战略实施的经验教训，并对前一个国际化战略做了进一步完善。温切斯特大学的国际化战略是在全校广泛讨论的前提下制定的，从而获得全校上下的理解和普遍认同。

（二）机构及人员保障

温彻斯特大学始终秉承和贯彻众所周知的国际化概念，即"将国际视角融入高校或大学系统的过程。这是一个持续的、面向未来的、多维度、跨学科、领导力驱动的愿景，涉及许多利益相关者致力于改变机构的内部动态，以适应日益多样、全球化以及不断变化的外部环境。"③ 大学将国际化视作一个内容广泛、涉及面广，关系许多利益相关者组织内部结构的动态变化过程。因此，大学将国际化纳入大学发展规划，从组织和人员方面给予了国际化充分的保障。大学校长曾在另一所英国大学的校长岗位领导过国际化项目的开展，积累了丰富的国际化教育经验，来到温切斯特大学后，该校长将其积累的国际化经验运用到了温彻斯特大学，并以坚定的决心推动教育国际化。温彻斯特大学的教育国际化行动也获得了两名副校长

---

① Richard Hugh Neale, Alasdair Spark, Joy Carter, "Developing internationalisation strategies, University of Winchester, UK", International Journal of Educational Management, Vol. 32, Issue: 1, 2018, P. 175.

② Richard Hugh Neale, Alasdair Spark, Joy Carter, "Developing internationalisation strategies, University of Winchester, UK", International Journal of Educational Management, Vol. 32, Issue: 1, 2018, p. 173.

③ Ellingboe, B. J. "Divisional strategies to internationalise a campus portrait: results, resistance and recommendations from a case study at US universities", in Reforming the Higher Education Curriculum: Internationalising the Campus, Mestenhauser, J. A. and Ellingboe, B. J. (Eds), American Council on Education and Oryx Press, Phoenix, AZ, 1998, p. 199.

的大力支持。

温切斯特大学制定国际化战略后，为落实战略规定的各项任务，从组织和制度方面给予了充分的保障。组织方面，将国际化战略中的前五项优先事项分配给了学术院长和专业部门的负责人予以承担，并在大学现有的工作程序和体制机制中建立了国际化监督和控制机制。此外，进一步明确了国际化主任负责的国际化工作任务和职责。在 2011 年国际化战略实施期间，国际化主任的角色从提供国际旅行服务（包括预订航班和出租车）到单独实施国际化项目，职责逐渐专业化。随着国际化战略的推进，经过激烈和现实的争论，国际化主任的职责进一步得到明确并体现在了国际化发展战略的实施中。

事实上，温切斯特大学《国际化战略 2010—2015 年》和《国际化战略 2015—2018 年》都将组织协调、管理、创新作为国际化战略的重要内容。《国际化战略 2010—2015 年》明确指出要将国际化纳入学校部门工作计划和总结，并对学院的国际化活动进行审计和考核。在第一阶段国际化战略结束时，包括"副校长国际化企业系列讲座"（首届讲座由英国教科文组织委员会副主席主讲）和"副校长国际奖学金"（其中第一个颁发给越南学生）等在内的国际化组织创新制度得以建立起来。这两个新项目都强调了领导者个人力量在国际化计划中的重要性。《国际化战略 2015—2018 年》也强调大学内部的协调和管理。该战略认为国际化本质上是综合性的，既涉及学术项目又涉及职能部门、研究和教学中心以及专业服务部门的工作，因此，国际化职责需要明确清晰地传达给大学这些主体，改国际化指导小组为实施小组，国际化实施小组成员由研究中心、教学中心以及相关的专业服务部门的代表组成，进一步明确了国际化实施小组在监控和实施国际化战略计划方面的作用，明确规定大学宣传部门要捕捉、积极宣传报告整个大学范围内开展的各种国际化活动，奖励国际化活动中的创新行动，鼓励其他部门仿效国际化创新活动，提升温彻斯特大学的国际知名度和美誉度。具体见表4.3。

表4.3 温切斯特大学2015—2018年国际化战略—协调和管理目标及任务

目 标	2018 年要完成的任务
改革国际化实施小组成员和规则	建立国际化实施小组协调大学的国际化活动；明确了大学所有职能领域内的国际化职责和预期目标
确保大学的国际化活动更好地与大学内外受众进行沟通	确保大学网页新闻栏目定期报道国际化活动；确保所有项目和部门的网页报道国际活动、课程和课程的国际要素；增强社交媒体的影响力，推进国际化活动；颁发年度副校长国际化奖，以表彰个别员工和学生的杰出成就

资料来源：Richard Hugh Neale, Alasdair Spark, Joy Carter, "Developing internationalisation strategies, University of Winchester, UK", International Journal of Educational Management, Vol. 32, Issue：1, 2018, P. 180.

国际化教育的资源问题是温彻斯特大学面临的严重问题。大学没有专门的国际化教育资金预算项目。国际化所需要的资金在学校各项预算中考虑并得以体现。但是，由于温切斯特大学国际化战略制定是在全校范围内进行广泛讨论基础上确定的，国际化战略获得了全校的广泛了解和支持，因此，通过再次讨论还是可以确定国际化优先事项，并根据优先事项重新对预算进行分配，确定国际化发展所需要的资源，从而在一定程度上保证了大学教育国际化的顺利推进。

四、活动策略

（一）课程国际化

温切斯特大学在其《国际化战略 2010—2015 年》和《国际化战略 2015—2018 年》中都将课程国际化作为国际化战略的优先发展事项。《国际化战略 2010—2015 年》提出需要派出更多的学生去国外学习或工作，并提出学生在国外学习和工作应算作课程必修内容，而不应成为课程的可选项，明确了海外工作实习和志愿服务机会也应纳入课程内容。第一个国际化战略实施后，温切斯特大学的学术课程对国际化指标的关注度增加，学生流动的类型逐渐多元化。《国际化战略 2015—2018 年》则将课程国际化纳入国际化战略的第一优先选项，将国际化课程作为所有本科课程中必不可少的部分，并将各种出国交流、短期旅行、国外实习作为课程的一部分予以考核。此外，还设立基金支持国际化课程的开设和出国留学活动。具体见表4.4。

表4.4 温切斯特大学《国际化战略2015—2018年》——课程国际化目标

目 标	2018年要完成的任务
除受到认证限制外，所有温彻斯特项目都有国际化的课程	确保所有课程都确定课程的国际要素，并提醒学生可用的机会
延长学期实践，增加交换计划的数量和类型，确保学生有充分的准备参加	每年至少增加60名学生参与交流；第二学期的交流至少扩展到总数的25%；增加美国以外地区的交换计划数量
增加短期海外学习项目数	将定期提供"实地考察"的课程数量增加至每年至少六次
运营有竞争力的创业基金来支持国际课程	每年至少资助三项新的创新性国际活动
与价值研究学院和其他学术领域（例如全球政治和商业）合作，向本科生提供跨课程国际化内容	通过价值研究计划提供至少两个侧重于国际化主题的模块

资料来源：Richard Hugh Neale, Alasdair Spark, Joy Carter, "Developing internation-alisation strategies, University of Winchester, UK", International Journal of Educational Management, Vol. 32, Issue: 1, 2018, P. 179.

（二）构建国际化师生队伍

温切斯特大学强调师生队伍的国际化对学校发展的重要意义。《国际化战略2015—2018年》提出国内国际化，即通过招收留学生让英国学生更多地了解其他文化和其他文化的生活方式。《国际化战略2015—2018年》也提出要将学生和教师的多元化纳入国际化战略的优先事项，并提出国际员工和学生的数量是衡量国际化水平的重要指标。通过招收国际学生和教师，有利于提升大学的国际化水平、丰富校园文化、活跃课堂氛围、推动知识创新，构建新的国际合作联系网络。温切斯特大学还明确提出大学2019—2020年的发展目标：非欧盟国家学生比例提高到10%，到2018年欧盟大学本科学生占5%。

（三）加强国际合作

温切斯特大学高度重视大学与其他国家和地区的大学建立国际合作关

系。《国际化战略2015—2018年》提出，构建更深入、更广泛的伙伴关系至关重要，并将国际合作伙伴关系作为国际化战略的优先事项。2015年温切斯特大学国际合作伙伴数量有了明显的增加。2015—2018年国际化战略仍将国际合作作为战略发展第三项优先事项，并提出对现有的国际合作伙伴关系质量进行评估，如"提出发展现有的价值驱动型合作伙伴关系，包括塔卢瓦尔网络和英国圣公会的大学，并寻求与我们有共同价值观的机构建立新的联盟"。① 此外，创造更多的机会让学术人员在合作大学进行交流，增加与国际慈善机构和发展机构等致力于为公共利益做出贡献的机构建立伙伴关系也是温切斯特大学的发展目标。

（四）营造国际化的氛围

为了让国内外学生更好地体验大学的国际化效果。温切斯特大学《国际化战略2010—2015年》提出国内国际化，以让英国学生意识到其他文化的历史，让国际学生充分融入本土校园。第一阶段国际化战略结束后，大学里有了庆祝中国新年的活动，各类国际学生社团也开始涌现。温切斯特大学《国际化战略2015—2018年》更是明确指出加强不同学生融合的重要性，提出要让来自不同区域的国际学生通过他们纯粹的存在实现大学国际化，帮助英国学生拓展全球视野，同时也提出国际学生必须融入社区，庆祝多样化的节日。大学也意识到国际学生具有特殊的教育需求和校园服务支持要求，为此，要求培养国际学生的教职员工应该使自己的工作与国际学生的多样化要求相符合。

---

① 战略重点．资料来源于温彻斯特大学网站（访问时间：2018年5月21日）．

第五章

澳大利亚大学国际化动因及策略

第一节　澳大利亚高等教育国际化综述

澳大利亚是一个具有创新性和开拓性的国家。二战以前，澳大利亚大学没有国际化概念，高等教育国际化活动主要是派出学生到英国或北美攻读大学学位，体现了高等教育国际化输入方向。两次世界大战期间，澳大利亚高等教育事业也因此受到影响。二战后，为快速恢复经济，澳大利亚急需大学培养人才，此外，外来移民的涌入也使澳大利亚人口迅速增加，澳大利亚经济得以迅速增长，对高等教育人才的需求也在增加。为此，联邦政府制定了高等教育重建计划，重建计划包括联邦政府拨款资助大学。在政府的支持下，二战后澳大利亚大学数量得以增长，人才培养规模开始扩大，高等教育得到恢复和发展。

自 20 世纪 50 年代开始，澳大利亚进入教育援助期。澳大利亚为响应独立发展中国家要求，希望通过提供援助以帮助发展中国家的社会和经济的发展，援助对象主要是南亚和东南亚国家。1951 年 7 月，澳大利亚启动《科伦坡计划》，从而标志着澳大利亚政府第一次正式进入澳大利亚高等教育国外学生学习领域。澳大利亚政府根据《科伦坡计划》，向部分发展中国家一定数量的赴澳留学生提供援助奖学金，这一政策一直延续到 20 世纪 70 年代。

20 世纪 80 年代开始，澳大利亚政府将高等教育视为出口产业，以贸易的思维来发展澳大利亚的高等教育，随之澳大利亚高等教育国际化由教育援助转入教育贸易。1979 年，澳大利亚政府制定了《海外学生收费办法》，规定对来澳大利亚留学的国际学生收取一定数额的签证费。20 世纪 80 年代，关于高等教育国际化的去向出现了两种截然不同的观点。一是杰克逊（R. G. Jackson）委员会提出的将高等教育作为出口产业的市场化观点。二是古德林（J. Goldring）委员会倡议的高等教育学术化观点。经过澳大利亚各方的讨论，最终杰克逊委员会关于高等教育市场化的观点被接受。1985 年，澳大利亚发布了《对外国学生实施全额费用的指南》，1989 年澳大利亚政府又通过《高等教育贡献计划》，对来澳留学生的缴费以及澳大利亚大学的收费标准等进行规定。澳大利亚政府还取消了自费留学生的数额限制，鼓励留学生前来澳大利亚留学。为推动大学国际化发展，澳大利亚政府还通过大学校长委员会积极开展对外交流活动，确立了针对不同国家和区域的留学生的不同学费标准制度。在贸易思维的引导下，澳大利亚高等教育得到了巨大的发展。1999 年，澳大利亚招收了 83047 名国际学生，几乎全部支付全额费用。在此时期，澳大利亚的高等教育国际化将开拓教育市场放在了首要考虑的位置，依靠自身的地理位置优势，澳大利亚构建了以亚太国家为中心，以中国、印度等国家为重点的高等教育国际化布局，积极在亚太地区设立教育咨询机构，通过举办展览、说明会、宣传活动，向所在国展示澳大利亚优秀的高等教育资源，吸引国际学生前来留学。澳大利亚的高等教育国际化以市场为导向，将高等教育的发展与留学生市场的变化与趋势紧密联系，使得澳大利亚的大学避免了专业设置与市场脱节的现象，加快了澳大利亚高等教育的市场化进程，使得高等教育从需要投资的领域转化成为能赚钱的工具，成为新世纪澳大利亚国民经济的支柱产业，并很快成为继美国、英国之后第三大教育出口国。如今，澳大利亚国际教育的性质比在美国和其他一些国家更具有商业性，国际教育收入在大学预算中也占据着至关重要的地位。

澳大利亚属于联邦制国家，大学有很大的办学自主权，政府一般不进行干预，但是在大学国际化问题上，国家却表现得异常活跃。这是因为教育产业在澳大利亚国家发展中发挥着重要作用。20 世纪 90 年代中期以后，随着澳大利亚高等教育的发展，教育出口创收的增加，澳大利亚政府为保证出口教育的质量，开始制定了一系列完备的法律政策和规范以促进大学国际化的发展，国际化教育也进入了规范管制阶段。2005 年，联邦政府正式发布了《澳大利亚跨国教育与培训质量战略：国家质量战略》（Quality Strategy for

Australian Transnational Education and Traning：National Quality Strategy），2015 年，澳大利亚制定了首个国际化战略：《国际教育战略 2025》（National Strategy for International Education 2025），提出经过 10 年努力，要使澳大利亚在教学、科研和培训方面处于全球领先地位。目前，以《海外学生教育服务法》（Education Services for Overseas Students Act）为核心，《海外学生教育服务条例》（Education Services for Overseas Students Regulations）、《海外学生教育服务（注册费）法》（Education Services for Overseas Students（Registration Charges）Act）、《海外学生教育和培训提供者国家行为守则》（National Code of Practice for Providers of Education and Training to Overseas Students）、《国家预科课程标准》（National Standards for Foundation Programs）、《海外学生英语强化课程》（English Language Intensive Courses for Overseas Students）以及"学费保护服务"（TPS）等规范为支撑的制度体系为高等教育营造了规范化发展氛围，规范了澳大利亚大学在市场中的行为，对可能出现的问题进行预防和规避，有效地保障了在澳留学生的学习权益。例如，澳大利亚的教育机构需要加入"学费保障计划"，在"海外学生服务保障基金"中缴纳足够的保证金，一旦教育机构在提供教育服务的过程中违约，则用保证金向留学生进行赔付。同时，澳大利亚所有提供跨国教育的机构都要对澳大利亚联邦政府招收海外学生院校及课程注册进行登记，需要在该系统中详列教育机构的课程信息，防止在课堂上对学生进行营销等不恰当行为。规范的制度管理为澳大利亚高等教育赢得更好的口碑，吸引了更多海外留学生。此外，澳大利亚政府还采用了许多措施吸引国际学生，例如，简化签证的申请与办理，允许留学生在课余时间打工，为优秀留学生提供高额奖学金等。

为推进国际教育，澳大利亚组建政府主导，社会力量多元参与的组织机构推进国际化活动。"教育和培训部"是对国际教育机构注册、运营进行监督管理的政府机构；高等教育质量和标准局（TEQSA）、澳大利亚技能质量管理局（ASQA）则在"教育和培训部"的指导下分别对高等教育机构、职业培训机构、英语机构以及相关课程质量进行监控，以保护和提高澳大利亚高等教育的声誉、国际竞争力，并体现其高等教育的卓越性、多样性和创新性，确保澳大利亚领先的教育和培训体系。除此之外，民间协会，如澳大利亚大学（Universities Australia）和澳大利亚国际教育协会（IEAA），也积极参与国际教育研究、交流和合作。

20世纪90年代以来，澳大利亚政府为进一步鼓励高等教育出口，没有任何条件地增加对教育、科学和培训等领域的大学资助，以改革大学结构、增加课程设计灵活性，扩大招生规模。此外，政府还设立奖学金资助研究人员，"2014—2015年，政府为5312人提供将近4.289亿美元奖学金"[①]；2018—2019年，澳大利亚政府又确定财政预算项目实施"奋进领导项目"（ELP）。"奋进领导项目"旨在推进优秀的学生、研究人员和专家学者实现长短期学习、研究以及职业发展机会的双向流动。

为营造全社会推进教育出口贸易的氛围，"澳大利亚贸易、旅游和投资部"设立教育出口贸易荣誉奖项，每年对该年度在教育出口贸易方面做出巨大贡献的教育机构颁发荣誉称号，庆祝教育市场营销的成功。澳大利亚媒体每年也会报告国际学生的增长情况。政府表彰和媒体宣传在全社会营造相互争赶的教育出口创收氛围。

第二节　澳大利亚高等教育国际化的动因

一、政治动因

第二次世界大战以后，特别是在非殖民化与冷战激化相结合的时期，对发展中国家的技术帮助成为许多发达国家外交政策的重要部分。这时期，澳大利亚也希望通过提供高等教育援助以帮助发展中国家的社会经济发展。1951年7月启动《科伦坡计划》后，澳大利亚政府向发展中国家学生提供奖学金以支持他们来澳学习。澳大利亚高等教育机构积极响应政府的号召，实施留学生教育。该情形一直持续到20世纪70年代。这一时期就澳大利亚大学而言，虽然学校具有很大的办学自主权，但作为政府政策的核心，其行为和能力仍然受国家的限制和约束。正如澳大利亚国立大学校长所言："我不

---

① 资料来源于澳大利亚政府教育和培训部网站："澳大利亚国际学生奖学金及资助"（访问时间2019年2月10日）

是一个相信自由市场能够解决我们所有问题的人……我不认为全球市场都有自由的全球市场，除非富人把穷人变成了灰尘。澳大利亚国立大学可以在更具竞争力的环境中生存下来，但如果它完全失去监管，澳大利亚的大学就不会存活。"① 因此，从某种意义上来讲，在 20 世纪 50 年代至 70 年代，大学实施国际化的动因既包括为配合和支持政府外交政策的政治考虑，也是受一定政治利益驱动的国际化教育行为。

二、经济动因

澳大利亚大学早期国际化行动基于教育援助的理念，在政治动因下获得大力支持。但是在政府政策引导和驱动下，各大学通过竞争性招收留学生，一方面可以扩大国际影响力，另一方面也可以获取政府财政拨款。这两个因素都是驱动澳大利亚大学在 20 世纪 50 年代至 70 年代实施教育国际化的动因。由此可见，在政治动因强烈驱动的高等教育国际化时期，在高等院校层面仍然存在受经济因素驱动的现象。

"自 20 世纪 80 年代以后，特别是 1985 年实行'对外国学生实施全额费用'政策后，高等教育国际化被市场导向或财政导向取代。"② 经济动因成为主导澳大利亚高等教育国际化的动因。此后，作为高等教育国际化的积极行动者，大学普遍被认为是在经济利益的驱动下推动高等教育国际化的，有学者认为"由于联邦政府持续资金不足，部分大学被迫增加国际学生的入学人数"③。然而，也有学者认为："高等教育机构实施国际化教育虽然也有基于经济获利的驱动，但也承认存在其他动机，如维护声誉和获得学术声望也

---

① Simon Marginson, and Erlenawati Sawir, "University leaders' strategies in the global environment: A comparative study of Universitas Indonesia and the Australian National University", Higher Education, No. 52, 2006, P. 349.

② Sandra Meiras, "International Education in Australian Universities: Understandings, Dimensions and Problems", Journal of Higher Education Policy and Management. Vol. 26, No. 3, 2004, P. 372.

③ Colin Arrowsmitha and Venkata Ravibabu Mandlab, "Institutional approaches for building intercultural understanding into the curriculum: an Australian perspective", Journal of Geography in higher education. Vol. 41, No. 4, 2017, P. 475 – 487.

强烈驱动大学实施国际化。"① 一项对澳大利亚四所大学教育国际化动因的调查访谈显示，四所大学的管理者均表示：国际教育化过程中，"大学的声誉是最有价值的，所以我们不打算和一个会损害我们声誉的伙伴一起合作"②。

事实上，大学参与国际化的动因是由不同优先秩序组成的动因组合，对何种动因的关注取决于特定大学关注国际化的领域，具体来说，取决于国际化对特定大学的价值，但是最大限度地提升大学在国家和国际上的竞争力是大学实施国际化的一致目的。

教育国际化是"一个大学间竞争和合作的领域。国际教育收入在大学预算中发挥着至关重要的作用，提供总收入的 8% 以上，在一个大型机构中几乎占 25%"③。经济竞争迫使大学审视他们的课程以便使这些课有更多的市场。大学在推进课程标准化以适应市场竞争和差异化课程以便更具有吸引力之间存在着紧张的关系。为确保课程具有国际竞争力（区域竞争力或全球竞争力），大学必须宣传其特色或"品牌"。对此，学者卡伦（Callen）使用了"负面动因"这一词语来形容大学基于学术动因参与国际化教育的情形，即对"对竞争中落后的恐惧使大学全部体系和大学部门都朝着更大的国际化迈入"④。

由此可见，"20 世纪 80 年代以来，澳大利亚大学不管是基于维持声望还是提升学术水平而开展国际化教育，其最终的目的都是为了更好地实现收入。虽然，澳大利亚国际教育的文化和社会政治价值无可否认，但在目前澳大利亚高等教育环境和现有资助结构下，经济潜力在高等教育战略中具有突

---

① Mark Tayar and Robert Jack, "Prestige – oriented market entry strategy：the case of Australian Universities", Journal of Higher Education Policy and Management, Vol. 35, No. 2, 2013, P. 158.

② Mark Tayar and Robert Jack, "Prestige – oriented market entry strategy：the case of Australian Universities", Journal of Higher Education Policy and Management, Vol. 35, No. 2, 2013, P. 158.

③ 参见 Marginson, S. and Considine, M., The Enterprise University：Governance and re-invention in Australian higher education. Cambridge：Cambridge University Press, 2000, P. 4.

④ Callen, Hilary, "The international Vision in Practice：A Decade of Evolution", Higher Education in Europe. Vol. 25, No. 1, 2000, P. 15 – 23.

出的重要性。正是基于经济动因才实施国际化教育，才有高等教育机构对社会、文化和学术价值的追求。"①

经济动因也体现在澳大利亚高等教育国际化的各种活动中。有学者说"澳大利亚高等教育国际化通常被想象成一整套市场活动，在些活动中，国际学生招聘占主导地位，其他活动越来越多地通过商业营销镜头过滤"②。"事实上，澳大利亚的国际化水平就是以付费学生的人数来确定。"③ 为了招收更多的国际学生，几乎所有的澳大利亚大学都建立了大型官僚机构为国际学生提供支持服务，并促进大学国际化。大学国际办公室的营销举措已占据主导地位，而其他国际化活动则主要提供支持。在公共资金不断下降的情况下，大学国际化营销平衡了大学的预算，取得显著成效。所以，"媒体和政府多次庆祝市场营销的成功，澳贸委也颁发教育出口奖等殊荣以资鼓励，媒体每年都会报告国际学生数量的惊人增长。"④

国际留学生规模的迅速增长也回应了澳大利亚高等教育在留学生招收工作中取得的巨大成功。澳大利亚注册的国际学生人数从 1989 年的 26000 多人增加到 2018 年的近 323948 人。自 20 世纪 90 年代中期开始，莫纳什大学、皇家墨尔本理工大学和新南威尔士大学在国际招生方面积极进取。目前，几乎所有澳大利亚大学都开始效仿他们的模式。澳大利亚大学国际学生招收范围已经超出了传统的香港、新加坡和马来西亚等国，扩展到其他亚洲国家以及欧洲和北美。中国和印度作为快速发展的经济体，也成为特别关注的对象。"中国目前是澳大利亚国际学生的最大生源国，2015 年澳大利亚 27% 的国际学生来自中国，其次是印度，占 11% ，排名前几的其他国家包括越南、

①　Sandra Meiras， "International Education in Australian Universities：Understandings, Dimensions and Problems"， Journal of Higher Education Policy and Management, Vol. 26. No. 3， 2004， p. 377.

②　Fazal Rizvi， "Globalisation and the Dilemmas of Australian Higher Education. Critical Perspectives on Communication"， Cultural & Policy Studies， Vol. 23， No. 2， 2004， P. 36.

③　参见 Marginson， S. and Considine， M.， The Enterprise University：Governance and reinvention in Australian higher education. Cambridge：Cambridge University Press， 2000， P. 5.

④　Fazal Rizvi， "Globalisation and the Dilemmas of Australian Higher Education. Critical Perspectives on Communication"， Cultural & Policy Studies. Vol. 23， No. 2， 2004， P. 36.

韩国、马来西亚、巴西、泰国、尼泊尔、印度尼西亚。2015 年，国际教育就为澳大利亚经济带来了近 200 亿美元收入，再次证实了它对澳大利亚经济和社会的重要性。"① 作为继美国和英国之后的第三大国际教育体，有学者认为，"澳大利亚的国际教育比美国和其他一些国家更具有商业性质"②。

三、学术动因

20 世纪 80 年代以后，澳大利亚基于贸易经济需求实施教育国际化。但是也有学者认为："即使经济动因是驱动大学国际化的主要动力，但是大学实施国际化教育也存在诸如学术、社会的动机。如维护声誉和获得学术声望也强烈驱动大学实施国际化行动。"③ 泼勒 2001 年对澳大利亚堪培拉大学、澳大利亚国立大学、新南威尔士州卧龙岗大学和迪肯大学进行调查显示，大学管理者均表示："你的学校只是出于盈利的目的而建立校园，你会非常失望：大多数跨国合作伙伴关系充其量只是收支平衡。因此，虽然他们确实为大学带来了收入，但你会发现它们可能只是收支平衡。对大学的真正投资是以课程材料和声誉形式体现的时间和知识产权。"国际教育化过程中，"大学的声誉是最有价值的，所以我们不打算和一个会损害我们声誉的伙伴一起合作。"④ 此外，这些大学开展国际化也是为了确保大学在国家高等教育体系中的地位，为了保证大学类型的多样性。

可见，维护大学的学术声誉、追求学术卓越也是澳大利亚大学实施教育国际化的动因之一。特别是 20 世纪 90 年代以来，澳大利亚政府为了进一步鼓励高等教育出口，通过提供专项资金来提升高等教育质量。对此，澳大利

---

① International student data 2016，资料来源于澳大利亚教育部网站（访问时间：2018 年 5 月 1 日）.

② Marginson，S. and Considine，M. The Enterprise University：Governance and reinvention in Australian higher education. Cambridge：Cambridge University Press，2000，PP. 4.

③ Mark Tayar and Robert Jack，"Prestige‐oriented market entry strategy：the case of Australian Universities"，Journal of Higher Education Policy and Management，Vol. 35，No. 2，2013，P. 158.

④ Mark Tayar and Robert Jack，"Prestige‐oriented market entry strategy：the case of Australian Universities"，Journal of Higher Education Policy and Management，Vol. 35，No. 2，2013，P. 158 ‐159.

亚政府没有任何条件地对教育、科学和培训等领域高等教育机构进行资助，以改革大学结构，提高教育质量。此外，政府还为大学提供投资，以扩大学生招生规模、提高课程设计的灵活性。澳大利亚政府为确保高等教育质量目的，还制定和发布了一系列政策法规，规范大学的国际化行为。2017年，澳大利亚政府又发布经修订的《海外学生教育和培训提供者国家行为守则》，以确保国际教育产品的提供者向国际学生提供更优质的教育和培训。作为澳大利亚首屈一指的墨尔本大学，在其制定的《国际化战略2017—2020》中没有提到"墨尔本大学致力于成为世界上最好的大学之一，为当代和后代提供与世界上最好的教育和研究相当的教育和研究资源"。从而表明了墨尔本大学国际化的重要学术动因。"这种学术动因又具体表现在两个方面，第一是确保全球性特征在大学体制活动的所有领域中得到更深入的体现和表达，维持墨尔本大学作为全球性大学的性质。为此，墨尔本大学国际化就是欢迎所有热衷于获取和分享知识的人，重视多样性、尊重差异和奖励推理、事实、知识、探究和学术言论自由，致力于推动前沿知识，并为人类、社会和环境发展做出贡献；第二是使高等教育机构继续保持对正在出现的各类全球性问题的解决能力。"①

第三节　澳大利亚大学国际化策略

一、以教育输出为导向的国际化方向策略

自20世纪50年代以来，澳大利亚高等教育国际化策略始终秉承教育输出策略方向，输出自身教育资源。澳大利亚高等教育国际化能坚持教育输出方向是由多种原因引起的。

首先，澳大利亚与欧美相连的历史经历和毗邻亚洲的地理位置为教育输出提供了先天资源。澳大利亚历史上是英国殖民地，属于英联邦成员，在政

---

① 墨尔本大学国际化战略（2017—2020）. 资料来源于墨尔本大学网站（访问时间：2018年5月1日）.

治体制、意识形态上与英美发达国家具有一定同质性，客观上减少了澳大利亚大学与西方发达国家大学之间交往的阻力。澳大利亚大学大都借鉴和模仿英国牛津、剑桥大学模式设立和运行，与欧美大学有着天然的联系。在大学发展过程中，澳大利亚大学始终密切关注欧美大学的改革与发展，积极保持与欧美大学的学术交流，通过与欧美大学保持密切的联系，保障了其高等教育的国际领先地位。此外，从澳大利亚所处的地理位置上看，澳大利亚与教育水平相对落后但教育需求量最大的亚洲相邻，交通便利，这种天然的地理位置优势使得澳大利亚大学在对亚洲国家进行教育输出的时候获益匪浅。

其次，澳大利亚大学教育质量总体水平较高。优质的高等教育质量是实施教育输出的前提。总体上来看，澳大利亚大学都具有较高的学术声誉。《泰晤士高等教育2018世界大学排名》显示，在排名前100名的高校中，澳大利亚就有6所大学。澳大利亚大学十分关注对外交流在学校发展中的战略地位，积极加强与国外教育机构的合作，以提高自身教学、科研和社会服务的能力，扩大国际知名度。同时，澳大利亚大学高质量的办学水平也引起其他国家大学的重视和合作兴趣，并且吸引了大量的海外学生到澳深造。

再次，政府和高校高度重视教育输出。澳大利亚政府一般不干预大学办学自主权，但由于教育产业对国家的重要作用，政府对高等教育国际化活动表现出异常热情。面对国际化浪潮，澳大利亚政府和高校主要通过建立机构和制定政策来提高大学国际化水平，成立了"大学校长委员会""澳大利亚国际教育基金会""澳大利亚大学质量署"等机构加大对外的交流合作，保障高等教育质量，推动教育国际化。澳大利亚政府还颁布了一系列法律法规，规范教育国际化行为，保障教育输出的长期性。

随着澳大利亚高等教育国际化的发展，澳大利亚已认识到要确保其高等教育质量，需要不断提升学生对国际问题的理解和解决能力，将国际要素或国际经历引入学生培养尤为重要。为此，澳大利亚政府推出了两个关键的政府倡导出境学生流动项目，它们分别是：亚洲及太平洋地区的大学流动项目（UMAP）和印度洋地区的大学流动项目（UMIOR）。UMAP项目成立于1993年，UMIOR项目于2000年实施。UMAP成员包括来自北美洲和南美洲，亚洲和太平洋群岛的太平洋沿岸国家。澳大利亚将印度洋地区的国家，如来自非洲、中东和亚洲的国家纳入其中。这两个项目旨在通过加强大学之间的合作，特别是通过提高大学生和员工的流动性来增强国际理解。澳大利亚政府通过 UMAP 项目为出境交换学生提供资金支持。2002 年，政府通过该项目向大学提供了 140 万美元，比 10 年前增加了 36 万美元。目前，根据 UMAP 项目计划，每所大学符合参与交换项目条件的学生可以获得每年 5000 美元的补贴。在 2008—2009 财政年度，教育、就业和工作场所关系部（DEEWR）通过 UMAP 提供了约 290 万美元。此外，在 2004 年，留学高等教育贷款计划（HELP OS）的贷款已提供给全日制本科学生，以帮助他们到国外从事一个或两个学期的学习。学生可以获得高达 1 万美元的贷款，但是要求他们在结束国外交流时回到国内大学从事至少半年的学习。"① 澳大利亚联邦政府在 2013 年联邦大选前宣布《新科伦坡计划》（NCP 计划）。NCP 计划旨在扭转 1951 年发布的《科伦坡计划》的学生流动方向。NCP 的目的是让澳大利亚学生前往亚洲和南太平洋，其目的是通过支持澳大利亚本科生在该地区学习和实习来提升澳大利亚对印度太平洋的了解和认识。

"除了面向年龄为 18 至 28 岁的本科生提供奖学金以便于他们在印度洋、太平洋地区参加学习、实习或指导的 NCP 项目外，澳大利亚联邦政府还提供一系列奋进奖学金以资助对 127 个指定国家进行研究、学习或专业发展的学生。这些奖学金既面向希望在澳大利亚学习的国际学生，也面向希望在海外学习的澳大利亚学生。海外高等教育贷款计划是联邦政府在'学习辅助'项目下的另一项项目，该项目面向英联邦支持的学生，以协助他们支付海外学习费用。"②

虽然政府鼓励学生出国交流，但是事实上很少有澳大利亚学生参加学生交流计划。"只有约 2% 的澳大利亚学生在本科学习阶段参加了学生交流项目。此外，尽管澳大利亚政府增加了对公立大学的 UMAP 资金以支持学生交

---

① Amanda Dalya, Michelle Barke, "Australian universities' strategic goals of student exchange and participation rates in outbound exchange programmes", Journal of Higher Education Policy and Management, Vol. 32, No. 4, 2010, P. 332.

② Colin Arrowsmith & Venkata Ravibabu Mandla, "Institutional approaches for building intercultural understanding into the curriculum: an Australian perspective", Journal of Geography in Higher Education, Vol. 41, No. 4, 2017, P. 478.

流，但与欧盟大学相比，澳大利亚参与交换项目的学生相对较少。"① 由此可见，这些政府资助出国计划和项目都没有改变澳大利亚教育输出的方向。事实上，澳大利亚出国留学学生比率低的重要原因是大学并没有将推动学生出国交流纳入其教育国际化战略并从组织管理角度予以保障。而大学是否具有学生出国交流的战略计划会直接影响到学生出国交流的情况，"具有一个与学生交流有关的战略目标的大学的学生出国交流的比例会更高"。此外，"交流项目的成功也受到大学领导和组织文化等组织因素的影响"②。而澳大利亚大学之所以没有将推动学生出国交流作为其教育国际化的重要战略，一方面是政府缺乏对大学生出国交流比率的绩效考核要求；另一个重要的原因是政府对该项活动没有提供额外的财政支持，所以大学认为推动学生出国交流不如招收国际学生那么具有吸引力。

从教育方向来看，即便政府提供了这么多奖学金支持学生到国外实习或学习，这种实习和学习也是为了更好地增加学生对国际社会的理解而不是期望引入目的国优质教育资源，因此，澳大利亚教育国际化的方向仍然是教育输出方向。

二、组织策略

（一）国际化战略

20 世纪 80 年代以来，澳大利亚大学在教育输出方向策略的引领下，积极开展教育国际化活动。1996 年，一项对澳大利亚大学国际化组织策略的调研表明，几乎所有的澳大利亚大学都将国际化纳入大学战略发展规划。同年，一份调查研究显示，"在国际化水平比较高，开展国际化教育行为较早的合伙大学（Partner U）和全球大学（Global U）均具有明确的国际化教育战略目标和使命。国际化战略目标和使命也被明确、详细地体现在大学校长

---

① Amanda Dalya，Michelle Barke，"Australian universities' strategic goals of student exchange and participation rates in outbound exchange programmes"，Journal of Higher Education Policy and Management，Vol. 32，No. 4，2010，P. 338.

② Amanda Dalya，Michelle Barke，"Australian universities' strategic goals of student exchange and participation rates in outbound exchange programmes"，Journal of Higher Education Policy and Management，Vol. 32，No. 4，2010，P. 338.

的工作愿景和计划中。大学的工作人员大都也能清晰地描述大学的国际化目标和大学的教育国际化使命。大学也会通过提供有品质的住宿、额外的薪水以及提供更高的职位等方式对参与国际化教育活动的教职员工予以正面激励。大学校园内也充满浓郁的、支持以市场为导向的教育国际化文化氛围，大学院系、跨学科委员会经常性召开会议总结国际化经验确定教育国际化的下一步目标。来自院校和大学部门的具有丰富国际经验和商业头脑的领导会对国际教育的市场项目进行管理，从而确保国际教育项目质量的提升"①。

（二）自下而上驱动的零散中心组织策略向中心系统组织策略转化

受市场驱动，大学各基层组织和人员积极活跃于国际化过程。有学者称："澳大利亚大学的院系和部门是最积极和踊跃的国际化活动实施者。随着它们组织的国际化活动越来越多，'为更好控制国际化教育行为的开展，避免资源的浪费和重复，大学上层开始不断关注大学国际化行为实施，并组建伞状的组织结构来监督大学的教育国际化活动，但是这些专门建立的大学层面的国际化办公室仍然没有改变因市场驱动而分散在院系和部门的国际化教育行动的根本局面'。"② 由此可见，澳大利亚大学国际化教育活动主要是在自下而上驱动下的"分散—中心"策略路线。在大学国际化教育实施过程中，为了保障国际化教育活动的有效开展。澳大利亚大学从全校层面进行了组织管理，以保障教育国际化活动的顺利开展，如在学校层面成立了专门国际化办公室对国际教育项目进行管理和监控，配备专业的、经验丰富的人员担任国际化办公室负责人，对国际教育项目谈判、合作、设立以及运行进行管理；建立高效的留学生咨询和服务体系让学生更好地适应本国教育体系，提升学习效率；建立师生参与国际化行动的正向激励机制营，造国际化教育氛围。如"澳大利亚皇家墨尔本理工学院为推进国际化教育进程，在以增加留学生数量的为目的的市场导向策略下，建立了高效的国际学生咨询和支持

① David. Poole, "Moving towards professionalism: The strategic management of international education activities at Australian universities and their Faculties of Business", Higher Education, Vol. 42, No. 4, 2001, p. 425.

② David. Poole, "Moving towards professionalism: The strategic management of international education activities at Australian universities and their Faculties of Business", Higher Education, Vol. 42, No. 4, 2001, p. 424.

体系"①。随着大学层次对教育国际化活动的监督和管理，澳大利亚教育国际化管理逐步趋向集权管理模式。

三、活动策略

（一）招收留学生

大学出于增加财务收入的需要，在所有的国际化教育活动中，招收国际学生始终占主导地位。甚至可以说招收国际学生是澳大利亚教育国际化的代名词。堪培拉大学一中层学术带头人认为："对该大学而言，高等教育国际化主要关注招收学生。"② 为招收国际学生，澳大利亚所有大学都建立了庞大的机构以提供支持性服务。将国际学生招收规划纳入大学发展规划，如《墨尔本大学国际化战略（2017—2020）》明确提出："为保持高质量和多样化的国际学生，需要制定一项有针对性的国际学生招聘计划，加强与市场上的国际机构合作伙伴和行业合作伙伴的合作，以巩固新的学生输入路径。"③

此外，鉴于奖学金和经济援助是学生选择海外学习时考虑的重要因素，为了招收更多国际学生，澳大利亚政府还提供奖学金、助学金、贷款和许可学生做兼职等，以便国际学生更容易负担学习费用。如澳大利亚政府根据"奋进计划"，提供了多项奖学金。"这些奖学金建立在国际竞争、择优录取的基础上，以吸引和招募优秀的国际学生、研究人员和发展中的领导者至澳大利亚进行学习、研究和专业发展。每人最高可获得二万澳元的奖学金。2007 年，澳大利亚向 300 名人员提供的资助超过了 1500 万澳元。"④

在多种营销策略的驱动下，国际学生的数量也获得很快的增长。2004

---

① Fazal Rizvi Pro Vice – Chancellor（International），RMIT University Internationalisation of Curriculum.

② Fiona Clyne，Simon Marginson and Roger Woock，International education in Australian u-niversities：concepts and definitions. Conference of the Comparative and International Education Society. San Antonio，Texas，2000，P. 11.

③ 参见墨尔本大学国际化战略（2017—2020）. 资料来源于墨尔本大学网站（访问时间：2018 年 5 月 1 日）

④ Alan C. K. Cheung，Timothy W. W. Yuen，Celeste Y. M. Yuen，Yin Cheong Cheng，"Strategies and policies for Hong Kong's higher education in Asian markets：Lessons from the United Kingdom，Australia，and Singapore. International Journal of Educational Management，Vol. 25，Issue：2，2011，P. 149.

年，澳大利亚校园的国际学生人数近 14 万人，这个数字是 1989 年 2.6 万多国际学生人数的 5.3 倍。"2018 年，澳大利亚注册的国际学生数已达到 32.39 万人，该数据比 2017 年 28.40 万人增加了 14%，比 2016 年的 24.81 万人增加了 30%，比 2015 年的 22.12 的万人增加了 46%。"① 澳大利亚大学招生的目标范围已拓展至亚洲、欧洲和北美。

（二）积极发展离岸教育

离岸教育的基本内涵就是指必须跨越国界的教育安排。例如，向颁发课程证或开发课程所在国以外的国家的学习者提供课程。"在参与离岸教育项目的所有国家中，澳大利亚可能是最具创新性、创业性和积极性的。"② 根据澳大利亚校长委员会（AVCC）的报告，2014 年，澳大利亚大学的离岸项目数量为 821 个，这些离岸项目大都在中国（包括中国香港）（占比 22%）、马来西亚（占比 24%）和新加坡（占比 20%），其余的小型项目遍布世界各地，从印度和印度尼西亚到加拿大、南非。③

在以市场为导向实施高等教育改革后，曾经是高等教育学院并在 1988 年之后才获得大学地位的院校一直是澳大利亚离岸教育实践中的积极行动者，如皇家墨尔本理工大学（RMIT）、南昆士兰大学和南澳大利亚大学都认为离岸教育对其发展和形象至关重要。随着澳大利亚政府对大学财政支持的减少，加之澳大利亚政府本身已成为离岸教育的积极支持者，认为海外教育在促进亚太地区的经济、政治利益具有很宝贵的价值，一些传统精英大学，如莫纳什大学、新南威尔士大学、悉尼大学、墨尔本大学、昆士兰大学和澳大利亚国立大学已从最初的排斥离岸教育到后来的支持和积极践行离岸教育。"澳大利亚离岸教育取得了巨大的成绩，2015 年澳大利亚离岸教育学生人数为 10.9 万人，2016 年的人数为 11.248 万人，增长了 2.6%。"④

---

① 资料来源于澳大利亚教育和培训部网站，2018 年国际学生数（访问时间：2018 年 5 月 1 日）

② Fazal Rizvi, Offshore Australian Higher Education. International Higher Education, 2015, P. 7.

③ Offshore Programs of Australian Universities, April 2014. 资料来源于澳大利亚大学网站（访问时间：2018 年 5 月 1 日）

④ 2016 年全年学生数据统计. 资料来源于澳大利亚政府教育和培训部网站（访问时间：2019 年 2 月 18 日）.

澳大利亚离岸教育的类型从早期的配对项目发展到包括远程学习、联合授予项目以及设立海外分校。"澳大利亚离岸教育主要涉及与当地组织建立伙伴关系并遵守当地涉及提供教育服务的立法要求。目前，澳大利亚大学离岸教育的合作伙伴大都是私人组织，其中一些是认可的大学和学院，另一些是在教育业务中谋求利润的私人机构。建立合作伙伴关系涉及制定商业合同，明确每个合作伙伴的角色和责任以及利润的分配，因此，澳大利亚的大学已经与其他国家的大学、教育机构和大公司等各种机构形成了相互关联的复杂关系。"① 离岸教育也催生了澳大利亚大学的企业家精神，"大学对离岸教育带来的货币收益的兴趣已超过了对跨国课程和教育学问题的关注，这也给澳大利亚大学如何在经济动因和文化动因之间寻求到平衡制造了一个疑问。至今，他们还没有找到一种调和它们的教育和文化目标与它们新的商业利益的方式"②

（三）成立国际问题研究中心

澳大利亚大学将建立国际问题研究中心作为大学国际化战略的重要一部分。国际问题研究中心是吸引海外优秀人才来校攻读硕士、博士学位的重要平台；另一方面，国际问题研究中心的研究成果还可以纳入各级教育教学内容，使课程内容更具有国际化维度；通过国际问题研究中心的研究，可以加深对生源国或地区的了解和认识，为更好地招收海外学生，提供适应该地区学生需求的学习设施；此外，国际问题研究中心还可以为建立更加广泛的专业合作伙伴关系提供一个平台，并为进一步的国际合作和研究提供机会。目前，作为国际化程度比较高的墨尔本大学在其2017—2020年国际化战略中就提出建立国际联合研究中心，并将国际联合研究中心作为吸纳更高学位候选人和博士后研究人员、推进大学国际形象、促进与海外大学的合作的基础设施。

（四）课程国际化

澳大利亚大学重视课程国际化建设。通过建设国际化课程，所有学生将

---

① Fazal Rizvi. Offshore Australian Higher Education. International Higher Education，2015，P. 8.

② Fazal Rizvi. Offshore Australian Higher Education. International Higher Education，2015，P. 9.

能够通过课程和直接接触国际环境获得国际经验。因此，国际化课程为澳大利亚的学生提供了在国内培养全球视角和技能的平台，同时也使教学、学习过程与校园内的国际学生更具相关性，培养了毕业生在更加全球化的环境中进行有效工作的知识、技能和态度。此外，"根据从前教育、科学和培训部门下载的数据分析，2006 年澳大利亚大学 68% 的学生是澳大利亚人或国内讲英语的澳大利亚居民，19% 是国际学生，12% 是澳大利亚人或澳大利亚人在国内使用英语以外语言的永久居民，1% 是澳大利亚土著居民，1% 是新西兰人。"① 除了这种文化多样性外，还存在性别、种族等社会经济地位和文化背景等多样性问题。为了应对学生多样性问题，澳大利亚大学制定了包容性课程，使教学具有多样性，同时制定了国际课程，拓展所有学生的国际视野。

正是基于对课程国际化背景和环境的准确理解，澳大利亚大学的国际化课程在适用范围、内容、方法和手段上呈现出独有的特点。澳大利亚的国际化课程不是专门为国际学生设计的课程活动，或者提供离岸项目或课程，它也不仅限于对世界特定地区的跨学科研究，如亚洲研究，或为获得国际认可资格的课程。澳大利亚课程国际化不仅仅关注内容，它还适应课堂人口的多样性，旨在解决教育学和跨文化理解的问题，以满足和利用个人的文化差异。因此，伴随着课程国际化的不仅是内容的国际性，而且还是教学方法和手段的多样性。正如《墨尔本大学国际化战略（2017—2020）》指出的：创新教学理念，创新课程和教学法，包括通过语言教育和探索潜力双语教育经验，以培养（学生）全球能力。

（五）发展国际学生支持服务

为了使国际学生在一个陌生的学术、语言和文化的国家开启新的学习历程，澳大利亚所有大学都为国际学生提供一系列帮助和支持措施。澳大利亚法律要求所有向国际学生提供教育的大学或机构都要提供相应的支持服务，帮助国际学生学习和适应新环境。许多大学也都设立有一个国际学生支持部

① The Nature of International Education in Australian Universities and its Benefits，2009，P. 28. 资料来源于教育战略政策和研究（SPRE）网站（访问时间：2019 年 2 月 18 日）

门，解答国际学生的问题并指导国际学生获得他们所需的服务。此外，大学还有许多国际学生团体，为国际学生提供与其他国际学生以及澳大利亚学生会面的机会。这些学生团体定期举办社交聚会，组织活动（如旅行、用餐和观光），帮助国际学生结交朋友，融入新环境，并在此过程中享受乐趣。一些大学还将新的国际学生介绍给高年级学生导师，因此他们有机会在适应学习时及时获得建议和支持。大多数大学都安排有合格且经验丰富的辅导员为国际学生提供个人、社会和学术方面的免费咨询服务，帮助他们排除因文化冲击、家庭、学习而产生的压力和焦虑。此外，所有大学都提供学术和英语语言技能援助服务，学业完成后个人发展和规划方面的一些信息和建议信息服务，一些大学还为国际学生的家庭成员提供英语课程、社交聚会、就业、旅行等方面的支持服务。

（六）发展国际合作伙伴

澳大利亚大学为保持其教育和研究的领先地位，积极加强与欧美发达国家高等教育机构的联系和合作，互派师资交流、访问并参与世界性问题的解决。随着亚洲大学的崛起，澳大利亚大学也积极与亚洲大学建立合作。如《墨尔本大学国际化战略（2017—2020）》年提出："继续关注和深化与现有合作机构、业务合作伙伴的关系，特别是在欧洲、北美和英国，积极努力与中国、印度和印度尼西亚顶级院校建立一系列的大学层面合作关系，确保大学在持续合作、国内存在以及吸引优秀人才和学生方面做好准备，同时在新兴市场和地区建立并加强学术分工合作伙伴关系以巩固长期合作。"① 澳大利亚大学的合作也得到澳大利亚政府的支持。事实上，澳大利亚政府领导人在与其他政府达成国际协议以进一步促进其高等教育国际化方面发挥了积极作用。"澳大利亚政府官员访问了许多发展中国家，如印度、印度尼西亚、中国、巴基斯坦和马来西亚，与这些国家讨论高等教育合作，澳大利亚政府

---

① 参见墨尔本大学国际化战略（2017—2020）. 资料来源于墨尔本大学网站（访问时间：2018 年 5 月 2 日）.

还促进了政府之间在教育事务上的对话。"①

第四节 澳大利亚大学国际化案例

——以墨尔本皇家理工大学（RMIT）为例

一、墨尔本皇家理工大学概况

墨尔本皇家理工大学（RMIT）前身是创建于 1887 年的"工人学院"（Working Men's College）。1960 年，学校更名为"墨尔本皇家理工大学"（Royal Melbourne Institute of Technology）。墨尔本皇家理工大学中的"皇家"二字，来源于英国伊丽莎白二世女王对学校在第二次世界大战期间为澳大利亚盟军提供高素质人才的表彰。伊丽莎白二世女王提供"英国皇家资金"用于学校的建设，并因此于 1960 年学校获得英国皇家名称授勋。20 世纪 90 年代后，学校升格为一所可以颁发学位的、以工科为主的综合大学。目前，墨尔本皇家理工大学已发展成为一所全球性的设计、技术和企业性大学，拥有 8.4 万余名学生和 1 万余名教职员工。墨尔本皇家理工大学因其在专业和职业教育、应用和创新研究以及参与世界各地的工业和需求方面的卓越贡献而享有国际声誉。墨尔本皇家理工大学在高等教育方面拥有五星级的 QS 排名。

二、方向策略

墨尔本皇家理工大学在实践教育研究方面享有卓越的国际声誉，其国际化战略目标明确提出："要为毕业生在瞬息万变的世界中取得成功做好准备。并专注于让每个人都有机会做到最好，塑造他们的未来和归属。墨尔本皇家理工大学将自己定位于一所全球性的设计、技术和企业大学，并在不断变化

---

① Alan C. K. Cheung, Timothy W. W. Yuen, Celeste Y. M. Yuen, Yin Cheong Cheng, "Strategies and policies for Hong Kong's higher education in Asian markets: Lessons from the United Kingdom, Australia, and Singapore", International Journal of Educational Management, Vol. 25, Issue: 2, 2011, P. 149.

的世界中发挥作用。"① 正是秉承这样的办学理念和目标，墨尔本皇家理工大学在追求自身教育、研究卓越的同时，积极开展教育输出。2000 年，墨尔本皇家理工大学在越南设立分校，目前在越南河内和胡志明市有两个校区，在西班牙巴塞罗那有一个中心。此外，学校还通过新加坡、印度尼西亚、斯里兰卡、中国等国家和地区的合作伙伴开展项目，并与各大州的合作伙伴建立研究和工业联系。

学校所有校区都参与制定、实施和监督国际化战略及其目标。② 此外，大学还通过网站发布、宣传，使校内外都知晓国际化战略的内容和目标，国际化战略也被纳入各个部门的工作内容，这些都为国际化战略的实施营造了良好的氛围、环境，并提供了保障。

三、组织策略

（一）国际化战略

墨尔本皇家理工大学制定有专门的国际化战略计划，最近的国际化战略计划是根据学校《战略规划 2015—2020 年》制定的《国际化计划 2016—2020》。《国际化计划 2016—2020》根据《战略规划 2015—2020 年》提出的"通过为来自不同背景的学生提供变革性教育和相关途径，创造改变生活的体验"③ 这一战略目标。制定了墨尔本皇家理工大学 2020 年的三项总体优先事项和方向，以巩固过去取得的成就，同时根据不断发生变化的环境调整国际化新焦点，以确保学校的全球参与能最大程度地丰富所有学生的经验，扩大大学的研究影响力，提高大学的声誉，确保财务收支平衡。"2016 年至 2020 年，墨尔本皇家理工大学的三大战略目标分别是：第一个目标是丰富学生体验，以确保学生具备参与、适应全球化发展的能力，为此，需要调整课程设置、充分利用和共享大学多元校区资源，以及提高学生的流动性并增加国际实习机会。第二个目标是通过研究重大贡献提升大学的全球影响力，为此通过大学与现有合

① Ready for Life and Work：RMIT towards 2020，资料来源于墨尔本皇家理工大学网站（访问时间：2018 年 5 月 1 日）
② "2016—2020 全球影响力和展望"．墨尔本皇家理工大学网站，2019 - 02 - 18.
③ 墨尔本皇家理工大学 2015—2020 年发展战略．墨尔本皇家理工大学网站，2018 - 05 - 01.

作伙伴关系获取国际资助和研究项目，选择性地扩大与行业和机构合作伙伴的研究关系，并使大学在核心研究领域保持卓越声誉。第三个目标是充分利用大学建立的世界性业务保障大学的声誉和财务收支。"①

所有的墨尔本校区都参与制定"墨尔本皇家理工大学的国际化计划及确定的目标。计划实施过程也获得所有校区的支持和监督。"② 大学的国际化计划公布在学校网站，被广大师生所熟知，国际化计划纳入各个部门的工作内容，从而为国际化战略的实施营造了良好的氛围环境，提供了保障。

（二）组织和人员

为确保国际化战略的顺利有效实施，大学成立"全球绩效和战略小组"，作为国际化战略和计划的核心管理和实施监督机构。"该组织由大学、投资方和国际合作者的主要代表组成，主要负责：制定国际计划，包括商定优先事项、资源和时间表，确保实施计划的稳健有效实施；推动国际战略举措的实施，包括提名主要工作组领导和成员；支持与国际战略相关的大学其他计划，使之与国际化战略保持一致；监督并考虑战略计划期间不断变化的国际环境，并根据需要调整战术；担任大使，以提高对全球展望和实现举措的认识和实施"③。大学为保障国际化计划目标的顺利完成，"还制定国际化计划时间表"④。

四、活动策略

（一）招收国际学生

墨尔本皇家理工大学一直致力于招收国际学生以扩大国际影响、保持良好财务运行。2015 年高等教育和职业教育的国际学生总人数达到 28994 人，2016 年为 30229 人，2017 年为 32204 人，具体分布见表 5.1。

---

① 2016—2020 全球影响力和展望［EB/OL］. 墨尔本皇家理工大学网站，2019 - 02 - 18.
② 2016—2020 全球影响力和展望［EB/OL］. 墨尔本皇家理工大学网站，2019 - 02 - 18.
③ 2016—2020 全球影响力和展望［EB/OL］. 墨尔本皇家理工大学网站，2019 - 02 - 18.
④ 2016—2020 全球影响力和展望［EB/OL］. 墨尔本皇家理工大学网站，2019 - 02 - 18.

表 5.1 2015—2017 墨尔本皇家理工学院招收国际学生情况

年份	高等教育在岸国际学生（单位：人）	高等教育离岸国际学生（含越南和印度尼西亚）（单位：人）	职业教育在岸国际学生（单位：人）	职业教育离岸国际学生（单位：人）	合计（单位：人）
2015	11330	16696	947	21	28994
2016	12590	16444	1090	105	30229
2017	14725	15966	1309	204	32204

数据来源：墨尔本皇家理工学院 2017 年年度报告：https://www. parliament. vic. gov. au/file_ uploads/RMIT – annual – report – 2017_ H6dfYMJH. pdf. 访问时间：2018 年 5 月 1 日.

据统计，"2016 年，墨尔本皇家理工大学学生超过 86000 名，其中 61% 的学生是在澳大利亚校区学习的澳大利亚居民；20% 是在澳大利亚校区学习的其他国家的居民；19% 是在其他国家学习（其中 7% 在越南学习）。"① "墨尔本皇家理工大学学生来自全球 180 多个国家和地区，其中超过五分之一的学生来自东南亚国家，具体如下：澳大利亚占 56%、东南亚占 21%、东北亚占 11%、南亚和中亚占 2%、欧洲占 1%、中东占 1%、非洲、美洲和大洋洲均小于 1%，其他地区总计约占 7%"②。多样化学生构成的校园群体为国际化教育提供了一个鼓舞人心的环境。此外，国际学生也给学校带来了不菲的财政收入。"2016 年学校学生（含高等教育和职业教育）学费类型主要有政府支持、澳大利亚学生收入、国际学生收入及其他，其中政府支持占 57%、澳大利亚学生收入占 5%、国际学生收入占 38%、其他收入占 0.1%。"③

---

① 2016—2020 全球影响力和展望［EB/OL］. 墨尔本皇家理工大学网站，2019 – 02 – 18.

② 2016—2020 全球影响力和展望［EB/OL］. 墨尔本皇家理工大学网站，2019 – 02 – 18.

③ 墨尔本皇家理工大学 2016 数据一览［EB/OL］. 墨尔本皇家理工大学网站，2019 – 02 – 18.

"2017年，国际付费学生收入增长了13%（约4480万澳元），达到3.91亿澳元，其中，墨尔本皇家理工学院越南校区的利润为200万澳元，比2016年的520万澳元减少了近300万澳元，这主要是由于越南高等教育市场竞争加剧，英语课程需求减少的原因造成的。"①

（二）提供离岸教育

墨尔本皇家理工大学是澳大利亚离岸教育的积极践行者，其离岸教育最早可追溯至2000年。当时，越南政府邀请墨尔本皇家理工大学在越南建立第一家外资大学，越南的墨尔本皇家理工大学（简称"RMIT越南"），该校成立于2000年，于2001年开始教学。此后，在胡志明市又建立了一个专门的校园，并于2005年开始招生。此后，墨尔本皇家理工大学在越南河内和西班牙巴塞罗那建立了更多的校区。巴塞罗那校区与欧洲的大学和行业合作伙伴的合作得到了跨区域合作项目的支持，也促进了学生和员工在欧洲、澳大利亚、亚洲和拉丁美洲的流动。"2015年，学校离岸教育学生数为16717人，2016年为16549人，2017年为16170人。"② 墨尔本皇家理工大学在中国天津、印度尼西亚雅加达、西班牙巴塞罗那、越南的河内和胡志明市、新加坡设有校园或办公室，开展实施离岸教育，离岸教育交付至中国内地、中国香港、印度尼西亚、新加坡、斯里兰卡、越南等多个国家和地区。

（三）参与全球研究

为提升学校的影响力和维持学校声誉，墨尔本皇家理工大学积极参与全球问题研究，解决全球问题。大学每年积极参与1100多项资助研究协议（价值超过1.58亿澳元）。目前，大学最主要的研究经费来自澳大利亚、中国、德国、英国和美国。当前，墨尔本皇家理工大学研究资金、协议分地区情况见表5.2。

---

① 墨尔本皇家理工大学2017年年度报告［EB/OL］.资料来源于墨尔本皇家理工大学网站，2019－02－18.

② 墨尔本皇家理工大学2017年年度报告［EB/OL］.墨尔本皇家理工大学网站，2019－02－18.

表5.2 墨尔本皇家理工大学研究资金、协议分地区情况

地区	每个地区研究经费（单位：澳元）	地区	数量资助研究协议（每个地点）
澳大利亚	大于1.4亿	澳大利亚、中国大陆、德国、英国和美国	大于10
中国大陆、德国、英国和美国	100万至500万	日本和新西兰	6至10
印度、卡塔尔和越南	50万至99万	加拿大、卡塔尔、新加坡、西班牙、瑞典、韩国和越南	2至5
奥地利、加拿大、丹麦、斐济、芬兰、法国、意大利、日本、新西兰、挪威、巴基斯坦、新加坡、韩国、西班牙、瑞典、瑞士、泰国和中国台湾	小于50万	奥地利、丹麦、印度、斐济、芬兰、法国、意大利、挪威、巴基斯坦、瑞士、泰国和中国台湾	1

资料来源：2016－2020 全球影响力和展望．http：//mams. rmit. edu. au/ayy0n1uwd9bh. pdf.（访问时间：2019年2月18日）．

此外，墨尔本皇家理工大学还从事领导和应用研究及培训。例如，"墨尔本皇家理工大学携手联合国全球契约城市计划，通过汇集主要研究人员，致力于了解、研究从省级中心到特大城市环境的复杂性，以应对安全、可持续居住环境面临的日益增长的挑战。"[1]

大学还通过招收和培训高质量的研究学者和学生来创造影响力。"大学在澳大利亚、越南、西班牙、中国、德国、英国、奥地利、荷兰、印度、印度尼西亚和法国等30多个国家和地区拥有2000多名高质量研究候选人。其中与荷兰特温特大学的双重博士项目便是该领域合作比较成功的例子。"[2]

---

[1] 2016—2020 全球影响力和展望［EB/OL］．墨尔本皇家理工大学网站，2019－02－18.

[2] 2016—2020 全球影响力和展望［EB/OL］．墨尔本皇家理工大学网站，2019－02－18.

根据墨尔本皇家理工大学《国际化计划 2016—2020》，"未来学校将通过现有合作伙伴争取更多国际资金和研究项目，并为越南校区和欧洲研究中心制定明确的研究预期。此外，选择性地在目标国家建立与大学研究优势相关的研究和研究培训伙伴关系，力争每年国际研究收入增长 10%，到 2020 年成为维多利亚州第三大大学。"①

（四）加强对外合作联系

与国际工业界和大学建立长期合作伙伴关系一直是墨尔本皇家理工大学重要的国际化战略。根据《国际化计划 2016—2020》，墨尔本皇家理工大学将致力于长期和多元合作伙伴关系，提升大学声誉。为此，大学专门构建全球机构合作伙伴管理框架，根据该框架来推动学校建立长期和多元合作伙伴关系，提高资源效率、问责制和透明度。此外，学校还根据战略目标以及现有的合作状况，确定将瑞典、英国、荷兰、德国、西班牙、中国、印度、越南、新加坡、印度尼西亚、澳大利亚等作为其优先发展的合作国家和地区区域。

（五）推动学生国际化

为提升学生适应全球环境的能力，学校从课程改革、奖学金支持、与社区互动等方面入手提升学生的国际能力。出境流动体验是提升学生全球能力、扩展国际视野的最有利方式。为此，学校通过设置学生交流项目、短期课程、实习或实践培训和研究项目，丰富了学生的学习经历。据统计，"学校每年为学生提供面向 70 多个国家超过 1600 多个国际学习项目"②。

为支持学生出境流动，学生除了可以申请澳大利亚联邦政府的奖学金外，还可以直接向大学"全球流动"（Global Mobility）办公室申请 1000 澳元的补助奖学金，所有海外学习申请都是通过网站进行的。此外，充分利用数字资源获取国际前沿知识是大学提升学生国际化体验的又一方式，为此，学校推动虚拟和文化移动，以弥补学生不能通过转变学习地点实现国际化学习的不足，使学生实现跨地点连接，以增强创造力、加强协作并分享知识。

---

① 2016—2020 全球影响力和展望［EB/OL］. 墨尔本皇家理工大学网站，2019 – 02 – 18.

② 2016—2020 全球影响力和展望［EB/OL］. 墨尔本皇家理工大学网站，2019 – 02 – 18.

墨尔本皇家理工大学还努力创造机会推动国际学生与当地社区之间的互动和融入，帮助国际留学生更好地体验、理解和融入澳大利亚的生活和文化。

（六）创建学生咨询与支持体系

学校为国际学生提供多元支持项目，帮助国际学生更好融入本土文化，破解文化障碍，缓解跨文化学习压力，提高学习效率。学校设立的导师项目就是为入学前学生提供支持服务的项目。根据该项目，国际学生入学前就可以与墨尔本大学高年级的学生导师建立联系，学生导师可以为国际学生来澳就读提供指导，并帮助国际学生获得学校管理、学习方面的信息。在学校学习期间，国际学生还可以获得诸如英语学习、专业学习方面的免费支持和服务，学校还为国际学生提供工作信息，帮助学生了解学习和工作场所应当享有的权利及应遵守的规则，培养学生在澳大利亚工作场所应具备的工作技能。此外，大学还为有孩子的国际学生提供托儿服务，学校的学生支持中心为所有学生提供免费的信息咨询、法律援助、住宿安排、工作权利和房屋租赁事宜的支持服务。

第六章

日本大学国际化动因及策略

第一节　日本高等教育国际化综述

地处东亚一隅的日本非常重视教育国际化。二战后，日本在经济、政治和文化上都采取了很多措施来推动国际化进程。有日本学者指出："这次国际化要求日本人与外部世界打交道时，要由以物为中心转为以人、资本和知识为中心，日本越是要成为国际化的国家，就越要思考如何在世界上传播日本文化。"① 第二次世界大战后，日本高等教育国际化大致划分为三个阶段。

一、1945 年至 1980 年，教育输入阶段

"第二次世界大战后，日本为了从战后破坏中恢复元气，依附美国，向美国学习。日本高等教育国际化主要是通过奖学金项目将日本人送到美国学习美国的民主制度，为日本重建做出贡献，进一步促进与其他国家的理解。这一阶段日本的国际化政策里没有留学生招收计划。"② 此后，日本为增进其他国家对日本的了解，消除军国主义形象，于 1954 年成立了日本政府留学生奖学金项目，以鼓励国际文化交流、增进彼此的友谊、为其他国家的人力

---

① 马岩，肖甦. 日本留学生扩招政策与高等教育国际化进程 ［J］. 比较教育研究，2012（12）：66.

② Akira Ninomiya, Jane Knight, Aya Watanabe, "The Past, Present, and Future of Internationalization in Japan", Journal of Studies in International Education, Vol. 13, No. 2, 2009, p. 119.

资源开发做出贡献。同一年，日本海外发展援助（ODA）工作开始启动。这两项行动表明日本重新回到国际视野。但该阶段来日本留学的国际学生也面临着诸多挑战，"首先，他们必须适应日语教学、参加日本国家性的课程入学考试、日本教学方法，甚至日本当地的住房条件。此外，由于日本本土的居民不熟悉外国学生的行为和文化习俗，在日本留学的国际学生很难被当地社区接受，从而导致留学生与日本社会之间的关系趋向紧张。"①

二、20 世纪 80 年代到 2000 年，转向教育输出阶段

此阶段，日本国际化政策发生了重大变化。1983 年，日本首相发布了《十万留学生计划》，雄心勃勃地提出到 2003 年招收 10 万名外国学生进入日本大学学习。根据教育、文化、体育部的要求，这一阶段留学生政策的主要目标是"促进改善教育和研究，促进相互了解、促进与其他国家的国际合作，并促进发展中国家的人力资源开发"②。《十万留学生计划》设立了慷慨的奖学金，以招收国际学生。为确保成功招收 10 万名外国留学生，日本政府制定了相应的国际化策略以确保计划的成功实现："1. 为 21% 的留学生提供政府支持的奖学金；2. 为国际学生建立寄宿设施；3. 建立国际学生中心；4. 为学生提供健康保险；5. 国际学生多样化的课程包括特殊的毕业生水平课程和短周期英语课程。"③《十万留学生计划》以及相应的国际化改革措施掀起了日本大学招收外国留学生的热潮，留学生也从 1980 年的 1 万多人增加到 2003 年的 10 万人。在这个阶段，通过建立日本国际协力机构（JICA），日本的海外发展援助也得以大力推进。日本通过引入新政策，鼓励与发达国家进行短期和非学位的学生交流，提供以英语教学的 1 年短期课程，克服日本在

---

① Akira Ninomiya, Jane Knight, Aya Watanabe, "The Past, Present, and Future of Internationalization in Japan", Journal of Studies in International Education, Vol. 13, No. 2, 2009, p. 120.

② Akira Ninomiya, Jane Knight, Aya Watanabe, "The Past, Present, and Future of Internationalization in Japan", Journal of Studies in International Education, Vol. 13, No. 2, 2009, p. 120.

③ Sheng – Ju Chan, "Internationalising higher education sectors: explaining the approaches in four Asian countries", Journal of Higher Education Policy and Management, Vol. 35, No. 3, 2013, P. 319.

美国留学学生和在日本留学的美国学生人数之间的严重不平衡。在此期间，与亚洲高等教育的大众化相匹配，在日本留学的亚洲留学生人数也开始增加。

为了在激烈的国际留学生市场中取得优势地位，政府制定了一系列新措施努力解决在日留学生的生活问题和困难，鼓励国立大学开设研究生层次的英语教学课程和项目，以吸引留学生去日本攻读博士学位。"随着外国留学生对日本的贡献获得广泛认可和重视，政府的国际化援助也获得更多的理解和支持，大学的使命宣言也开始承认国际化对其研究、教学和服务工作的价值和贡献。为了提高大学的知识创新能力，日本大学开始在全球争抢优秀学生。"①

三、第三个阶段，2000 年至今，强化教育质量阶段

2007 年，日本发布了《亚洲门户计划》提案，2008 年发布《三十万外国学生计划》，两个文件为日本高等教育国际化指明了区域目标，明确了努力的方向。《三十万外国学生计划》提出，到 2020 年招收 30 万外国学生。配合该计划，日本政府在 2008 年 8 月发布了预算声明，指出："这些政策基于这样的前提：如果日本希望'开放日本'，日本有必要有超过 30 万外国学生；日本成为亚洲门户的角色要求在其国际化战略中的学生的国际流动性至少有 5%—10%。"② 2009 年，日本政府又推出"全球 30 计划"。"全球 30 计划"是在日本国内选择 30 所大学作为日本高等教育国际化的示范基地。政府对这些大学国际化建设投入充足资源，让这些大学的国际化效果吸引和带动日本其他大学的国际化发展。此外，日本政府还不断增加其海外教育投入，在俄罗斯、德国、印度、越南等国家设立派出机构、学校和课堂，宣传本国的大学信息、历史和文化。

为确保教育质量，促进卓越，提高日本的全球竞争力，日本这时期一系

---

① kira Ninomiya, Jane Knight, Aya Watanabe, "The Past, Present, and Future of Internationalization in Japan", Journal of Studies in International Education, Vol. 13, No. 2, 2009, PP. 120 – 121.

② kira Ninomiya, Jane Knight, Aya Watanabe, "The Past, Present, and Future of Internationalization in Japan", Journal of Studies in International Education, Vol. 13, No. 2, 2009, P. 122.

列的国际化活动发生了战略转变，确立了政府奖学金的选择标准和方法，以确保外国留学生的录取过程更加严格、透明和公平。日本大学也对国际学生的选拔程序进行了修改，以保证优秀学生被推荐参加日本政府奖学金计划。政府也敦促大学加强外国学生的管理，保证学生培养质量。

这一时期，日本通过推动高等教育国际化，一方面促进了日本大学与其他世界大学的联系，日本的高等教育在取长补短中获得了更高水平的发展；另一方面也加强了日本与其他国家的友好关系，在世界上塑造了和平友善的日本形象。此外，日本也借助来日留学学生获得了巨大的商业利益。

综上可见，第二次世界大战后，日本大学的国际化从被动立场变为更积极更主动的立场，国际化战略目标也经历了效仿美国到建立以自我为国际学术中心的历程。当前，日本大学国际化的目标就是招收能够为日本大学的研究做出贡献的高质量外国学生，以提高日本大学在全球化时代在某领域的总体竞争力。"扩大国际学生市场份额的业务现在是日本大学实现'全球30计划'的优先事项。日本高等教育国际化已经清楚地表明了这样一种信念：一所大学如果没有积极的、优秀的留学生群体，同样没有优秀的日本学生可以在世界上积极行动，日本大学就不会获得全球竞争力，并在世界排名榜上位居前列。可以毫不夸张地说，国际化是面临不断降低的入学率、优化产出和竞争力的日本大学日益增长的生命线。"[1] 日本大学国际化战略路径、主体和方向的演化过程及其形成的国际化逻辑对中国大学国际化战略的发展与转型具有重要借鉴价值。

第二节　日本高等教育国际化的动因

一、政治动因

第二次世界大战后，日本为加强自身与其他国家的相互理解，为战后重

---

[1] kira Ninomiya, Jane Knight, Aya Watanabe, "The Past, Present, and Future of Internationalization in Japan", Journal of Studies in International Education, Vol. 13, No. 2, 2009, P. 122.

建赢得和平的国际环境，一方面派出留学生到美国学习，另一方面面向国际留学生设立奖学金，实施海外发展援助，消除战争中形成的军国主义形象，获得更多的国际理解和支持。这一时期的国际化教育体现了强烈的政治动因。20 世纪 80 年代后，随着世界多极化格局明朗，国与国之间关系发展愈加微妙，教育国际化成为日本实现其政治利益的又一手段受到强烈关注。1983 年，《十万留学生计划》通过慷慨的奖学金招收国际学生，实现大学校园多元化，对此，有学者评论说："当时，该政策的目标是通过交流，改善与邻近亚洲国家的关系，展示该国在世界舞台上的存在。"①

20 世纪 90 年代，为推动科技强国战略的实施，日本以《科学技术基本法》的形式提出国家重点发展战略——"科学技术创造立国"，高等教育的国际化成为独创性科学研究诞生的必由之路；进入 21 世纪，为推进世界高水平大学建设，提升高校的社会服务功能，日本于 2006 年修改《教育基本法》，将"培养尊重他国、为国际社会和平与发展做出贡献的态度"作为新的教育目标，并相继实施了"全球 COE 计划""顶级全球性大学计划"等，显示了高等教育国际化强烈的政治动因。②

"日本大学国际化战略的政治动因还体现为努力培养青年的全球化意识和国际胜任能力。经济全球化发展密切了各国的世界联系，全球性问题的凸显也增强了各国密切合作的紧迫性。日本意识到必须培养具备全球化意识和国际胜任力的青年，打开世界学生通向日本的大门以及日本学生通向世界的大门，从而深化日本与国际社会的联系，促进国际和平与相互理解。"③ 2008 年发布的《三十万外国学生计划》，拟将国际学生比例从 2006 年的 3.3% 提高到 10%，从而与法国（12.3%）和德国（11.9%）等非英语的发达国家的国际学生比例相当，"体现了日本政府希望继续扮演其长期塑造的成为其他

①　Christopher D. Hammond, "Internationalization, nationalism, and global competitiveness: a comparison of approaches to higher education in China and Japan", Asia Pacific Education Review, No. 17, 2016. P. 561.

②　陈君，田泽中. 日本世界一流大学的国际化战略及实践——以东京大学为例 [J]. 高等理科教育，2017 (4)：58.

③　陈君，田泽中. 日本世界一流大学的国际化战略及实践——以东京大学为例 [J]. 高等理科教育，2017 (4)：58.

国家的模式的愿望。此外，增加和扩大国际留学生数量也是日本维持世界国际学生市场份额 5% 所必不可少的步伐"①。

二、经济动因

自 20 世纪 90 年代初以来，日本大学面临诸如全球高等教育竞争加剧，18 岁人口数持续下降等一系列挑战。为应对这些挑战，日本政府和高校一直在积极推动高等教育国际化。有学者指出："20 世纪 90 年代，世界范围内的国际化总的来说是一种合作性努力，其动因主要基于政治、文化和学术；如今，世界范围内高等教育国际化动因日益转向经济动因，努力通过教育出口或吸引更多外国学生来增加收入。"② 日本高等教育国际化动因符合这一论述，经济动因是驱动日本高等教育国际化发展的主导力量。日本高等教育国际化之所以受经济因素驱动，主要来源于以下几个原因。

（一）日本私立院校数量庞大

日本高等教育系统的一个显著特征是私立院校占据高等教育机构数的绝大份额，以"2012 年为例，在整个高等教育院校中，93.8% 的初级学院，76.8% 的大学和 92.7% 的专科培训学院属于私立院校，而私立机构的办学经费主要来源是学费"③。

（二）公立院校财政制度改革

"2000 年，日本教育部实施全面改革，试图对国立高校和公立高校下放决策权并授予更多的自治权，然而，事实上这些高校并没有真正实现自治，办学运作仍然依赖教育部的资金，而且政府主要基于学生入学注册数进行拨款。"④ 因此，日本国立高校和公立高校一方面为了学费收入，另一方面为

① Akira Kuwamura, "The Challenges of Increasing Capacity and Diversity in Japanese Higher Education Through Proactive Recruitment Strategies", Journal of Studies in International Education, Vol. 13, No. 2, 2009, p. 191

② Kreber, C. "Different Perspectives on Internationalization in Higher Education", New Directions for Teaching & Learning, Vol. 2009, Issue 118, 2009, PP. 1 – 14.

③ 曾小军. 日本高等教育国际化：动因、政策与挑战 [J]. 高教探索, 2017 (6)：86.

④ Christopher, Hhammond. "An Analysis of Dilemmas Impeding Internationalization of Japanese Higher Education", Social Sciences review, Vol. 17, No. 2, 2013, PP. 14 – 15.

了获得教育部的资金，也在通过国际化努力向海外拓展生源。

（三）经济萧条产生的财政压力增大

"'管理开支拨款'作为日本政府对大学基本的财政支持，因经济萧条造成财政压力，在 2004—2015 年减少了 1470 亿日元，导致日本高校办学经费普遍短缺，迫使日本高校关注高等教育国际化带来的经济效益。"①

（四）日本高等教育入学人数减少

传统上，"日本 18 岁左右的人口占日本高校入学者的 90% 以上，但是自 20 世纪末开始，此比例一直在下降，到 2012 年下降了 42.3%。"② 18 岁人口数量的下降致使高等教育入学申请者数量减少，大学学位过剩。"根据'日本教育部的测算，2009 年左右，日本本科生数量指标与日本人数达到平衡。对那些不打算进入精英学校的学生来说，申请哪一所大学主要考虑来自大量相互竞争的高校的入学优惠程度，这些相互竞争的学校迫切希望招收学生增加学费收入以避免破产'，对于这些风险学校来说，吸引海外学生通常被视为弥补国内大学申请者不断减少的又一渠道。"③

（五）日本经济发展需要高等教育国际化支撑

日本经济本身具有国际性，大量日本制造业在海外开展业务，商业和服务业领域的国际化发展也非常迅速。从日本大学获取具有国际竞争力的毕业生对日本公司的发展尤为必要。原来，日本公司主要通过培训员工，以满足需要，但由于经济长期萧条，许多日本公司也不愿花费资源培训职业准备不充分的员工，而开始雇佣那些具有应对国际经济竞争能力的人员。此外，随着日本出生率的下降，人口老化的加速，日本企业获取劳动力的压力越来越大，而提高高等教育国际化和大学国际化程度，可以吸引全世界优秀人才，并培养具有全球竞争力的劳动力，解决国内人力资源短缺困难。因此，日本

---

① 曾小军. 日本高等教育国际化：动因、政策与挑战［J］. 高教探索，2017（6）：86 - 87.

② 曾小军. 日本高等教育国际化：动因、政策与挑战［J］. 高教探索，2017（6）：86.

③ Adam Gyenes, "Conspicuous Internationalization? Creating an International Communication Lounge on a Japanese University Campus", The IAFOR Journal of Education, VOL. 4, Issue 2, 2016, P. 100.

经济发展也迫切需要推进教育国际化。正是在经济动因的驱动下，日本大学开始注重自身的国际化形象建设，通过可视的形式增强自身对国际学生的吸引力，培养学生国际事务处理能力，适应日本企业国际化的需求。有学者称："这种经济动因方向也导致大学以强调成本效益而不利于质量的方式追求学生流动性、课程国际化和多样性。"①

三、学术动因

日本大学国际化战略以提升大学创新能力为战略目的，日本大学国际化战略的演化是一个渐进的历史展开过程，从总体上来看，逐步形成了包括战略目标、战略路径、战略主体、战略政策以及战略文化等战略要素构成的逻辑体系。提升大学创新能力这一战略目标则贯穿整个战略过程，而其他战略要素都服务于实现这一目标，体现了国际化的强烈学术取向。20世纪80年代，美国联邦教育部对日本教育的调查报告就表明："日本科学的责任是要增加对世界科学事业的贡献……重视研究生教育和科学研究使日本努力提高科学技术能力。"② 为了提升大学的科学创新能力，"在欧洲化、美国化以及谋求自我国际学术中心的国际化战略发展过程中，日本大学的国际化战略主要着眼于提升人的创新能力和组织的创新能力"③。2001年，日本政府制定了"全球30计划"，旨在将国内30所大学转变为世界一流的高等院校。2008年政府设定了到2020年吸引30万名国际大学生的《三十万外国学生计划》提出五个努力目标：1. 战略上招聘有才华的外国学生；2. 为增加入学学生的能力和教育质量；3. 为国际学生提供职业支持服务；4. 努力整合国际学生进入日本社会；5. 加强各部门之间的沟通以最大限度地为实现国际化

---

① Christopher, Hhammond, "An Analysis of Dilemmas Impeding Internationalization of Japanese Higher Education", Social Sciences review, Vol. 17, No. 2, 2013, P. 15.

② 吕达，周满生. 当代外国教育改革著名文献（日本、澳大利亚卷）[M]. 北京：人民教育出版社，2004：160.

③ 丁建洋. 从边缘走向中心：日本大学国际化战略的历史演进与基本逻辑 [J]. 高教探索，2016（6）：48.

努力并促进互惠的学生流动。① 中可以看出"日本的努力集中在增加海外学生的数量，同时提高教育服务的质量"②。日本政府还推出了一系列政策呼吁建立世界级的"国际学习中心"以促进全球竞争力。

有学者认为，日本"在全球竞争加剧状况下，高等教育国际化作为大学研究战略的一部分，需要接受优秀的外国学生，尤其是理工科领域的优秀外国学生，并将接受优秀外国学生视作衡量日本国际化进程的重要标准，标志着针对外国学生角色的思想和政策有了重大转变。外国学生不再只从官方发展援助的角度予以思考，他们现在是增加日本高校和日本社会全球竞争力的重要战略要素"③。

此外，关于日本教育国际化是否蕴含文化和社会动因问题。一项关于台湾地区和日本大学国际化比较研究调查显示，台湾地区和日本的教授均认为，"国际化最重要的好处是丰富学生的国际知识，提升他们的外语能力，并建立一个多元文化的校园。尽管一些学者认为，国民认同感的提高是教育国际化的好处之一，但这项研究的参与者并没有认为这一益处的重要性"④。该项研究再次证实学术动因蕴含在日本高等教育国际化进程中。

---

① Akira Kuwamura, "The Challenges of Increasing Capacity and Diversity in Japanese Higher Education Through Proactive Recruitment Strategies", Journal of Studies in International Education, Vol. 13, No. 2, 2009, P. 191.

② Hsuan – Fu Ho, Ming – Huang Lin, Cheng – Cheng Yang, "Goals, Strategies, and Achievements in the Internationalization of Higher Education in Japan and Taiwan", International Education Studies, Vol. 8, . No. 3, 2015, P. 56.

③ Akira Kuwamura, "The Challenges of Increasing Capacity and Diversity in Japanese Higher Education Through Proactive Recruitment Strategies", Journal of Studies in International Education, Vol. 13, No. 2, 2009, P. 122.

④ Hsuan – Fu Ho, Ming – Huang Lin, Cheng – Cheng Yang, "Goals, Strategies, and Achievements in the Internationalization of Higher Education in Japan and Taiwan", International Education Studies, Vol. 8, No. 3, 2015, P. 62.

第三节 日本大学国际化策略

一、方向策略

第二次世界大战后很长一段时间，日本大学秉承教育国际化索取理念，引进他国优质教育资源，即通过派遣留学生到美国、欧洲等发达国家高水平大学接受训练，进口国外知识，推进日本战后重建、经济腾飞和现代化建设。在教育输入方向下，日本通过将其他国家的先进知识技术融合到日本文化知识体系中，成为自我知识体系的有机组成部分，实现知识的超越发展，有学者称这是"嫁接文化"①。日本在教育国际化的输入过程中，始终秉承高度的文化自觉，坚持嫁接为用、自主为体原则，积极创新，从而在很短的时间内建成数所世界一流大学，培养将近 20 名自然科学领域的诺贝尔奖获得者。

随着全球化时代的到来，日本认识到纯粹索取式的高等教育国际化理念不能满足时代的需求，应转变教育方向，走出国界，以伙伴国的身份积极参与全球化活动，实施教育输入与教育输出双向国际化策略。从 20 世纪 80 年代开始，"日本既派出留学生学习别国的知识和技术，也大量吸纳外国留学生来日本留学，输出日本文化知识，既学习外国的科学技术，也学会去理解世界上不同民族的历史文化，学会以国际观点与别国人民进行业务和工作上的合作，参与到促进人类和平进步的事业中来"②。1983 年，日本政府发布《十万留学生计划》，其中明确提出，学生国际交流将有助于接受国和派遣国提高教育科研水平，促进双方的国际理解与合作。为顺利完成该计划，日本政府从日本大学教育计划的改革、留学生生活设施的安排、奖学金政策的制定到留学回国服务等多方面进行改革。为更好地促进日本高等教育走出去，

---

① 丁建洋. 从边缘走向中心：日本大学国际化战略的历史演进与基本逻辑［J］. 高教探索，2016（6）：49.
② 李盛兵. 日本大学国际化的理念、政策和实践［J］. 现代教育论丛，1999（3）：44.

2005年，为了更好地推动大学海外交流合作深度，促进课程、师资国际化，提升大学在国际留学生市场的份额，日本还成立了日本大学国际战略总部（International Strategy Headquarters in Universities）。在教育出口方向策略指引下，日本的教育国际化通常向外界传递出向其他国家出口教育的强烈信号。例如，有学者评价日本《三十万外国学生计划》时就说："是旨在为国际学生提供'学习日语和文化'的机会。这种国际化战略的目标是向他人出售自己的服务、产品和价值，而不是理解外国人的需求。"① 因此，有学者得出结论说，"日本的国际化战略中嵌入了强大的民族主义议程。"②

二、组织战略

（一）国际化战略

2009年，一项对日本234所大学（包括20所试点大学③）实施教育国际化情况的调查显示，在所有接受调查的大学中，"有58%的大学回应有与其大学校园国际化相关的愿景、使命和目标；另有58%的大学有数字目标和实现目标的行动计划。与此同时，100%的试点大学都有国际化的愿景、使命和目标；90%的试点大学已经实施了具体的数字目标和行动计划；许多试点大学确定了国际化的使命和愿景，并在所有教职员工中分享，以便在全校范围内推进国际化，"或使用了强大统一力量向教职员工灌输国际化愿景和使命，并正在考虑将国际化纳入大学章程原则，在其中期和长期计划中嵌入

---

① Arild Tjeldvoll，"Change leadership in universities：The Confucian dimension"，Journal of Higher Education Policy and Management，VOL. 33，2011，PP. 219 – 230.

② Rivers，D. J.，"Ideologies of internationalisation and the treatment of diversity within Japanese higher education"，Journal of Higher Education Policy and Management，Vol. 32，2010，PP. 441 – 454.

③ 试点大学是根据日本2005年设立的"在大学建立国际总部的战略基金"（以下简称"SIH项目"）选定的20个试点大学。它们分别是北海道大学、东北大学、东京大学、东京外国语大学、东京工业大学、一桥大学、新潟大学、名古屋大学、京都大学、大阪大学、神户大学、鸟取大学、广岛大学、九州大学、长崎大学、会津大学、庆应义塾大学、东海大学、早稻田大学、国立自然科学研究院。

具体的国际化目标。"①

调查时发现，优先考虑各项国际化战略项目是有效的，通过设定每个项目的愿景、目标，随后细化战略目标，制定实现它们的行动计划。为确保彻底执行这些行动计划，大学还给予财务拨款以支持国际化行动计划。"一些试点大学，特别是广岛大学和名古屋大学，已经在国际战略中明确阐述了国际化使命、愿景和目标。此外，这两所大学已经制定了详细的行动计划来执行这些目标，并将学校使命、愿景和国际化目标与其院系和办事处的一系列行动计划联系起来，从而使大学理解和共享的国际化战略得以逐步实施。"②

（二）组织及人员

纵观日本大学国际化战略演变历程可以看到，日本大学国际化战略是在国家主导下制定和发展的，典型地体现了国家主导的特性。"日本政府不同时期发展科学技术和大学的理念、政策成为影响和制约日本大学国际化战略的重要外部力量。特别是在建设自我国际学术中心的理念下以政府为主导推出的系列典型政策。"③

大学内部国际化行为受到日本大学分散管理体制的影响和制约。根据《学校教育法》的规定，所有大学都设立了教师委员会。在大多数情况下，每个院系都会组建一个教师委员会，管控各个院系的研究、教育和管理等事项。大学除了国际交流处外，还设有国际交流委员会，院系的教师委员会在院系教育、研究国际化事务方面具有自主权，国际交流委员会只负责咨询，国际化事务的表决权在教师委员会。这种"自下而上"的机制不仅使学校的各种国际事务在实施和具体操作上严重滞缓，而且院系分隔和相互沟通上的欠缺容易造成学校缺乏统一的国际化战略。

鉴于强有力的领导集权是促进大学国际化的关键因素，一系列国家资助

---

① Akiyoshi Yonezawa, Yuto Kitamura, Arthur Meerman, Kazuo Kuroda, Emerging International Dimensions in East Asian Higher Education, London：Springer Dordrecht Heidelberg New York London, 2014, P. 234.

② Akiyoshi Yonezawa, Yuto Kitamura, Arthur Meerman, Kazuo Kuroda, Emerging International Dimensions in East Asian Higher Education, London：Springer Dordrecht Heidelberg New York London, 2014, P. 234.

③ 丁建洋. 从边缘走向中心：日本大学国际化战略的历史演进与基本逻辑 [J]. 高教探索, 2016 (6)：48.

项目持续地迫使大学建立集中管理体系。在这些政府举措的影响下，一些大学开始向集权国际化转向，并取得了成功。然而，许多大学由于预期的集权化方式不适应分散化的教师委员会传统，又回归或保留了分散化管理体制。自 20 世纪 90 年代以来，有关大学管理体制的激烈争议似乎对许多大学的国际化进程没有产生影响。2009 年《日本经济合作与发展组织报告》评论说："'大多数高等教育机构没有一个清晰连贯的国际化战略，可以观察到的国际化活动主要是自下而上的过程'。该报告表明，日本的许多大学仍然在努力建立有效的管理体系，这种管理体系在集中化和分权化之间波动。"①

2009 年对日本 234 所大学在全校范围内进行的国际化活动进行的调查显示："57% 的大学设立了国际战略总部或类似的机构组织国际化活动，这表明系统的国际化努力正在全国范围内进行。"然而，在关于谁担任国际战略总部或类似机构的负责人时，调查显示："只有一半以上大学由大学校长或副校长领导这样的全校性领导组织，而在 20 所试点大学中，90% 的总部负责人是大学校长或副校长。可以推测，日本的大学特别是试点大学，通过国际战略总部或类似的组织实现了对大学国际化的推动。有学者认为，通过校长来领导国际化总部或类似的全校性领导组织，大学可以进行快速、灵活地国际化改革。例如，在过去实施一项国际计划需要获得各相关部门的认可和一系列长时间的会议，才能开始准备工作。增加国际战略部可以加快决策过程，加速人员配备和资金分配，以更高效地执行计划。试点大学，特别是大阪大学和庆应义塾大学已经报道说，设立一个由校长领导的国际化总部可以更好地促进召开国际学术会议和结束国际合作协议，同时增添其国际交流计划的灵活性。试点大学，特别是国立自然科学研究院和庆应义塾大学，也基于国际研究人员交流、国际大学合作协议和计划，启动了信息系统化和持续管理。"② 2014 年，有学者以入选"全球 30 计划"的 13 所大学为例，剖析

---

① Yukako Yonezawa, "Internationalization Management in Japanese Universities: The Effects of Institutional Structures and Cultures", Journal of Studies in International Education, Vol. 21, Issue4, 2017, P. 378.

② Akiyoshi Yonezawa, Yuto Kitamura, Arthur Meerman, Kazuo Kuroda, Emerging International Dimensions in East Asian Higher Education, London: Springer Dordrecht Heidelberg New York London, 2014, PP. 233 – 234.

日本大学国际化战略的特征和举措。调查显示，"'全球30计划'大学的一元化国际战略部门的建设正不断得到进一步加强，从而为大学国际化战略的制定和实施提供了保障机制。"①

三、活动策略

（一）学制和课程国际化

1. 改革学制

"日本传统上的入学时间是每年四月份和十月份，这区别于国际上大多数国家入学时间。为适应国家提出的推进教育国际化要求，与国际上的入学体制实现接轨，东京大学首先提出了在2015年之前导入四学期制度，为今后实现与其他国家的学制制度融合打好基础。而日本接受留学生人数最多的早稻田大学，也决定从2014年导入四学期制度，以更好地和国际上其他大学学期制度接轨，更多地吸收国外留学生。"②

2. 开设英语授课课程

一直以来，日本把日语当作表现日本语言和其文化独特性的标志。自19世纪后期以来，日本虽然大量师法西方，但首先是把外文翻译成日语，以至于日本从小学到大学从来不用外语作为授课语言，以此彰显日本民族的独立性和自主性。在高等教育全球化的潮流之下，该传统一方面阻碍了大量外国留学生到日本留学，另一方面又无法吸引越来越多向往接受西方英语教育的日本学生。"1983年实施《十万留学生计划》之后，日本政府开始鼓励日本大学开设更多的英语讲授非学历课程，以吸引更多的国外留学生，同时提供资金帮助各个大学或学院开设语言培训课程。至2007年，日本756所大学及学院（国立87所、公立89所、私立580所）中，已有30所国立大学、1所公立大学、35所私立大学开设了本科英语授课课程，42所大学开设了81门

---

① 赵晋平，单谷. 日本的大学国际化人才战略分析［J］. 中国高教研究，2014（10）：86–87.
② 陈世华. 安倍经济学背景下的日本大学国际化改革动向［J］. 江苏高教，2014（4）：152.

英语授课的研究生课程。"① 2009 年，日本实施了"全球 30 计划"，该计划"通过在日本大学设置更多全英文授课的学位项目，增加国际学生数量。13 所大学被选定为招收和教育国际学生的重点大学，设置了约 150 个全英文授课的学位项目（主要是研究生课程），并为国际学生提供日语培训和奖学金支持。"②

3. 推进专业设置和课程内容的国际化

日本大学为推进课程国际化，除了前述的开设英语教学课程外，"一些大学如早稻田大学、庆应大学等私立大学和东京大学、九洲大学、筑波大学、名古屋大学、琦玉大学等国立大学，还允许用英语撰写学位论文。此外，大学还创设国际关系、国际经济、对外贸易等科系，或增设信息科学、比较教育、比较文化研究、欧洲史、亚洲史、西洋文学、西洋人等涉及国际内容的课程；开展国际区域研究，如欧洲研究、亚洲研究。"③

（二）师资国际化

"日本早期国际化采取闭锁的方式学习西方国家的知识与技术，这种状况直到 20 世纪 60 年代都没有改变。这种特立独行的行为模式使得日本难以吸引国际性人才，同时也增加了吸引优秀外国留学生和本国学生的难度，在世界大学排名中更处于极为不利的局面。"④ 随着高等教育国际化的趋势日益显现，人员的国际交流不仅变得空前活跃，其重要意义也受到高度关注。"1982 年，日本政府颁布了《外籍教师雇用法》，鼓励日本大学雇用外教。1982 年到 2002 年，日本本科制大学的外教人数从 1255 人上升至 5286 人，增加了 4 倍，而同期日本大学教师人数只翻了 1 倍；外教在日本大学的比例也从 0.97% 上升至 3.41%，甚至超过了同期美国大学 3.36% 的外教比例。"⑤

---

① 王涛."二战"后日本大学国际化发展战略探析［J］. 高教发展与评估，2012（2）：88 – 89.

② 曾小军. 日本高等教育国际化：动因、政策与挑战［J］. 高教探索，2017（6）：87.

③ 王留栓. 日本大学国际化述评［J］. 江苏高教，2001（1）：114 – 115.

④ 王涛."二战"后日本大学国际化发展战略探析［J］. 高教发展与评估，2012（2）：88 – 89.

⑤ 王涛."二战"后日本大学国际化发展战略探析［J］. 高教发展与评估，2012（2）：89.

"据文部科学省学校调查统计显示，2008 年，日本大学外籍专任教师占教师总数的 3.4%，外籍兼职教师占 6.6%。从学校的性质来看，不管是专任教师还是兼职教师，私立高校的外籍教师比例（2008 年，专任 3.93%、兼职 7.19%）要比公立高校（2008 年，专任 3.13%、兼职 5.22%）高，国立高校的外籍教师比例最低（专任 2.54%、兼职 5.12%）。从外籍教师的职称来看，副教授、讲师占同类职称的比例较高，讲师为 7.39%、副教授为 4.46%，教授、助教的比例较低，分别为 2.61% 和 2.08%。与世界著名大学相比，日本大学的外籍教师显然很少，瑞士联邦工科大学的外籍教师高达 50%，剑桥、牛津、哈佛、耶鲁大学的外籍教师的比例均高于 25%。这显然是由于日本大学对招聘外籍教师缺乏兴趣使然。而'全球 30 计划'却明确提出高校应该提供不一定非日语不可的教育，这就对日本高校提出了很高的要求。根据入选大学的计划，庆应义塾大学提出到 2020 年外籍教师的比例达到 11.7% 的目标，其余大学也提出了 7% ~ 10% 的目标。"① 在政府的鼓励和支持下，"2013 年，入选'全球 30 计划'的 13 所大学的平均外籍教师比例则达到 7.3%，远远高于全国平均水平。"②

除了吸引外籍优秀教职员工外，日本大学同时还提出了让教师到国外进修的目标，通过教师整体水平的国际化以提高现有高等教育的吸引力，实现高质量的高等教育国际化。

（三）推动学生流动

学生流动是教育国际化的重要表现。第二次世界大战后很长一段时间，在索取式教育输入的国际化方向策略下，日本不太重视引入国际学生。随着教育国际化方向的转变，20 世纪 80 年代开始，日本政府颁布促进国际学生流入的政策。1983 年，日本政府颁布了《十万留学生计划》。为实现到 2000 年招收 10 万国际学生的目标，政府和大学都积极采取措施促进高等教育国际化，为国际学生提供奖学金，减免他们的学费。国际学生从 1983 年的 10428 人增长至 2000 年的 64011 人。2008 年的《三十万外国学生计划》提

---

① 陈曦. 日本高等教育国际化策略——以"留学生 30 万人计划"为例［J］. 比较教育研究，2010（10）：38.

② 赵晋平，单谷. 日本的大学国际化人才战略分析［J］. 中国高教研究，2014（10）：86 - 87.

出，2020 年日本国际学生增长到 30 万。"2009 年，日本实施了'全球 30 计划（2009—2013 年）'，目标是通过在日本大学设置更多全英文授课的学位项目，增加国际学生数量。"① 政府和大学的通力协作取得了显著成效，"2010 年，日本国际学生总数达到历史最高记录 141774 人"②。2011 年 3 月日本东部地震，为回避核灾难问题，日本一些国际学生回国，同时有留学日本愿望的国际学生人数也开始下降，一定程度上影响了日本招收国际学生，但在政府政策鼓励下，此后不久，国际学生人数又开始复苏。"2013 年 5 月，日本国际学生数为 135519 人，与 2012 年 5 月比较，增加了 6297 人，从学生来源来看，有 81884 人来自中国，有 15304 人来自韩国；关于学生来源地区，亚洲地区学生占 91.9%，欧洲和北美地区共占 5.3%；来自亚洲地区的短期学生占 60.6%，来自欧洲和北美地区短期学生占 35.1%。"③ 这表明，日本大多数国际学生来自亚洲，国际学生主要参加短期项目。

2015 年，有学者对日本留学生生源国进行调查后指出："尽管日本留学生主要来自中国和韩国，但数据显示来自这两个地方的学生人数呈下降趋势，而处于上升趋势的国家或地区主要有越南、尼泊尔、中国台湾。从地区来看，来自亚洲地区的学生占留学生学生总数的 91.9%（上一年为 92.3%），欧洲和北美地区共同计为 5.3%（上一年为 5.0%）。其中，来自亚洲地区的短期国际学生占 60.6%（上一年为 61.7%），来自欧洲和北美地区的短期国际学生共占 35.1%（上一年为 34.0%）。这些事实表明了一个趋势，即亚洲仍然是日本的最大生源地区，但亚洲各国派遣到日本的学生呈现出多样化的趋势，大量的国际学生是为了短期课程而来的。"④

入选"全球 30 计划"的 13 所大学的国际学生所占比例均呈现大幅度的增长趋势，"2013 年，东京大学国际学生为 10.36%、筑波大学国际学生为

---

① 曾小军. 日本高等教育国际化：动因、政策与挑战 [J]. 高教探索，2017（6）：87.

② Miki Sugimura, "The Mobility of International Students and Higher Education Policies in Japan", The Gakushuin Journal of International Studies, vol. 2, March2015, P. 6.

③ Miki Sugimura, "The Mobility of International Students and Higher Education Policies in Japan", The Gakushuin Journal of International Studies, vol. 2, March2015, P. 7 – 8.

④ Miki Sugimura, "The Mobility of International Students and Higher Education Policies in Japan", The Gakushuin Journal of International Studies, vol. 2, March2015, P. 6.

10.62%，而各校研究生段的国际学生所占比例则更高，如东京大学为18.59%、筑波大学为18.2%"①。

　　与国际学生的流入增长趋势相反的是日本国际学生向外流动数量明显减少。"二战后至20世纪末，在日本政府的鼓励和支持下，日本派出的留学生数量持续增长，1994—1995年度在美国留学的日本大学生达45280人，第一次超过中国大陆，居各国首位；1997—1998年，在外留学的日本学生人数增加到47073人，仍位居第一；1996年在中国大陆留学的日本学生为14856人，在中国接受的152个国家41211名外国留学生中居第一位。"② "2004年，日本学生出国留学人数达到历史最高的82945人，从那以后人数一直下降，2005年下降到80023人，2008年下降到66833人，2011年进一步下降到57501人。"③ 日本留学生数量下降主要源于以下四个方面的原因："首先是与学生的求职安排冲突，学生担心出国留学可能不得不推迟毕业并因此多留在大学一年，从而影响就业；其次是出国留学通常比在日本的私立大学就读昂贵，许多学生也无法负担出国留学的费用；再次是日本大学为海外留学提供的支持不足，具体来说，完成国外学习后的信用审批，缺乏教师能够提供有关学习的建议，以及缺乏对目的国的大学有关信息。"④ 此外，"日本作为世界上最发达的国家之一，其教育体系在全球范围内名列前茅，年轻的日本人通常只想到日本大学上学，只有当他们不能入学时，他们才开始考虑在外国大学攻读课程的可能性。这不仅关乎爱国主义，也关系到日本大学的声望和未来找工作和开创事业的前景。"⑤ 这也导致了日本学生不愿出国留学。

---

①　赵晋平，单谷. 日本的大学国际化人才战略分析［J］. 中国高教研究，2014（10）：86-87.

②　王留栓. 日本大学国际化述评［J］. 江苏高教，2001（1）：114.

③　曾小军. 日本高等教育国际化：动因、政策与挑战［J］. 高教探索，2017（6）：87.

④　Miki Sugimura, "The Mobility of International Students and Higher Education Policies in Japan", The Gakushuin Journal of International Studies, Vol. 2, March 2015, P. 8-9.

⑤　Konstantin Krechetnikov, Nina Pestereva, and Goran Rajović, "Prospects for the Development and Internationalization of Higher Education in Asia", European Journal of Contemporary Education. Vol. 16. Issue 2, p. 236.

（四）构建国际化教育支持服务体系

日本政府和大学为了推进教育国际化进程，从奖学金制度、学制设置、英语课程开设乃至学生宿舍等领域予以全面支持。为实现《三十万外国学生计划》确定的目标，日本制定了五个国际化条款："一是为吸引国际学生，提供一站式服务；二是改进入学考试、学校招生和移民政策，使留学日本更加便捷；三是促进大学全球化，使大学更具吸引力；四是为国际学生创造更好的环境；五是促进日本社会国际化，使国际学生毕业后能够进入日本社会。这些计划措施由教育、文化、体育、科学技术部（MEXT）联合司法部、健康劳动福利部、土地基建交通部等部门共同实施。"① 体现了跨部门合作、协同联动的教育国际化特点。

在日本的留学生来自不同的国家。他们的文化背景、生活习惯、学习方式和心理需求各不相同。其中，住宿问题多年来一直是困扰赴日留学生的一大问题，政府为此做了大量工作。"据1991年初的一项调查显示，在日本的外国留学生中有80%的人租借私人公寓，只有少数人有机会住进公立、私立高校的学生宿舍。据日本《留学教育》1998年第12期资料显示，在51047名外国留学生中，租借民间住宅的达35931人，占总数的71.4%，只有14.9%的留学生（7583人）住大学的留学生宿舍，5.2%的留学生（2658人）住大学的一般学生宿舍，9.5%的留学生（4875人）散住在各种公共和民间团体提供的留学生宿舍中。为此，文部省1998年8月决定投资3000亿日元在东京临海副都心40公顷的土地上兴建"国际大学村"供留学生和研究人员住宿，优化留学环境。"②

（五）设置海外事务所

为进一步增强国际影响力，加大国际化宣传力度，日本大学纷纷将设置海外事务所作为大学国际化战略的重要一环，将事务所作为大学国际化的前沿阵地。"据文部科学省2013年的统计显示，日本各大学共在海外开设有431所事务所。这些海外事务所主要集中在中国、东南亚和英美各国。日本

---

① 曾小军. 日本高等教育国际化：动因、政策与挑战［J］. 高教探索，2017（6）：87.

② 王留栓. 日本大学国际化述评［J］. 江苏高教，2001（1）：114－115.

大学在海外设置事务所的主要目的包括：加大学校宣传，加深海外对自己学校的认识和了解；促进海外学生留学日本；促进学校和海外大学间的教育研究合作；加强特定研究领域的合作等。为加大海外资源共享，文部科学省还从入选'全球30计划'的大学所设置的事务所中指定了9所事务所作为大学共同利用设施。这些海外事务所除了设置大学可以使用外，还可以供所有的大学使用，以减少不必要的开支，合理利用资源。"① "日本鸟取大学及其在墨西哥的基地和九州大学及其加利福尼亚州的办事处与当地的大学积极联系，在推进国际联合研究，开发国际联合课程，以及建立教师发展项目等方面都取得了显著成果。"② 全球日益激烈的年轻人竞争环境以及环境、医疗等跨国界问题的凸显促使越来越多的大学考虑建立海外基地。过去，发达国家的大学通常在发展中国家建立海外基地以招收高潜力学生或开展国际合作项目，现在发达国家的大学也在其他发达国家设立海外基地来进行科学研究合作。"日本大学的海外基地从2004年的170个迅速增加到2006年的276个，其中60%的基地设在亚洲国家。此外，2009年对日本大学国际化的调查显示，2008年有95%的SIH项目试点大学有海外基地，而其他非试点大学只有28%拥有海外基地。在2005年至2008年，各顶级大学新建立的海外基地的平均数量为4.6个，其他非试点大学为1.6个。"③

（六）国际合作多样化

日本大学参与并利用国际大学合作伙伴关系和联盟与海外大学签订合作交流协议的趋势日益明显。根据调查，"SIH项目20个试点大学比其他非试点大学（每所大学平均有37个协议）有更多的这些协议（每个大学平均有220个协议）。从某种意义上说，大学校际交流的范围可以用这种协议的数量来衡量。尽管这不是唯一的标准，但这些交换协议的数量确实是衡量每所大

---

① 赵晋平，单谷. 日本的大学国际化人才战略分析［J］. 中国高教研究，2014（10）：86－87.

② Akiyoshi Yonezawa, Yuto Kitamura, Arthur Meerman, Kazuo Kuroda, Emerging International Dimensions in East Asian Higher Education, London：Springer Dordrecht Heidelberg New York London, 2014, P. 242.

③ Akiyoshi Yonezawa, Yuto Kitamura, Arthur Meerman, Kazuo Kuroda, Emerging International Dimensions in East Asian Higher Education, London：Springer Dordrecht Heidelberg New York London, 2014, P. 241.

学规划和参与国际合作方面的主动程度的重要标准。调查还考察 2005 年至 2008 年通过跨大学交流项目来到日本大学的海外教职人员和学生人数的增加情况，试点大学增加了 65% ，而另一个非试点大学增加了 45% 。此外，近年来，国际大学财团的增长尤其明显：所有接受调查的大学中有 34% 参加了这些联盟，而 75% 的试点大学参与了此类财团”①。

大学联盟也在国际先进技术领域开展广泛的国际合作。2013 年，千叶大学、冈山大学、熊本大学等六大国立大学，与东盟（ASEAN）大学联盟（AUN）的 13 所大学召开联合会议，缔结了联盟友好关系，加强两联盟之间在生命科学领域的教师和学生交流。2011 年提出的"重新发明日本计划（The Re－Inventing Japan Project）"，"也旨在积极支持日本大学与亚洲、美国和欧洲等地区的大学在教育领域的合作"②。

此外，"日本大学自 70 年代起模仿美国实行校际学分互换制度，1993 年共有 206 所日本大学（其中私立大学 133 所，国立、公立大学分别为 65 所和 8 所）与其他高校进行学分互换；1996 年实行学分互换制度的日本大学达 342 所，其中私立大学 232 所，国立大学 90 所，公立大学 20 所，同年共有 3861 人在国外取得的学分被日本大学认可。"③

第四节　日本大学国际化案例

——以东京大学（The University of Tokyo）为例

一、东京大学概况

东京大学创办于 1877 年，是日本第一所国立综合性大学。作为领先的研

---

① Akiyoshi Yonezawa, Yuto Kitamura, Arthur Meerman, Kazuo Kuroda, Emerging International Dimensions in East Asian Higher Education, London: Springer Dordrecht Heidelberg New York London, 2014, P. 236.

② Miki Sugimura, "The Mobility of International Students and Higher Education Policies in Japan", The Gakushuin Journal of International Studies. vol. 2, March 2015, PP. 13 – 14.

③ 王留栓. 日本大学国际化述评 [J]. 江苏高教, 2001 (1): 115.

究型大学，东京大学提供本科生和研究生所有学科的课程，并从事各领域的科研研究。目前，东京大学设有10个学部，15个研究生院，11个附属研究所，14个大学研究中心，3个国际高等研究所。学校还借助在线课程（MOOC）平台、东京大学开放课件和东京大学电视大规模提供在线课程教学。

东京大学创立至今，一直保持着东西方文化相结合的学术观点不断发展，放眼世界，形成一面独特的旗帜。伴随全球化进程的不断加速，全球人类正面临着来自环境、能源、金融等领域的日益严峻的问题和挑战。东京大学以无限的勇气、智慧和责任感直面这些挑战，致力于为世界和平和人类福祉做出不朽的贡献。

东京大学因倡议"在东京大学建立全球校园模式"被日本教育、文化、体育、科学和技术部选为全球顶尖大学项目（A类）的一部分，成为引领日本大学国际化的世界级和创新型大学。东京大学作为日本的世界一流大学的"旗舰大学"，其独特的办学理念和办学实践被世界高等教育发展所借鉴。现在，东京大学在秉承传统办学理念的基础上深入推动国际化战略的规划和实施。东京大学的国际化战略及实践是日本高等教育国际化发展的缩影，通过对其教育国际化策略的研究，可以深化对日本高等教育国际化的认识。

二、方向策略

东京大学在经济全球化、教育国际化不断推进的历史背景下，抢抓全球化发展机遇，在教学、科研、服务等方面确定了教育国际化发展战略目标，明确了教育国际化的方向策略，提供了相应的保障条件。《东京大学宪章》载明了大学以"亚洲大学的自觉"解决超越国家范围的全球性重大课题，成为"为世界公共服务"的卓越大学的国际化发展战略。其国际化战略的愿景是"世界的东京"，体现了立足亚洲、胸怀世界的开放，包容的气度和宏大愿景。

"东京大学意识到日本型学问研究特质的重要性，注重推动与世界各地区的相互交流，将'开展国际性的教育和研究，与世界进行交流'作为实现学问自由、探究真理、创造知识、维持并发展世界最高水平教育和研究的重要手段。东京大学强调要适应社会、经济的变动，保持组织的柔性，超越大学的限制，与外部共同生产知识，同时还要跨越国境开展科学研究，做具有世界'网络型'视野的科学研究牵引车。东京大学指出要符合'全球化校园'的身份，实现教师和学生的双向国际化，不仅欢迎世界各地的师生来东京大学研修和学习，同时还将东京大学的师生送往世界各地学习和研修，构建教育领域的国际化网络。东京大学追求超越国籍、民族、语言的人类普遍真理，致力于保障所有成员不因国籍、性别、年龄、语言、宗教、政治见解、出身、财产、门第、婚姻、家庭、疾病、经历等产生差异，保障所有人员都有参与活动的机会。"①

此外，作为"全球顶尖大学项目（A类）"项目的资助大学，东京大学倡议"在东京大学建立全球校园模式"，该模式具有如下特征：首先，在广泛的学术领域进行世界一流的前沿研究；其次，全面改革教育体系，适应现代全球化时代需求；再次，用英语教授并提供各种学位课程；第四，用日语进行高水平的研究和教学，系统地进行英语以外的语言课程；第五，构建多元环境，使大学的学术、行政人员和学生可以在不同的文化、语言、性别和年龄的情况下进行教学、研究、合作和相互理解；最后，拥有支持全球校园的机构，校园拥有高水平知识和能力的教职员工。

东京大学的国际化战略目标以及确立的国际化发展模式深刻地体现了日本大学国际化教育输入与教育输出双向理念，即一方面通过引入国外优质资源提升自身学术水平，丰富校园文化和人员结构；另一方面也积极向世界输送东京的知识和人才，通过参与解决世界性问题，构建国际合作网络，招收国际学生，用东京大学的知识为世界公共事务服务。

三、组织策略

（一）国际化战略

国际化战略是全球化背景下事关东京大学发展的重要战略布局。2010年，东京大学在客观审视和分析其所面临的国内外环境基础上，制定了《东京大学国际化推进长期构想》。该构想明确了2010—2020年东京大学的发展

---

① 东京大学．东京大学宪章。转引陈君，田泽中．日本世界一流大学的国际化战略及实践——以东京大学为例［J］．高等理科教育，2017（4）：59.

方向，并将国际化作为东京大学的第一发展要务。此外，为避免粗放式全面展开国际化计划，东京大学结合学校国际化重点区域和自身优势领域制定了具有东京大学国际化特点的国际化战略。为了让国际化战略得到东京大学广大师生的认可，让战略具体可行，"避免为'国际化'而'国际化'等'虚拉指数'和'偏离学校'主要使命等现象的出现，学校还要借助专门网页介绍等手段使全体学校成员以及广大社会资源参与到国际化战略的规划之中。学校还秉承'导向性'与'发展性'相结合的理性策划原则，通过学校整体国际化愿景和教职工和学生个体目标的明确阐释使全体学校成员熟知高校的国际化战略，从而使得国际化理念和思想渗透到东京大学教育、科研以及社会服务等各个领域，得到东京大学师生员工的广泛认同和大力支持。"①

（二）组织和人员

东京大学的国际化组织路径呈现出自上而下推动的状态。在战略规划阶段，东京大学为规避学校各部门"各自为政"带来的消极影响，着重从学校层面指引国际化战略的规划。为确保国际化战略的实施，"东京大学设置了以学校副校长为主要负责人的校级国际化战略管理机构——'国际本部'。国际本部以学校统一计划为基础，通过国际化校园推进办公室推动与国际合作事务有关的各部门的横向联系。国际本部下设留学生以及外国研修人员支援科、国际交流科、国际连携科、国际企划科、日本语教育中心、国际中心、AGS 推进室，并对相关行政结构的各自职责做出了明确的规定。"②

东京大学在推进国际化过程中，充分明确了行政管理部门和教学、科研机构作为推进主体的不同职责，以调动不同主体参与国际化的激情。学校明确行政管理部门主要负责制定国际化战略、服务国际化活动、遴选国际化项目；教学、科研院所则是国际化活动的实质推进者，负责国际化项目的具体实施。

此外，"东京大学也重视教师在国际化活动中的作用。学校吸纳各个教学、科研院所的教师代表至国际连携科、国际企划科，共同制定《东京大学

---

① 陈君，田泽中. 日本世界一流大学的国际化战略及实践——以东京大学为例［J］. 高等理科教育，2017（4）：59－62.

② 陈君，田泽中. 日本世界一流大学的国际化战略及实践——以东京大学为例［J］. 高等理科教育，2017（4）：60.

国际化推进长期构想》；自 2005 年起，东京大学校长会在学校主页的'校长谈话'栏从全局高度解读和倡导国际化战略，并通过网络和宣传手册等媒介向全校师生传递国际化战略文本，使国际化战略深入人心。此外，学校通过整体性和个体性相结合的原则，通过分解国际化目标，进一步明确了个人在国际化中的职责。"① 正是在充分考虑静态和动态设计的基础上，通过加强学校各部门、各学院"子系统"之间的有机对接，实现各部门之间的有效沟通，为全校营造了良好的国际化氛围。

三、活动策略

（一）推进学生流动

东京大学国际化战略明确提出，教育国际化目标就是要使东京大学符合"全球化校园"的身份，实现教师和学生的双向国际化。为此，东京大学不仅欢迎世界各地的师生来东京大学研修和学习，同时还将东京大学的师生送往世界各地学习和研修，构建教育领域的国际化网络。"2017 年，东京大学在校国际学生人数为 2940 人，占学生总数的 11%，其中大部分国际学生在攻读研究生课程。"② 为了推动学生交流，东京大学一方面鼓励学生出国交流，并根据课程的目标和体系制定国际交流体验计划。如"东京大学与瑞典皇家理工学院、瑞士联邦工科大学苏黎世分校、莱斯大学建立的'战略合作关系'，共同开展国际化工学人才交流项目，东京大学和上述学校每学期都以专门讲义和系列讲座的形式互相邀请教师为学生授课，同时双方还针对某一项目共同组织学生学习交流。"③

（二）推进课程国际化

东京大学将课程国际化作为实现教育国际化的主要载体，并从以下方面着手，推进课程国际化。首先，围绕区域性和全球性课题开设跨学科的国际化新课程。如"为了培养学生对亚洲社会文化、国际关系、传媒交流的洞察

---

① 陈君，田泽中. 日本世界一流大学的国际化战略及实践——以东京大学为例 ［J］. 高等理科教育，2017（4）：60.
② 学生注册. 资料来源于东京大学网站（访问时间：2018 年 6 月 1 日）
③ 陈君，田泽中. 日本世界一流大学的国际化战略及实践——以东京大学为例 ［J］. 高等理科教育，2017（4）：60 - 61.

力和分析力，东京大学自 2009 年起开设了亚洲信息社会课程（ITASIA），该课程不分国籍，招收希望在亚洲和世界舞台上发展的所有人员，授课语言为英语"①。其次，开设全英文教学课程。目前，东京大学开设"22 门以英语授课的研究生学位课程，其中博士学位 17 门，硕士学位 19 门，职业硕士 1 门"②。为吸引优秀学生，构建全球化校园，学校还开设了以英语授课的本科生课程，如艺术与科学学院自 2012 年 10 月开始在 Komaba 校区开设的"Komaba 英语课程（PEAK）"，以及全球科学课程（GSC）。再次，东京大学还充分利用现代信息技术开放在线课程，以突破国界限制，将最新的知识传递给世界。东京大学是日本第一所在 Coursera 平台上试运行开放网络课程的大学。自 2013 年 9 月，东京大学的两个网络开放课程，"从大爆炸到暗能量"以及"战争与和平的条件"获得了来自 150 个国家的超过 8 万人注册，其中大约 5400 人完成了其注册的课程学习。

（三）设立国际问题研究机构

东京大学通过设置专门研究机构，运用助跨学科研究等方法从事科学研究。目前，东京大学共有研究所 11 个，大学研究中心 14 个，国际高等研究所 3 个。为更好地实现自身发展使命，东京大学的研究机构通过不断加强与世界知名学术机构的合作，吸引国外研究人员，并通过开展多角度合作和全球性课题攻关等形式，致力于国际化学术研究平台的构建并发挥其作用。这些研究所还是东京大学的研究生教育机构，负责教育和培养特殊人才。如成立于 1964 年的"社会科学研究所"旨在通过系统的数据收集和高学术标准的比较研究，促进经验社会科学，支持建设"民主和爱好和平的国家"。其工作人员的学科涵盖法律、政治学、经济学和社会学等社会科学的四个学术领域，目前对日本、东亚、欧洲和美洲进行研究。此外，成立于 2004 年"可持续发展联合研究机构"是东京大学第一个跨学科研究机构。它通过将全球共同面临的普遍挑战研究与独特的地方和区域挑战相结合，致力于解决全球和地方问题。该机构还积极参与国际学术和研究网络建设，并于 2010 年

---

① 陈君，田泽中. 日本世界一流大学的国际化战略及实践——以东京大学为例 [J].
　高等理科教育，2017（4）：60－61.

② 以英语授课的研究生学位课程. 资料来源于东京大学网站（访问时间：2018 年 6 月
　1 日）

成立可持续发展科学联盟（SSC）。2009 年，主办了第一届可持续性科学国际会议，建立起了东京大学和其他国际机构的联系网络，成为该领域的全球领导者。

（四）加强国际合作

东京大学基于充分认识自身的优势基础上积极寻求海外战略合作伙伴，并与大量的海外大学建立起了超越通常学术交流性质的广泛的、互利的特殊关系。东京大学与海外大学建立的合作伙伴关系既考虑了大学的重点合作区域以及重点合作对象，又考虑到了学校发展的客观要求，东京大学选择能够与自身发展形成互补的世界一流大学开展国际合作，从而提升国际合作效率、规避不良国际竞争。目前中国清华大学、北京大学、澳大利亚国立大学、美国普林斯顿大学、英国牛津大学等 10 所大学已经成为东京大学的十个主要战略合作大学。

东京大学与其战略合作伙伴是密切、创造性和灵活的合作关系。自从与普林斯顿大学建立第一个战略合作伙伴关系以来，东京大学现在已与其他 18 所大学建立了战略合作伙伴关系，其中包括苏黎世联邦理工学院。该类型战略伙伴关系涉及研究交流、学生交流以及教职工教育项目，旨在通过联合专题讨论会和互惠交流等活动开辟学术研究的前沿领域，促进合作研究；通过积极促进学生交流，旨在培养能够参与国际活动的"全球"科学家；通过行政人员交流，为学术和学生交流提供行政支持。东京大学"还积极参与环太平洋地区各国顶级研究性大学的学术联合组织——环太平洋大学联盟（AP-RU）；由相同国际视野和相似价值取向的大学组成的高校联盟——国际研究型大学联盟（IARU）；旨在促进成员大学之间交流、为东亚研究型大学建立研究成果共享平台的东亚研究型大学协会（AEARU）；由东亚地区 4 所著名高校共同组成的教育发展论坛——东亚四大学论坛（BESETOHA）等"①。此外，"东京大学充分发挥国际人才培养机构的功能，与国外机构合作共同培养人才。如 2012 年东京大学与美国波音公司合作共同制定高等教育计划，

---

① 陈君，田泽中. 日本世界一流大学的国际化战略及实践——以东京大学为例 [J]. 高等理科教育，2017（4）：60.

由东京大学工学系研究科培养专门面向美国波音公司的专门技术人才。"①

（五）建立海外办事处

为更好地宣传学校，扩大海外影响，招收海外留学生，东京大学还在美国、中国、印度、韩国、瑞士、西班牙、意大利、法国等 15 个国家设立 29 个海外办公室（办事处）。其中，在韩国设立的"东京大学首尔国立大学办公室"主要是规划、实施和支持东京大学和首尔国立大学之间的合作研究或教育项目，同时为希望在东京大学学习的学生提供信息；对在其他州立大学学习的东京学生提供各种支持；对校友的活动提供支持；承担东京大学和首尔国立大学之间的学术交流的其他事项。此外，鉴于印度是东京大学最重要的学术伙伴关系方面最重要的国家之一，东京大学也希望更多印度学生到日本留学，在政府的推动下，2012 年，东京大学成立了东京大学印度办事处。目前，东京大学印度办事处已经成为日本大学可共享利用的海外办事处之一，并于 2014 年被日本教育、文化、体育、科学和技术部任命为日本留学协调员（印度），承担机构交流访问、日印师生交流的使命。2018 年 4 月，被日本教育、文化、体育、科学和技术部任命为"日本全球网络项目研究"。此后，东京大学印度办事处通过校友网络将其活动扩展到印度、巴基斯坦、孟加拉国、斯里兰卡和尼泊尔，成为这些国家的学生、研究人员和工业界进入日本学术界的门户。

---

① 陈君，田泽中. 日本世界一流大学的国际化战略及实践——以东京大学为例［J］. 高等理科教育，2017（4）：61.

第七章

中国大学国际化动因及策略

第一节　中国高等教育国际化综述

一、新中国成立之前，模仿移植阶段

高等教育国际化在中国并不是一个全新的事。"早在 19 世纪下半叶，当中国成为半殖民地国家时，就开始借鉴国外高等教育学术模式，特别是德国、法国、英国和日本等西方模式，建立了自己的现代高等教育体系。"① 事实上，中国高等教育国际化肇始于洋务学堂，自洋务运动以来，近代中国高等教育在国际化过程先后经历了两个阶段："1894 年到 1914 年以日为师阶段和 1915 年到 1949 年的多元开放阶段。在第一个阶段，中国高等教育无论是实践层面、制度层面还是理论层面都是以日为师，借鉴模仿日本高等教育体系；在第二阶段，由于深刻地触及和接受了现代大学的学术自由和大学自治理念，中国高等教育向外高度开放，以多种方式开展了与美、德、法等国高等教育的交流与合作。"②

在这一阶段，中国高等教育国际化学习和借鉴他国教育模式主要通过以下国际化活动予以体现。

---

① Futao Huang. "Policy and Practice of the Internationalization of Higher Education in China", Journal of Studies in International Education, Vol. 7, No. 3, 2003, P. 225.

② 陈亚玲. 高等教育国际化：中国的历史和现状 [D]. 湘潭：湘潭大学，2002：2.

（一）兴办洋务学堂

洋务学堂是洋务派为摆脱内外交困境地而采取种种努力的结果。洋务学堂旨在培养掌握近代技艺的实用人才。洋务学堂引入近代大量的自然科学、实用技术和语言文字知识作为课程教学内容，采用近代的教学组织形式和教学方法进行教学活动，聘请西方传教士讲授西学。但是，"由于洋务学堂的学生得不到社会的承认，加上顽固派的抑制和洋务派自身的局限性，洋务学堂仅仅引进了西方高等教育系统操作层面的一些具体活动方式，但这些新因素的引进打开了封建教育的缺口，标志着中国高等教育国际化的肇始。"①

（二）学生出国留学

派出学生出国留学是高等教育国际化的重要内容，是发展中国家学习他国先进经验，实现富国自强的重要方式。我国学生出国留学教育发端于1872年的幼童留美活动。中日甲午战争的惨败，掀起中国学生留学日本的热潮。此阶段，大量赴日留学的学生回国后从事基层教育，翻译大量教科书。此后，美国退还庚款余额成立教育基金，又吸引了大量的中国学生赴美求学，中国留学国别也从日本转向了美国。留美学生回国后在一定程度上促进了高等教育质量及科研水平的提高。

（三）西方在中国兴办教会大学

教会大学，是中国19世纪、20世纪的西方教会在中国开办的大学，对中国的文化、教育、科技、医学产生很大的影响，故称教会大学。"它的教学方针体现了现代文化精神，它的课程、师资、教学方法、管理等参考借鉴当时西方著名大学的通行做法，颁发西方国家认可的文凭，学生可以直接在国外就业，具有浓厚的开放的文化氛围。"② 教会大学是中西文化交流的重要场所，不少教会大学负责人都主张教会大学应吸收中西文化的精华，因而具备明显的文化传播功能。

二、新中国成立之后到1993年，借鉴学习阶段

新中国成立后，一度以俄为师。1952年开始，苏联高等教育模式被引入

---

① 陈亚玲. 高等教育国际化：中国的历史和现状［D］. 湘潭：湘潭大学，2002：3.
② 陈亚玲. 高等教育国际化：中国的历史和现状［D］. 湘潭：湘潭大学，2002：3.

中国并在很长一段时间内支配中国的高等教育发展，直至20世纪70年代末。自1978年以来，"随着开放政策和经济改革的实施，中国再次寻求西方模式，并试图将其高等教育国际化。"① 但是，此时中国学习引入的对象发生变化。根据教育部1979年的一份文件显示，"当时提倡应该大力开展英语教育，强调在不久的将来尽快从美国、日本、西德、英国、法国和其他国家引进那些更新、更好的外国教科书，这显然表明中国已经转向寻求西方和日本的学术模式而不是苏联的学术模式。"②

1978年到1992年，从政府有关教育国际化的政策法规来看，这段时间的政策法规主要涉及派遣学生、学者、海外进修留学人员，邀请外国学者和专家到中国，以及教授和学习外语，尤其是英语，反映出对专业人才和专家的迫切需求。

1978年8月，教育部（1985年更名为国家教育委员会，并于1998年再次改为教育部）发布了第一份关于派遣更多中国本科生到海外学习的重要文件。该文件定义了派遣的原则、要求和遴选方法，并强烈建议那些被选中和派往国外的人在科学、工程、农业和医学等领域学习。"为了培养更高层次的人才，1981年教育部颁布了第一个自费出国留学政策。从那时起，派遣到海外的学者和留学生分为了公费和自费两类。"③ 除了制定和颁布派遣国外学者、教师和学生的政策外，国家还出台了邀请外国教授、专家，引进和翻译外国大学教科书以及鼓励海外华人学者和学生回国的政策。

三、1993年至今，合作交流阶段

从1993年开始，随着中国学者、教职工和海外学生资源的日益增多，如何鼓励海外留学人员回国，如何吸引更多的外国留学生来华留学，如何开展跨国教育和大学课程国际化成为此阶段教育国际化的重点关注内容。"1995

---

① Futao Huang, "Policy and Practice of the Internationalization of Higher Education in China", Journal of Studies in International Education, Vol. 7 No. 3, 2003, P. 225.

② Futao Huang, "Policy and Practice of the Internationalization of Higher Education in China", Journal of Studies in International Education, Vol. 7 No. 3, 2003, P. 227.

③ Futao Huang, "Policy and Practice of the Internationalization of Higher Education in China", Journal of Studies in International Education, Vol. 7, No. 3, 2003, P. 227.

年，教育部发文鼓励中国高等教育机构与外国大学开展合作和联合运作，明确指出，与外国高等教育机构的合作应该成为中国教育政策的重要组成部分，并应该成为中国教育计划的补充部分。"① 2001 年，我国加入世界贸易组织进一步刺激了中国跨国教育进程，"2002 年教育部陈部长讲话强调，中国成为世界贸易组织成员之后，要通过吸引更多的外国学生来华，发挥中国传统文化影响力，更加广泛和更积极地向世界开放中国的教育，开拓国际教育市场"②，从而使得中国教育开始走出国门。

第二节　中国高等教育国际化的动因

一、政治动因

从近代中国高等教育产生、发展的全过程看，清政府采纳洋务派代表人物提出的"师夷长技以制夷"的主张，建立洋务学堂，向海外派遣留学生学习西方科学文化和技术，其目的就是为了挽救清政府的衰亡和中华民族的危亡，体现了强烈的政治动因。此后近一个世纪，在'教育救国'思想及相关政策的推动下，中国不断加强与海外的接触和交流，其根本立足点都是为了吸收国外先进的科学技术与管理经验，促进中国经济文化的发展，应对国家和民族的危机，具有强烈的功利性和被迫性。"无论是在清政府统治时期，还是在中华民国时期，有关高等教育改革和发展的政策大多是以政府的政治期望为依据制定的，高等教育本身的特点以及高等教育本身的发展逻辑，虽然不能说被完全忽略了，但至少可以说是不作为重要的因素予以特别考虑的。"③ "新中国成立后一直到改革开放初期，我国高等教育国际化事业获得恢复和发展，实施了一系列国际交流、合作项目，但该时期与我国合作交流

---

① Futao Huang, "Policy and Practice of the Internationalization of Higher Education in China", Journal of Studies in International Education, Vol. 7, No. 3, 2003, P. 227.

② Futao Huang, "Policy and Practice of the Internationalization of Higher Education in China", Journal of Studies in International Education, Vol. 7, No. 3, 2003, P. 227.

③ 陈亚玲. 高等教育国际化：中国的历史和现状 [D]. 湘潭：湘潭大学，2002：57.

的国家基本都是社会主义国家和地区，与欧美资本主义国家交流较少，这种局面的出现乃是受当时国内外政治形势和意识形态的影响。国际化被视为国家外交政策的辅助工具，这时期国际化动因在于国家安全，体现出鲜明的政治色彩，国际化的主体是政府。"①

二、学术动因

"20世纪80年代中叶，中国高等教育随着国际交流和合作的不断加强，在更加积极、全面地关注国际政治、经济和科技文化发展趋势的同时，开始重视和关注高等教育本身的发展逻辑和内在规律。如何提高中国高等教育水平并得到国际社会的认可，高等教育如何遵循自身的规律而改革和发展等新的问题和价值取向，开始得到人们的普遍重视和认同。"② 随着中国改革开放步伐的加快和改革开放程度的深入，以及国际政治气候的变暖，中国高等教育国际化的发展受政治因素的影响也随之减弱。教育、文化发展等因素开始主导高等教育国际化发展。加入世界贸易组织后，中国的高等教育市场逐步向国外打开，中国发展对一流人才及科技的需求同高等教育人才培养不力、科技创新不足的现实矛盾不断推动高等教育国际化，中国也需要通过与外国大学合作，引入外国教育的管理经验和人才培养方式，提升人才培养质量。与此同时，许多外国大学因自身资金匮乏，希望通过与中国高等教育的合作获得经济利益。正如有学者所言："中国希望通过与国外平等的高等教育合作与交流，尽早建成一批世界一流大学和一流学科，从而实现21世纪中叶建成高等教育强国的目标，让我国屹立于世界高等教育先进之林，实现中华民族伟大复兴的中国梦。"③ 对高等教育国际化的动因，有学者认为，"我国高等教育国际化自20世纪90年代以来，它一直以市场为导向，更多地受到全球化和全球竞争的挑战，并受高等教育'大众阶段'的需求的推动。特别是20世纪90年代中期以来，重点开展跨国高等教育，引进国外课程和

---

① 薛卫洋．中国高等教育国际化研究（1978—2012）——结合上海市为例的研究[D]．上海：华东师范大学，2013：83．

② 陈亚玲．高等教育国际化：中国的历史和现状[D]．湘潭：湘潭大学，2002：58．

③ 陆小兵，王文军，钱小龙．"双一流"战略背景下我国高等教育国际化发展反思[J]．高校教育管理 2018（1）：31．

教材，提高学术水平，提高教育科研质量，体现了学术动因。"① 如"中外合作办学项目的创办就是为了吸收、学习世界发达国家的教育发展经验，追赶世界科技、学术等方面的发展水平，谋求高等教育的大发展"②。

三、经济动因

改革开放初期，中国高等教育国际化在通过经济改革以实现"四个现代化"的观念影响下，几乎直接由中央政府主导，所以有学者提出："1978 年至 1992 年，国际化可以被视为受经济因素驱动，受政府监管。"③

随着教育作为服务业纳入世贸产品名单，教育服务行业被誉为世纪的绿色、无污染产业，不少欧美高等教育国际化发达国家纷纷将对外教育服务作为推动经济和教育发展的重要手段。对外教育服务在推动他们高等教育国际化发展的同时，也为他们带来了丰厚的经济利益回报。"我国虽是世界第一的高等教育大国，高等教育各方面的资源充足，但在教育服务贸易领域的发展仍严重不足，教育服务带来的经济收益较少，经济因素对高等教育国际化的发展推动明显不足。"④ 然而，随着中国教育市场的开放，通过引入国外教育资源，举办中外合作办学机构或项目成为中国一些大学教育国际化的重要策略。中外合作办学机构或项目学生计划单列，学费收入高，从而成为一些大学获得经济利益的重要手段。此外，一些大学还设立语言培训中心、出国留学服务中心等机构推动中外合作办学项目和机构的学生出国留学，拓展大学收入渠道，体现了在国家层面学术动因之下，大学层面教育国际化的经济动因。

综上所述，改革开放以来，中国高等教育国际化的"实施主体逐渐由'国家政府主导型'转变为'政府院校协作型'，甚至进而趋向'院校主导

---

① Futao Huang, "Policy and Practice of the Internationalization of Higher Education in China", Journal of Studies in International Education, Vol. 7, No. 3, 2003, P. 236.
② 薛卫洋. 中国高等教育国际化研究（1978—2012）——结合上海市为例的研究[D]. 上海：华东师范大学，2013：70.
③ Futao Huang, "Policy and Practice of the Internationalization of Higher Education in China", Journal of Studies in International Education, Vol. 7, No. 3, 2003, PP. 236.
④ 薛卫洋. 中国高等教育国际化研究（1978—2012）——结合上海市为例的研究[D]. 上海：华东师范大学，2013：84.

型'发展"①。与主体变迁相对应，中国高等教育国际化发展的动因也历经了政治因素主、教育发展为辅，到教育发展为主、政治因素为辅，再到教育、文化发展为主，经济、政治等多因素混合为辅的过程。总的来说，我国改革开放后高等教育国际化的动因变迁是合理的，并且越来越趋向于教育本身发展的规律要求。

第三节　中国大学国际化策略

一、方向策略

中国高等教育的生成具有明显的后发外生特征。与此类似，中国高等教育的国际化之路也有着明显的依附特点。"我国高等教育始于洋务运动，其意旨通过'师夷长技'达到'制夷'、'救国'之目的。其本质是通过向先进国家学习，来实现自我的发展。"② 改革开放以来，中国高等教育国际化继续呈现出以引入外国（西方）知识入中国的特征。长期以来，这种"追赶—跨越"模式一直是我国高等教育发展的主要模式之一。吸收国外知识、国外人才，提升国内水平、扩大国际影响，继而争创世界一流也一直是中国高等教育国际化的使命。有学者用"借力发展"来描述中国高等教育国际化的这种使命特征。借力发展有两层含义："一是指通过学习先进的海外经验、吸引优秀的海外人才来实现我国的发展，其集中体现在国内各方面水平、规格和质量的提升上；二是指立足本土并利用已经消化、吸收的国外先进经验进行再创新、创造，其集中体现在自主创新和国际影响力的提升上。"③ 此模式的高等教育国际化主要受教育输入方向策略的引导。

---

① 薛卫洋. 中国高等教育国际化研究（1978—2012）——结合上海市为例的研究［D］. 上海：华东师范大学，2013：84.
② 陈·巴特尔，郭立强. "一带一路"建设背景下我国高等教育国际化的转型与升级［J］. 国家教育行政学院学报，2018（3）：10.
③ 陈·巴特尔，郭立强. "一带一路"建设背景下我国高等教育国际化的转型与升级［J］. 国家教育行政学院学报，2018（3）：10.

高等教育国际化的教育输入方向策略还通过来华留学学生数和分布情况得以体现。改革开放以来，我国政府十分重视留学生教育，一方面扩大开放，鼓励国内学生出国留学，另一方面也积极创造宽松的环境吸引他国留学生来华留学。虽然这两项工作都取得了明显的成就，但来华留学生教育与西方发达国家相比还存在着很大的差距。首先，从外国留学生所学专业来看，外国留学生主要是被中国的文化魅力和独特的工艺所吸引而来华，所以来华留学生的学科分布面不宽，语言生占的比例很高，而发达国家的外国留学生广泛分布在人文、商学、理工和管理等学科领域。其次，从外国留学生培养层次上来看，发达国家已发展到以研究生为主，本科生、进修生为辅，"以美国为例，外国留学生中研究生所占的比例特别引人注目，加州大学系统内外国研究生与本科生之比为 2.5：1，宾州大学的两者之比为 3：1，美国常春藤联合会员院校两者之比高达 4.3：1。"① 而来我国留学的外国留学生则主要从事本科及以下层次的学习。

从 21 世纪初开始，中国高等教育国际化开始越来越重视向世界出口中国知识，体现了教育输入与教育输出并重的双向方向策略。"2008 年，来华留学人员约 22.3 万人，历史性地超过了出国留学人数 17.98 万，2010 年来华留学人数达到 26.5 万人，成为招收国际学生排名前十的国家之一。"② 此外，孔子学院项目是中国高等教育国际化双向策略的另一体现，是展示中国文化软实力的重要载体，也是中国促进国际交流与合作，扩大其全球影响力的重要渠道。

二、组织策略

中国教育国际交流协议曾选取全国 649 所高校，对它们的国际化组织策略进行调查，调查内容包括国际化战略、组织与管理、教师、学生、课程与教学、科研、中外合作办学、境外办学、国际交流与合作 9 个方面的 57 项指标。2016 年，中国教育国际交流协会根据调查结果，发布了《2015 高等教

① 陈亚玲. 高等教育国际化：中国的历史和现状［D］. 湘潭：湘潭大学，2002：51-52.

② Yang Rui, "China's Strategy for the Internationalization of Higher Education", An Overview Front. Educ. China, Vol. 9, No. 2, 2014, P. 158.

育国际化发展状况调查报告》，报告显示，被调查的"绝大多数高校对国际化发展战略给予重视，其中95%的学校在其发展战略规划中对本校的国际化发展提出了明确的要求；93%的高校制定了国际化发展战略目标；89.7%的学校根据国际化发展战略目标制定了中长期规划和实施方案。大多数高校有着比较完善的国际化组织与管理机制，其中：86.5%的学校设置了国际化工作委员会或领导小组；75%的学校建立了国际化推进办公室，在国际化相关规章制定建设方面表现更加积极；95.5%的学校制定了一套完善的与国际化发展相关的规章制度；96.4%的学校能根据国际化发展需求和制度的执行情况，定期修订和完善外事管理规定"①。

2014年对广东高校教育国际化的调查数据也显示，"69.6%的受访高校在回答对国际化'重视程度'时，认为'非常重视'，26.1%的受访高校认为'比较重视'；对'发展规划和实施情况'的回答差异性比较大，34.8%的学校选择'有独立的国际化发展规划，并有具体目标和实施方案'；21.7%的学校选择'国际化发展是学校发展规划的重要内容之一，有明确的规划，并有具体的目标和实施方案'；17.4%选择'有规划并能初步落实'；13%的学校选择'无规划'。"领导国际化活动的人员海外经历也与国际化成败直接相关，从调查得出的对"'校领导海外经历'的数据分析结果显示：办学层次较高的大学的校领导拥有一年以上海外工作和学习经历的比例远远高于其他大学，最高比例达81.8%，最低比例为0.0%。985、211和省属211大学校领导拥有一年以上海外工作和学习经历的比例最低为54.5%，该项指标的地域特征不明显"。此外，校级层面对国际化的组织领导也是衡量大学国际化组织实施情况的重要因素，从对"'学校国际化发展管理制度建设情况'数据的分析结果显示，办学层次、地域分布与学校是否重视国际化发展管理制度建设没有非常明显的联系，有超过一半的大学没有国际化工作委员会或领导小组开展工作的相关制度，三分之二的大学没有制定应急反应预案"②。

---

① 陆小兵，王文军，钱小龙."双一流"战略背景下我国高等教育国际化发展反思[J].高校教育管理，2018（1）：30.
② 罗剑平，周慧，胡罡.广东高等教育国际化提升策略研究［J］.吉首大学学报（社会科学版），2017，38（2）：111.

三、活动策略

（一）派出学生出国留学

1978 年 6 月 23 日，邓小平在听取了教育部工作汇报后表示："我赞成留学生的数量增大，主要搞自然科学……要成千成万地派，不是只派十个八个……教育部要有一个专管留学生的班子。"18 天后，教育部向中央提交了《关于加大选派留学生数量的报告》，报告提出了一个与"扩大派遣"意见一致的 3000 人派遣计划。当年 8 月，教育部印发《关于增选出国留学生的通知》，确定 1978 年出国留学生名额增至 3000 人。由此，一场中国近现代以来规模最大的出国留学热潮悄然掀起。1981 年，留学生派出规模达到 2925 人，此后，留学生数量持续增长到 1985 年。1985 年后，留学生人数有了下降，1991 年之后，又进入高速发展阶段。具体见图 7.1。

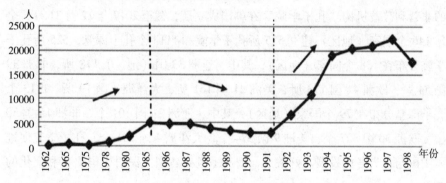

图 7.1　1962—1998 年各类出国留学人数

资料来源：中国统计年鉴 2008 年，第 644 页。

20 世纪末，中国已经建立了比较完善的出国留学政策体系，留学政策步入了法制化和规范化的道路。21 世纪以来，出国留学政策没有大的方向性调整，不过随着"科教兴国、人才强国"战略的提出以及社会发展对高端创新人才、学术骨干、学术带头人的需求，国家留学基金管理委员会陆续采取了一些新的政策项目推动出国留学。如为加大西部地区人才培养力度，教育部2002 年制定实施了"西部地区人才培养特别项目"；2003 年 10 月，教育部设立"国家优秀自费留学生奖学金"；2007 年国务院批准设立《国家建设高水平公派研究生项目》。此外，由于国家实行宽松的自费出国留学政策，加之其他经济、学术原因，自费出国留学在21世纪快速发展，自费留学生群体构成我国出国留学群体的绝对主体。目前，中国成为全球留学生最大生源国。

（二）境外办学

在引进国外知名大学来中国创办分校的同时，中国大学也在积极顺应世界高等教育发展趋势，走出国门到海外创办分校。2003年，全国共有20多所大学和机构到境外办学，办学区域大多分布在新加坡、马来西亚、日本、英国等国家，境外办学专业主要集中在汉语言文学、中医药学等优势传统学科。

进入21世纪，中国境外办学依托对外汉语教育工作取得巨大进展，中国开始在国外设立专门的汉语教学机构——孔子学院（孔子课堂），并很快得以发展。自2004年11月全球首家以教授汉语和传播中华民族文化为宗旨的非营利公益机构"孔子学院"在韩国成立后，截至2017年12月31日，全球146个国家（地区）建立525所孔子学院和1113个孔子课堂。525所孔子学院分布在138个国家（地区），其中，亚洲33国（地区）118所，非洲39国54所，欧洲41国173所，美洲21国161所，大洋洲4国19所。1113个孔子课堂分布在79个国家（地区），其中，亚洲21国101个，非洲15国30个，欧洲30国307个，美洲9国574个，大洋洲4国101个。孔子学院促进了中国与世界各国发展友好关系，增进了世界各国人民对中国语言和文化的理解。

（三）接受来华留学生

接受和培养外国留学生既是国家利益的需要，也是促进大学的国际性和开放性，提高大学国际知名度、促进师资队伍建设、学科建设和提高教学科研水平的重要方式。接收和培养来华留学生是教育国际化的重要组成部分。"改革开放之前，虽有部分国家向我国派遣留学生，但规模偏小，类型较为单一，生源质量较差，来华留学层次也较低，我国接受外国留学生的高等院校也较少。自1973年恢复招收外国留学生到1978年年底，我国高校共接受了来自80个国家和地区的2498名留学生。1979年3月20日，教育部、外交部联合发出《关于1979年接受外国留学生的通知》，文件指出开展来华留学生工作需秉承：'坚持标准、择优录取、创造条件、逐步增加'的方针，要求全国各招收来华留学生单位，以国内高等学校考试的标准录取来华留学生，在以教学工作为中心的同时，需搞好对外国留学生的管理工作。相对于改革开放之前，1978 年至 1984 年期间，来华留学生的人数逐年稳步增高，来华留学生类型呈现多样化。"①

改革开放以来，派遣来华留学生的国家数量不断增加，特别是 1991 年以后，中国政府陆续颁布了一系列留学生教育、管理政策，使得留学生教育制度日趋完善，中国来华留学生教育进入快速发展期。"到 20 世纪末，由于建设世界一流大学政策的推动，中国高等院校普遍将国际化作为学校建设的重要策略，招收海外留学生从'被动'转为'主动'，也使得海外留学生数量进入高速发展期。"② 2010 年，教育部公布面向未来 10 年的《留学中国计划》。该计划提出，到 2020 年，使中国成为亚洲最大的留学目的地国家，接受高等学历教育的留学生达到 15 万人。随后，在政府奖学金及一系列政策推动下，到中国留学生的学生数量快速增长。"2017 年共有来自 204 个国家和地区的 48.92 万名外国留学生在中国 31 个省、自治区、直辖市的 935 所高等院校学习，其中硕士和博士研究生共计约 7.58 万人，比 2016 年增加 18.62%，学历生 24.15 万人，占总数的 49.38%，同比增幅 15.04%。随着留学生规模的持续扩大，中国已是亚洲最大留学目的国。据统计，前 10 位生源国依次为韩国、泰国、巴基斯坦、美国、印度、俄罗斯、日本、印度尼西亚、哈萨克斯坦和老挝。'一带一路'沿线国家留学生 31.72 万人，占总人数的 64.85%，增幅达 11.58%，高于各国平均增速。北京、上海、江苏、浙江等东部 11 省市留学生共计 34.19 万人，占总数的 69.88%。2017 年来华留学生中，自费生达 43.06 万人，占总数的 88.03%。"③

（四）引进海外人才

改革开放以来，我国出国留学政策一直以为中国国内培养经济建设与社

---

① 薛卫洋．中国高等教育国际化研究（1978—2012）——结合上海市为例的研究［D］．上海：华东师范大学，2013：26 - 27.

② 金帷．改革开放以来中国高等教育国际化政策的嬗变：基于数据与政策的联结［J］．中国人民大学教育学刊，2012（4）：38.

③ 来华留学工作向高层次高质量发展，资料来源于中华人民共和国教育部门户网站（访问时间：2018 年 6 月 7 日）

会发展所需人才为导向，派出人才学习和研究国外先进技术和管理经验。因此，如何提高留学效益，使更多的留学人员回国贡献，是出国留学政策的核心内容之一。"由于改革开放后第一批派出人员主要为访问学者和进修人员，留学期限大多为 1~2 年。随着派出人员增加，大批留学人员滞留海外引起社会各界对留学人员回国工作问题的重视。为此，从 1981 年开始，我国政府就制定了一系列政策性文件规范和吸引海外留学人员回国，并建立了一套吸引海外人才尤其是高层次海外留学人才回国的政策体系。"①

（五）举办中外合作办学项目

20 世纪 50 年代初，我国废除了所有外国大学、外国宗教团体和政府资助的大学，直到 20 世纪 80 年代中期，外国大学或组织都被严格禁止在中国招收任何学生，他们也无法进行任何形式的跨国高等教育。

从 20 世纪 80 年代中期开始，中国开始推进跨国教育（中外合作办学，即中外合作开办或管理高等教育机构）。"到 1989 年，中国只有两所大学正式与外国大学开展合作。第一个是由中国和美国政府资助的约翰霍普金斯大学——南京大学中美研究中心，该中心成立于 1986 年 9 月；另一个是北京歌德学院，这是北京外国语大学和德国歌德学院合作的成果，它为中国教师和学生开展德语培训，并介绍了德国各方面的文化。"②

1993 年和 1995 年，原国家教育委员会先后发布了《关于境外机构的个人来华合作办学问题的通知》《中外合作办学暂行规定》，这两个文件构成了我国中外合作办学政策的基本框架。1996 年又颁布了《关于加强中外合作办学活动中学位授予管理的通知》，用于规范学位授予。这三份文件为处于摸索阶段的中外合作办学提供了一定的制度性规范，为外国大学在中国兴办教育指明了方向，推动了中外合作办学的发展。2003 年《中华人民共和国中外合作办学条例实施办法》和 2004 年公布的《中华人民共和国中外合作办学条例》使中外合作办学迈入了法制化阶段。2004 年 9 月又颁布了《关于设立和举办实施本科以上高等学历教育的中外合作办学机构和项目申请受理工作

---

① 金帷. 改革开放以来中国高等教育国际化政策的嬗变：基于数据与政策的联结 [J]. 中国人民大学教育学刊，2012（4）：40.

② Futao Huang，"Policy and Practice of the Internationalization of Higher Education in China"，Journal of Studies in International Education，Vol. 7 No. 3，2003，P. 232.

有关规定的通知》，同年 10 月又发布了《关于发布〈中外合作办学项目备案和项目批准书编号办法（试行）〉的通知》和《关于启用中外合作办学许可证和中外合作办学项目批准书的通知》，2006 年教育部发布了《关于当前中外合作办学若干问题的意见》，2007 年教育部又发出了《教育部关于进一步规范中外合作办学秩序的通知》。这一系列文件对中外合作办学运行管理问题提出了明确要求，保障了中外合作办学走上规范化道路，促进了中外合作办学的稳定健康发展。

截至 2017 年 6 月，通过教育部复核的硕士及以上层次教育的中外合作办学机构有 42 所，项目 223 个，本科教育中外合作办学机构 69 所，项目 929 个。

（六）课程国际化

开展全英文教学或双语教学。根据"教育部提出的从 2002 年开始，5% 到 10% 的本科教学应用中文和英文进行，在未来五年中可能会使用英文教科书"[1] 的规定，越来越多的中国高等教育机构开始在大学中使用英语或双语教学和研究活动。当前，随着一流大学的建设推进，一些大学加快了全英文教学改革步伐，如"东南大学就开设有 7 个全英文教学专业，建成了 150 余门全英文授课课程，建设 250 门高质量双语课程"[2]。开设有国际问题相关内容的专业和课程。随着我国对外开放的扩大，经济体制和结构逐渐与国际接轨，"我国高校的专业结构也发生了变化，大量设置了有关外国历史与文化、国际关系、国际贸易、国际金融和国际会计等课程"[3]。同时，一些高校在原有专业课程里也增加了国际化的教学内容。

---

[1] 转引自 Futao Huang, "Policy and Practice of the Internationalization of Higher Education in China", Journal of Studies in International Education, Vol. 7, No. 3, 2003, P. 234.

[2] 东南大学多措并举深化人才培养模式改革. 2018 年 9 月 27 日发布，中华人民共和国教育部门户网站，访问时间：2019 年 2 月 1 日.

[3] 陈亚玲. 高等教育国际化：中国的历史和现状［D］. 湘潭：湘潭大学，2002：51.

第四节 中国大学国际化的问题

一、教育输入大于教育输出

中国加入世界贸易组织为中国跨国教育项目特别是中外大学联合举办教育项目的发展提供了新的动力。通过运用教育文化"软实力"以扩大中国影响力不仅是中国教育出口的新重点，也是中国高校获得经济收入的来源。但是，中国高等教育在"走出去"的成效上表现欠佳。"我国高校在专任教师的海外教育背景、师生国际学术交流、中外合作办学等教育输入指标上的表现优于外国留学生课程与教学国际化、境外办学等教育输出指标上的表现。"①

二、语言障碍

随着中国经济快速发展长以及中国庞大市场提供的广泛就业机会，来中国留学的重要性已被越来越多的留学生所认识，但是由于中文并不是世界通用语言，要到中国留学首先要克服汉语这一障碍，让很多留学生望而却步。从来中国留学的学生所选专业和课程来看，大多数留学生来中国就是为了学习语言和一些商业课程，大多数大学也向留学生提供时间长短不一的中文课程。由于语言原因，虽然留学中国的学费比较便宜，中国政府为最大程度刺激外国学生到中国，也不断提高奖金学金额，但很多留学生来中国学习也不能接受全方位系统的高等教育。为解决语言障碍，中国很多大学也积极开展全英文教学或举办双语教学项目或学位，但是此类项目或学位的教学质量也一度引发争议。此外，由于语言障碍，中国学者也很难走上国际学术平台，交流学术研究成果。这些都在一定程度上阻碍了中国高等教育国际化的深入发展。

---

① 陆小兵，王文军，钱小龙．"双一流"战略背景下我国高等教育国际化发展反思[J]．高校教育管理，2018（1）：30.

三、发展不平衡

改革开放以来，中国高等教育国际化取得了长足进展，但发展的不平衡性十分突出，主要表现在以下三个层面。

首先，中国各个地区在高等教育国际化发展程度方面的差异较为明显。从 2016 年来华留学生分布情况来看，2016 年共有 44 万留学生来华留学，其中北京市来华留学生为 7.7234 万人，占 17.6%；上海市来华留学生为 5.9887 万人，占 13.6%；江苏省来华留学生人数为 3.2228 万人，占 7.32%；浙江省来华留学生人数为 3.0108 万人，占 6.8%；天津市来华留学生人数为 2.6564 万人，占 6%。2017 年，北京、上海、江苏、浙江等东部 11 省市来华留学生共计 34.19 万人，占总数的 69.88%，而全国其他大部分省市只接受于不到一半的留学生。

其次，不同大学教育国际化水平存在差异。根据中国教育在线和来华留学网发布的《2014 年来华留学调查报告》统计显示，2015 年，中国 50 所重点大学招收留学生人数比例占到来华留学生总人数比例的 77%，而数量更多的普通高校仅占 23%，这些普通高校招收留学生仍面临困难。从 2010 年到 2014 年，50 所重点大学申请拒绝率升高，接近 15 个百分点，而普通高校学历专业录取率平均可达 91.50%，仍处于追逐招生数量阶段。

再次，不同学科的教育国际化程度也有差异。根据《中国留学发展报告（2016 年）》显示，来华留学生教育虽然取得了长足的进步，但其专业主要集中在汉语语言、人文社科和中医等传统的专业方向，理工类专业留学生在来华留学生中所占比例较低，总体规模较小，发展也相对缓慢。2009 年，全国 619 所高等院校共接收来华留学生 23.81 万人，而工科类留学生仅为 1.16 万人，占来华留学生总人数的 4.9%。2012 年，来华留学生分布在 12 个学科专业，工科、理科比例虽有所提升，但也仅占 7.69%。造成这一现象的主要原因在于我国科技教育领域在世界范围的声望和影响还难以吸引世界范围内学子的广泛关注，同时由于国内的高等教育尚未与国际完全接轨，理工类专业学历教育普遍存在国际化程度不够、专业学科设置存在结构性问题、现行培养方案与国际接轨程度较低的状况，从而无法满足理工类来华留学生的需求，导致了理工类来华留学生的规模及层次发展受限。但是，随着高等教育国际化的推进，我国理工类学科国际地位有了提升。2017 年来华留学学习文科专业的学生虽仍然排在首位，占总数的 48.45％，但学习工科、管理、理科、艺术、农学的学生数量有了增长，同比增幅超过 20％。

第五节　中国大学国际化案例

——以重庆交通大学为例

一、重庆交通大学概况

重庆交通大学位于中国西部直辖市重庆，是一所交通行业特色鲜明、以工为主的多科性大学。1951 年，根据毛泽东指示，为修建康藏公路、建设大西南，刘伯承、邓小平领导的西南军政委员会创办学校，时名西南交通专科学校。1960 年，组建重庆交通学院，成都工学院土木系、四川冶金学院冶金系、武汉水运学院水工系等相继并入。2000 年，学校由交通部划转重庆市管理，2006 年，更名重庆交通大学。现为交通运输部与重庆市共建高校。

学校学科专业交通特色鲜明，现有交通运输工程、水利工程、管理科学与工程、土木工程等 4 个一级学科博士学位授权点，土木工程、交通运输工程、水利工程等 3 个博士后科研流动站，有土木工程、机械工程等 16 个一级学科硕士学位授权点，设有土木工程学院、河海学院、交通运输学院等 19 个学院，有 62 个普通本科专业。土木工程、港口航道与海岸工程、交通运输等 3 个国家特色专业通过工程教育专业认证，水利水电工程等 7 个专业获批教育部"卓越工程师教育培养计划"试点专业，有重庆市"三特行动计划"特色专业 15 个、特色学科专业群 7 个。

重庆交通大学地理位置偏僻，国际化起步晚，国际知名度低。2010 年，学校"十二五"改革发展规划提出了国际化战略的总体要求，之后学校国际处、发展规划处开展了国际化战略研究。针对学校在推进教育国际化中存在的国际化资源不足、意识不强、国际化活动零碎分散等意识不足、机制不灵、质量不高问题，学校从方向、组织和活动策略三个方面认真规划了学校的国际化活动策略，取得了显著成效。目前，重庆交通大学国际化成果丰硕,倡议成立"一带一路"中波大学联盟,是中俄交通大学联盟核心成员,开办贝宁孔子学院,设有教育部备案的欧洲研究中心、贝宁研究中心,与欧美等海外 50 多所高校开展交流合作。重庆交通大学还设有汉语国际教育本科专业和 5 个全英文专业,是"中国政府奖学金"委托培养大学,面向世界各国招收留学生,开设有 6 个中外合作办学项目。重庆交通大学实施国际化的条件和环境是中国西部地方行业高校实施国际化普遍面临的情况,其成功实施国际化的策略也具有一定的借鉴性。

二、方向策略

国际化教育资源稀缺,特色不足是重庆交通大学国际化人才培养工作需要解决的首要问题。为此,重庆交通大学的国际化主要通过大力引进国外合作院校的优质教育资源、国外的优秀留学生资源并充分吸纳涉外行业的行业资源,结合校内多年办学积累的优势、特色、专业资源进行整合提升,改革教育教学计划和课程体系,以适应国际化人才培养需求,主要体现了教育输入方向策略。

三、组织策略

(一)国际化战略

重庆交通大学将国际化战略纳入《重庆交通大学章程》,专门制定了国际合作与交流专项规划,并纳入学校事业总体规划。为了让全校各个部门参与教育国际化,学校在学院年度考核办法中专门列出国际化指标体系,国际化活动成为学院年度考核的重要依据。教师的国际化活动作为教师聘任和职称评审的基本条件,使国际化总体规划与院系、个人目标相结合,确保国际化战略得到有效实施。

(二)组织和人员

为推动教育国际化进程,学校人事处、学工部、研究生院、科技处、教务处深度参与国际化人才培养工作实践。学校成立了专门的国际合作与交流处,负责学校国际交流、公派出国、留学生管理、汉语推广等全校国际化事宜。国际合作与交流处由学校校长分管和领导,便于统一支配全校资源。此外,为推动学校国际化事业发展进程,2011 年,学校还成立国际学院。国际学院负责全校的中外合作办学项目管理、全英文教学专业管理、留学生教育管理、国际科研平台管理，形成教学实体加部分管理职能的新型（试验区）学院。国际学院汇聚全校国际化优质资源，学校从政策和资源上向国际学院注入各种资源，从而使国际学院很快成为国际化人才培养中心。国际学院依托中外合作办学项目、留学生管理、国际科研平台，大力推进国际化教育教学改革和研究，探索国际化人才培养方式、方法，积累教育教学改革经验，并在校内逐步推广，有效带动学校整体国际化水平提升。

国际学院成立初期，立足学校土木工程、航海技术等6个优势学科专业，引入英国、澳大利亚多所大学课程、教材、师资等优质教育资源，开设6个中外合作办学项目，项目学生很快超过1000人。利用机械设计制造及其自动化等优势学科专业资源，举办4个留学生全英文教学专业，招收留学生。2017年，在校外国留学生超过400人。设立教师出国留学专门项目，大力推动公派出国留学，2013年至2018年公派出国留学交流教师超过500人；2017年，学校设立100万元/年的出国留学交流基金，构建多元化的学生出国交流学习项目。

国际学院还联合中外13个高校、企业创立新丝绸之路国际联合研究中心，新丝绸之路国际联合研究中心是为学校科研国际合作平台，充分发挥了国际科研合作对国际化人才培养的推动作用。

为解决国际化人才培养体系封闭、主体散问题，学校出台《中外合作办学管理规定》等文件，构建保障国际化人才培养的两个机制。一是国际处主导下的国际合作与交流机制，着力打通国际合作渠道，迅速融合中外教育资源和科研资源，并用协议的方式固定下来，强力破解过去相对封闭的办学状态，解决各学院离散的、单个的国际合作问题。二是教务处组织下的学院合作机制，利用行政力量，解决国际学院与专业学院校内教学资源的有效分配和利用，推动各专业学院增强国际化意识和提升教学水平。

四、活动策略

（一）举办国际化人才培养教改班

学校为快速启动国际化人才培养，在引入国外合作院校优质教育资源的基础上，改革学校优势特色专业的人才培养方案，举办国际化人才培养教改班。国际化人才培养教改班推行 4 个 1/3，即引入外方课程占全部课程 1/3 以上，引入外方专业核心课程占核心课程的 1/3 以上，外方教师担任课程门数占全部课程数的 1/3 以上，外方教师教学时数占总学时数 1/3 以上，确保人才培养国际化特色。除此之外，还开设"海外项目管理人才班""CIMA"国际管理会计班，使更多的校内学生能接受国际化教育。

（二）举办中外合作办学项目

学校在前期教改班探索的基础上，立足土木工程、航海技术等 6 个优势学科专业，引入英国、澳大利亚多所大学课程、教材、师资等优质教育资源，开设 6 个中外合作办学项目。截至 2018 年 9 月，学校已累计培养 3000 余名中外合作办学项目学生。

（三）开设全英文教学专业

为扩大留学生招生规模，学校利用机械设计制造及其自动化等优势学科专业资源，举办全英文教学依托全英文教学，招收留学生，克服语言学习障碍。2018—2019 学年，全英文教学层次已包括本科和研究生，在校外国留学生已超过 1000 人。

（四）设立孔子学院

2009 年，由重庆交通大学和贝宁阿波美卡拉维大学共同承办的贝宁阿波美卡拉维大学孔子学院正式成立。孔子学院不仅为西非国家贝宁培养了众多中文人才，而且通过举办多种多样的活动，使中文和中国文化得到贝宁普通民众的接受和喜爱，为中贝文化交流架起一座桥梁。截至 2015 年，重庆交通大学贝宁孔子学院开设 11 个汉语教学点，其中 6 个教学点汉语课程纳入大学的学分选修课，学生注册人数达 3200 多人。贝宁孔子学院的教学一方面结合学校工程领域特色优势专业，注重实用课程开发，开设了商务汉语班、工程汉语班等课程；另一方面，加强与贝宁中资企业的合作，促进汉语教学与职业发展深度融合，遴选孔子学院优秀学生到中资机构实习就业。贝宁孔子学院成立至今，共推荐一百多名优秀学生到厦门大学、武汉大学、重庆交通大学、重庆师范大学、陕西师范大学等大学学习，并组织了 400 多名学生参加汉语水平考试。除培养中文人才外，孔子学院走进社区、教堂及儿童村，开展武术、书法、烹饪等中华文化体验及汉语教学活动，增加贝宁民众对中华文化的了解和学习汉语的兴趣。

（五）设立国际问题研究中心

学校与欧洲、美国、日本、波兰等多家和地区的50多所高等教育机构建立合作联系，倡议成立了"一带一路"中波大学联盟，是中俄交通大学联盟核心成员；设有教育部备案的欧洲研究中心、贝宁研究中心；搭建校企合作平台，与中铁、中交等涉外行业公司深度合作。通过与国外高校，企业共建研究中心推动全球性问题研究进程，提升学校国际声誉。

（六）推动师生交流

设立教师出国留学专门项目，大力推动公派出国留学，2013年至2018年公派出国留学交流教师超过500人；设立100万元/年的出国留学交流基金，构建多元化的学生出国交流学习项目。积极招收留学生，2017年，在校外国留学生数量已达400余人。

第八章

"一带一路"倡议下中国大学国际化的
动因及策略

第一节　"一带一路"倡议的政治、
经济、社会和文化意义

　　"新丝绸之路经济带"和"21世纪海上丝绸之路"（简称"一带一路"）最初是习近平总书记在2013年9月访问哈萨克斯坦期间和10月访问印尼期间提出的倡议。2015年2月，在北京召开了推进"一带一路"建设的工作会议并成立了领导小组。同年3月，习近平总书记在博鳌亚洲论坛开幕式演讲中又再次强调了"一带一路"的具体内涵，随后国家发改委、外交部、商务部联合发布了《推动共建丝绸之路和21世纪海上丝绸之路的愿景和行动》。"一带一路"并不是一个实体和机制，而是共同合作发展的理念、蓝图和倡议。"一带一路"倡议的提出具有深远的经济、政治、文化和社会意义。

一、经济意义

　　纵观国际，当前全球经济仍然处于低谷，区域保护主义日渐兴起，中国经济改革发展的当务之急是对外打通渠道，消化国内产能过剩，推动产业结构转型升级；对内全面深化改革，找到经济增长的持续动力，减少产业结构转型升级压力。"一带一路"倡议的提出切合现有国内外经济形势，是中国进入中等收入水平之后，想要推动经济可持续发展应采取的一个强有力的促推战略。

（一）推动中国经济融入全球经济体系

"一带一路"的东端，是全球经济发展最有潜力的东亚地区，西端是发达的欧洲经济圈。中亚、西亚、东南亚、南亚等广大地区发展潜力很大，但由于现有发展基础薄弱，社会发展要求十分迫切，自身发展动力又不足，在一定程度上成为欧亚之间的"经济塌陷区"。"一带一路"倡议构想旨在通过基础设施、资源能源、投资贸易等方面的深度融合，构建"一带一路"沿线国家利益共享的区域资源保障体系和产业分工体系，促进沿线国家调整产业结构，发展经济，最终形成彼此相互支撑与扶持、互利共赢的经济共同体。中国作为"一带一路"倡议的提出国和发起国家，通过与沿线国家一起构建相互支撑的经济共同体，可以更好地参与到全球经济中去。

（二）促进中国区域经济协调平衡发展

区域发展不平衡性是中国经济发展最突出的结构性矛盾之一。"一带一路"倡议涵盖了"两个核心、两个枢纽、7 个高地、15 个港口和 18 个省份"。东西部各个地区、省份在"一带一路"倡议中均有不同的定位和任务。中国东部可以凭借其资金和技术优势，利用"中国—东盟"合作关系，进一步扩大开放，加深与东盟各国的互利合作，借助外围推动产业升级转型。中国西部地区可以抓住其作为中国与东亚地区重要资源往来的战略通道机遇，构建铁路、公路、航空等组成的交通运输网络，获得进一步发展。中国东北地区可充分利用其毗邻欧亚大陆的地理优势，抢抓发展机遇，加紧对外经济合作，扩大对外开放程度。

（三）开启中国经济新常态发展的引擎

"一带一路"沿线国家总人口约 44 亿，经济总量约 21 万亿美元，分别约占全球的 63% 和 29%。2013 年中国与"一带一路"沿线国家的贸易额超过 1 万亿美元，占中国外贸总额的 1/4，对沿线国家直接投资占中国对外直接投资总额的 16%，在沿线国家承包工程营业额占中国对外承包工程总额的一半。目前，中国是不少沿线国家的最大贸易伙伴、最大出口市场和主要投资来源地。过去 10 年，中国与沿线国家贸易额年均增长 19%，对沿线国家直接投资年均增长 46%，均明显高于同期中国对外贸易、对外直接投资总体年均增速。"一带一路"倡议的实施为中国企业"走出去"和"引进来"，实现要素和资源的全球流动和全球配置提供了更多选择和更大空间。"一带一路"倡议也为沿线各国参与中国市场发展,搭乘中国经济发展的快车提供了更为便捷的通道。由此可见,"一带一路"倡议是中国与沿线国家实现优势互补,资源共享的重要途径,有利于中国实现产业转移,有利于带动沿线国家产业发展。

(四)全面构建中国开放型经济新体制的重大战略

经过30多年的改革开放,中国已经深度融入全球经济发展体系之中。当前全球国际经济规则正处于重构过程中。西方发达国家借助规则体系在全球新经济格局中继续占据优势地位。"一带一路"倡议的深入推进有利于中国抢抓国际规则体系重构机遇,积极参与国际经贸规则制定过程,争取全球经济治理制度性权力。由于"一带一路"平台上涉及诸多贸易规则安排,"中国—东盟(10+1)"、上海合作组织、亚太经合组织等多个区域合作机制安排,随着"一带一路"倡议的深入推进,中国与新兴经济体和发展中国家可以进一步深化合作。通过推进"一带一路"倡议,中国也可以汇集更多发展诉求,总结更多发展经验,树立自己的发展模式,真正参与和引领国际规则的重构,为增加国际经济规则中的"发展成分"和"非西方因素"贡献自身力量。

二、社会意义

我国著名史学家吴于廑先生认为,"人类发展的历史分为纵向发展和横向发展两个方面。纵向发展是指人类的生产方式由低级发展到高级以及由此引起的社会形态的改变,即社会形态、社会制度的变革;横向发展是指人类社会的发展过程是一个各个地区由闭塞变为开放,由分散变为紧密相连,最终发展成为一个整体的过程;世界的整体发展又加快了世界历史的发展进程"[1]。"吴于廑先生整体世界史观阐明在人类历史纵向发展的基础上,注意考察人类历史的横向发展,并阐述了纵向与横向发展的相互促进关系,打破了西方史学思想中长期占据主流地位的'欧洲中心论',有利于正确评价各

---

① 刘景华. 吴于廑先生对整体世界史观学术渊源的探讨 [J]. 武汉大学学报(人文科学版),2013(6):32.

种文明在世界历史进程中的地位与贡献，准确预测未来的历史发展趋势，是对马克思主义史学的系统完整诠释。"①

整体世界观认为，随着历史的发展，世界上各个地区将会从彼此分散状态逐渐变为紧密相连、相互依存的整体。世界历史从分散发展到整体发展是人类社会从低级向高级演进的标志。"一带一路"倡议构想把恪守联合国宪章的宗旨和原则、遵守和平共处五项原则作为其基础，坚持开放合作、和谐包容、市场运作和互利共赢，不以意识形态、经济发展程度等作为限制条件，对所有的沿线国家一视同仁，体现出了开放性和公平性。这一原则有利于打破各种壁垒阻隔，促进世界各国的合作和协作，将沿线各国纳入全球体系，符合整体世界观理念，也符合世界历史整体发展趋向，是世界历史整体发展到和平、发展、合作、共赢新时期的产物。

中国提出的"一带一路"倡议向世界展现出中国和平发展、开放包容、互利共赢的价值理念和负责任的国家形象，必将赢得国际社会对中国崛起的认同和尊重。2016 年 1 月，习近平总书记在访问埃及时发表文章指出，"我们欢迎埃及和其他阿拉伯国家搭乘中国发展的便车、快车，实现双方协同发展和联动增长"。表达了中国欢迎世界上所有国家"搭乘中国发展的便车、快车"的愿望。"这种价值理念不同于居高临下、轻视其他文明的价值观。中国在'一带一路'输出中国价值观时，也欢迎各国向中国展示他们独特的传统和价值观，从而使各种文化相互交融、相互借鉴、共同发展。"②

三、政治意义

改革开放以来，党和国家领导人在对国际局势准确判断的基础上，提出要以经济建设为中心，实行改革开放。改革开放至今已经走过了 40 个春秋，取得了举世瞩目的成绩，中国成为世界第二大经济体。当前，我们已经进入全面决胜小康社会的阶段，正在为实现"两个一百年"的目标做准备。此时此刻，营造一个和平友好的国际环境对中国尤为重要。而"'一带一路'倡

---

① 胡德坤，邢伟旌."一带一路"战略构想对世界历史发展的积极意义［J］．武汉大学学报（人文科学版），2017（1）：17.
② 胡德坤，邢伟旌."一带一路"战略构想对世界历史发展的积极意义［J］．武汉大学学报（人文科学版），2017（1）：22.

议倡导构建人类命运共同体，让沿线国家共享经济发展成效，其最高政治意义在于让我们的朋友多多的，让我们的敌人少少的，为我们的国家发展战略创造一个良好的外交环境"①。"一带一路"倡议就是"综合运用国际国内两个市场、国际国内两种资源、国际国内两类规则"，为实现党的"两个一百年"目标做基础准备。其策略意义在于不用传统的"两个阵营"的对抗方式，而用上善若水、水善利万物而不争的辩证方式，破解霸权压力于无形，"化危为机、转危为安"，为我们实现"两个一百年"的战略目标创造更好的国际环境。通过与世界人民交朋友、建立命运共同体，在与世界共同繁荣和发展中一起创造新文明。正如 2014 年 11 月 28 日，习近平同志在外事工作会议上所强调的，"要坚持国际关系民主化，坚持和平共处五项原则，坚持国家不分大小、强弱、贫富，都是国际社会平等成员，坚持世界的命运必须由各国人民共同掌握，维护国际公平正义，特别是要为广大发展中国家说话"，体现了"一带一路"的深远政治意义。

四、文化意义

文化是一个国家和民族的根与魂。历史上，中国汉唐文化曾影响到许多国家，推动了世界文明的发展。当今世界，文化成为国家核心竞争力的重要因素，文化交流的"软"助力逐渐与经贸合作的"硬"支撑构成支撑国际关系发展的两大顶梁柱。

"一带一路"倡议既是扩大经济贸易的需要，也是中华文化走出去的需要。改革开放四十多年来中国在经济上取得的伟大成就让世界为之瞩目、为之震撼，然而中国在文化发展上还未做到与经济发展齐头并进。与西方文化不同，中国的文化是从"土"里长出来的，它"积淀着中华民族最深层的精神追求，代表着中华民族独特的精神标识"。因此，中华文化"走出去"，应增强文化自觉，坚定文化自信，挖掘中华传统文化的当代价值，对传统文化中的优秀基因进行创造性转化和创新性发展，再造文化新辉煌。

事实上，西方文明发展到今天也造成了许多自身无法解决的问题，如经

---

① 张文木．"一带一路"和亚投行的政治意义［J］．政治经济学评论，2015（4）：209．

济持续低迷、国家之间贫富差距越来越大、军备竞赛和核武竞争威胁各国安全、战争阴云笼罩局部地区、恐怖袭击频发、资源枯竭等，就连西方发达国家自身也日渐衰微，纷纷陷入经济危机、金融危机、民主危机等泥潭中无力自拔。正是在此背景下，中国提出了"一带一路"倡议，以应对人类发展困局。"'一带一路'的目的是建立人类命运共同体，突破了西方本位中心主义丛林法则、弱肉强食、赢者通吃的思维界限，体现了以合作共赢为核心的新型国际关系，它与实现中华民族伟大复兴的中国梦一起，成为对人类未来命运思考的'中国方略'。"① "一带一路"倡议在消除文化隔阂、破解西方文化难题的基础上，将"'以和为贵''和而不同'等中华优秀传统文化精髓表达出来，让世界了解中华文化观念、价值取向，向世界表达中国与各国和平发展、共同繁荣、互利互惠的诉求和愿景，消除彼此间的文化误解、文化偏见，体现了深远的文化意蕴。"②

第二节　"一带一路"倡议与大学国际化

大学具有人才培养、科学研究、社会服务和国际交流四大功能。大学可以在多个方面为"一带一路"倡议打下基础。

一、为"一带一路"倡议提供人才保障

改革开放以来，中国虽已培养了大量具有国际视野，能在国际事务和国际舞台上发挥重要影响作用的各类人才，但"一带一路"倡议对国际化人才的独特需求给中国大学带来了前所未有的机遇和挑战。当前，"我国的人才培养仍存在不能完全适应'一带一路'战略和发展需求的问题。实现《愿景与行动》提出的'政策沟通、设施联通、贸易畅通、资金融通、民心相通'，前提和核心就是培养大批熟悉和了解'一带一路'沿线国家与地区的复合型

① 黄玉娇．"一带一路"倡议蕴含的中华优秀传统文化底蕴及其现实意义［J］．广西社会主义学院学报，2017（5）：79.
② 黄玉娇．"一带一路"倡议蕴含的中华优秀传统文化底蕴及其现实意义［J］．广西社会主义学院学报，2017（5）：78.

人才以及关键领域的专业人才。"① 为此，中国大学要及时适应"一带一路"倡议发展需求，为"政策沟通"培养全球领导型的国际化人才，为"设施联通"培养高端技术型的国际人才，为"贸易畅通"培养创新创业型人才，为"资金融通"培养金融领军型人才，为"民心相同"培养人文交流的国际化人才。

事实上，"一带一路"倡议对高端人才队伍建设的迫切性甚至超过资金和技术需求。据世界知名咨询公司麦肯锡的调查："88% 的企业高管认为，海外并购或投资失败的首要原因是缺乏人才。"② 人才问题同样是"一带一路"沿线国家重要关切的问题。马来西亚交通部长廖中莱在 2015 博鳌亚洲论坛演讲中也指出，"人才因素是'一带一路'建设成功的关键。东盟国家拥有大量的青年群体，他们的创造性和创新性的思维成为'一带一路'建设的重要优势。"③

要想实现中国与沿线国家的"互联互通"，除了要重视道路交通等基础设施的"硬联通"外，还应强调规则制度的"软联通"，以及文化教育的"人联通"。为此，要持续不断加强对政府部门、工商企业人员的人文和专业培训，使他们熟悉沿线国家的制度规则；要培养一批具有国际交往能力、社会影响力与社会声誉，并往来于各国间的专家学者、文化使者，通过他们的学术研究、文化交流进入到沿线国社会的肌体中，实现"民心相通"。由此可见，实施"一带一路"倡议，实现沿线国家之间基础设施建设、技术、资本、货币、贸易、文化、政策、民族、宗教交流沟通，都需要大学提供人才支撑。因此，"重点谋划高等教育在'一带一路'建设中的布局调整和行动策略，为中国及沿线国家推进和落实'一带一路'倡议提供人才支撑和智力支持，促进中国与'一带一路'沿线国家之间的经济、文化、教育的合作与交流，让沿线国家的人民共享'一带一路'的建设成果，从而实现合作共

---

① 周谷平，阚阅．"一带一路"战略的人才支撑与教育路径［J］．教育研究，2015（10）：5．

② 赵娜，李胜．看央企如何突破"一带一路"人才瓶颈［EB/OL］．新华网，2019 - 02 - 01．

③ 赵娜，李胜．看央企如何突破"一带一路"人才瓶颈［EB/OL］．新华网，2019 - 02 - 01．

赢，是中国作为一个负责任大国的担当，更是中国院校应有的行动。"①

二、为加深对"一带一路"沿线国家的了解和认识提供科研支持

"一带一路"所经国家众多，空间辽阔，沿线国家的国家制度、社会文化、宗教信仰各异。参与"一带一路"倡议的政府、社会和个人只有对沿线国家深刻了解后，才能有效实施活动。大学具备多学科、高层次的丰富人力资源，为深入了解和认识沿线国制度、文化、宗教等国情提供了智识支持。他们可以为各类决策主体进行前期调研、综合研判并提供科学、及时、合理、可靠的咨询信息，发现继续深化与沿线重要国家合作、构建利益共同体的可能，充当各类决策主体重大决策与战略布局的"参谋助手"。

三、面向沿线国家推进国际化是实施"一带一路"倡议的应有之义

2016年，有学者调查发现，在"一带一路"倡议涉及的73个沿线国家中，高等教育进程处于精英教育阶段的国家仅有11个，大多是亚洲低收入发展中国家；处于大众化阶段的国家有29个，主要是亚洲中等收入的发展中国家；处于普及化阶段的国家有33个，主要是欧洲及亚洲经济水平较高的发达国家。总体来看，超过85%的国家目前已经处于高等教育大众化及以上发展阶段。根据高等教育毛入学率的变动情况，将这73个国家的高等教育发展模式归纳为四种类型：平稳增长型、快速增长型、波动式发展型及缓慢式发展型。预计"到2020年，50%以上的'一带一路'沿线国家将处于高等教育普及化阶段，40%的国家处于高等教育大众化阶段，处于精英高等教育阶段的国家将不足10%"②。沿线国家对高等教育的强烈需求为中国大学"走出去"提供了发展机遇。面对教育需求量大的沿线国家，招收海外留学生，培养"一带一路"倡议所需海外人才，实现大学教育国际化转向发展是中国大学参与"一带一路"倡议的重要内容。事实上，2017年，我国来自204个国家和地区的48.92万名外国留学生中，"一带一路"沿线国家留学生

---

① 瞿振元. "一带一路"建设与国家教育新使命 [N]. 光明日报, 2015 – 08 – 13.
② 刘志民, 刘路, 胡顺顺. "一带一路"沿线73国高等教育大众化进程分析 [J]. 比较教育研究, 2016 (4): 2.

31.72万人，占总人数的64.85%，比2016年增加了11.58%，高于各国平均增速。来华留学生人数增长最快的为韩国、泰国、印度、巴基斯坦、印度尼西亚和老挝，增幅平均值超过20%。由此可见，随着"一带一路"沿线项目的持续推进，"一带一路"沿线国家成为来华留学发展的增长点，今后，随着更多企业到"一带一路"沿线国家投资，提供更多就业岗位，这一区域国家来华留学的人数还将不断增长。

鉴于目前"一带一路"沿线国高等教育供给不能满足需求这一形势，中国大学需要抓住"一带一路"带来的良好机遇，乘势而上。大学一方面要落实好"首届中国—东盟教育部长圆桌会议"上提出的"双十万计划"，以及《愿景与行动》中提出的"每年向沿线国家提供1万个政府奖学金名额"扩大留学生教育规模；另一方面要开发和提供多样化的教育服务和产品，特别是要通过"外语＋专业"的专业学科建设，满足"一带一路"沿线国家的学生需求，促进来华留学的持续、健康发展。此外，国内大学在扩大吸收沿线国家留学生的同时，还应利用好中国高等教育的各种资源和渠道，加大境外办学力度，在沿线国家共建大学或开办分校，同国外大学合作授予双学位，传播中国文化，扩大影响力。

第三节 "一带一路"倡议下大学国际化的动因

一、政治动因

（一）提供教育援助

"我国高等教育经过半个多世纪的发展，在培养高层次人才、引进优质教育资源、推动中外人文交流方面成效显著，大学国际化排名不断提升，蕴藏着丰富的教育文化资源。不少专业领域已经跻身'国际教育援助国'地位。如华东师范大学依托自身教师教育的优质资源，成立国际教师教育中心，承担国家'发展中国家教育硕士'项目，为非洲撒哈拉南部等地区的发展中国家培养面向未来的基础教育领导者。"① "一带一路"沿线国家的高等教育虽有一定的发展，但"受经济发展、政治稳定以及其他约束条件的影响，部分国家的后续发展仍然面临严重的挑战。相较而言，中国则有着更为稳定的政治环境、更为坚实的经济基础，也有更为雄厚的高等教育力量，应立足沿线国家的国情，开展互惠型、互助型的高等教育国际化工作，以此构筑区域化的高等教育市场，打通东西方高等教育间存在的壁垒，推动高等教育国际化多元范式版图的再建。"② 事实上，"一带一路"沿线国家在过去都经历过人才流失的痛楚，也有改善现存的高等教育国际化格局的强烈愿望，"一带一路"倡议又使得中国与沿线国家在政治、经济、文化交流领域的联系更加密切，形成了共同市场，这些都需要中国高等教育发出声音。

然而，在世界高等教育大格局中，以英国为中心的西欧高等教育和以美国为代表的北美高等教育形成的两极长期主导着全球高等教育发展的基本态势。在世界高等教育格局中，如果不懂得英语，很多母语非英语的学者很难跻身世界一流行列。然而，随着语音识别技术的快速发展，无论是学术成果书写、学术研讨和交流，还是成果分享和引用，非英语国家学者的被动局面都将发生改变。他们不再需要花费半辈子甚至一辈子去学习英语，从而拥有更多时间和精力提升专业研究水平，英语世界的学术霸权将日渐式微。此外，"过去十年世界大学排行榜500强格局已在悄然发生变化，英国、美国、法国、德国、加拿大等传统教育优势国家的许多大学已跌出世界500强之列，而来自中国或其他东亚国家和地区的越来越多的大学新跻身于500强之列，此外中国国际学术论文的总量也在增加，2017年，中国国际科技论文总量比2012年增长70%，居世界第二，超过德国和英国。"③

但是目前，中国高等教育国际化在很大程度上仍以学习为主、引进为

---

① 任友群. "双一流"战略下高等教育国际化的未来发展［J］. 中国高等教育，2016（5）：16.

② 陈·巴特尔，郭立强. "一带一路"建设背景下我国高等教育国际化的转型与升级［J］. 国家教育行政学院学报，2018（3）：14.

③ 洪成文. 加快推进中国高等教育国际化进程［N］. 中国社会科学报，2018－03－27（1）.

主，呈现单向输入格局。"一带一路"倡议是在中国高等教育已经积累了一定成效的前提下实施的，作为"一带一路"倡议的发起国，中国高等教育国际化急需实现使命转型。简言之，这一时期，高等教育国际化不仅需要"引进来"，同时还要"走出去"。

"一带一路"倡议下中国高等教育援助的理念也体现在了《推动共建丝绸之路经济带和21世纪海上丝绸之路的愿景与行动》方案中。该方案提出"每年向沿线国家提供1万个政府奖学金名额"，政府正是通过奖学金支持和援助留学生生源国的发展。正如一些学者所言，"'一带一路'不仅要实现'中国梦'，同时要实现'世界梦'；高等教育国际化不仅要培养自己的人才，同时要培养世界的人才，要实现'人才共赢'。"①

（二）增进国际理解

"一带一路"沿线国家在文化、政治、价值、经济等方面普遍存在利益多元、观念分化的态势。整合观念、统一认识、凝聚人心需要建立在求同存异的共识基础上。然而，在处理与"一带一路"沿线国家的观念分歧时，为避免出现政治复杂化格局，国家政府有时不宜直接出面协调。大学的政治性较弱，大学教师通常都享有良好的国际社会声誉，且经常往来于各国之间。面对一些不宜由政府出面协调解决的问题，大学可以借助自身及其师资的良好社会影响力，开展各种形式的对接活动，疏通民意，营造舆论氛围，以此凝聚更多的共识，促进相互信任和理解。特别是在实施一些重大建设项目之前，大学及大学教师可以先行与当地民众、社会组织进行沟通，解决项目建设中涉及的资金、环境和观念冲突，协调不同主体的社会诉求，填补缺陷，确保项目实施，达到相互理解，促进国际和平。

二、学术动因

国际化是世界高等教育发展的时代潮流。当前，世界多极化、经济全球化深入发展，人力资源和物质资源跨国、跨地区流动成为新常态。在教育领域，这种国际流动也在自觉不自觉地发生。尽管各国大学文化、特色不同，

---

① 陈·巴特尔，郭立强．"一带一路"建设背景下我国高等教育国际化的转型与升级[J]．国家教育行政学院学报，2018（3）：10.

但开放包容、合作互补已经成为共同的选择。纵观世界范围内的一流大学，国际化都是其发展战略的重要组成部分。

国际化是衡量大学办学水平的重要指标，国际化是世界一流大学的基本特征。世界一流大学在服务本国、面向世界方面有着强烈的使命感。只有着眼全球，在国际化的高度确立自己的使命任务，才能获得世界一流的生源、师资和资源，也才能生产出人类社会共同的知识、世界杰出人才和创新性的科技成果。同时，高等教育国际化也可以将更多的教育理念和教育手段引入国内教育，为国内教育创新发展提供更多的选择，更广阔的交流平台和国际合作空间，提升自身的国际声誉和影响力。"一带一路"倡议横跨亚、欧、非，不同地区、不同国家的高等教育水平参差不齐，而我国人口众多，区域经济社会发展不平衡，加上我国中西部教育水平差异比较大，不同大学的教育水平高低不一，国内发达程度较差的大学参与"一带一路"倡议，可以借鉴引进别国教育优势，提升教育水平，国内高水平大学参与"一带一路"倡议，可以扩大影响，吸引优秀学生，提升学术影响力。

三、文化动因

文化是一个国家和民族的根与魂。当今世界，文化成为国家核心竞争力的重要因素。国与国之间关系的发展既需要有经贸合作的"硬"支撑，还需要有文化交流的"软"助力。"一带一路"倡议本身就表达和体现出了"以和为贵""和而不同"等中华优秀传统文化精髓和精神。"一带一路"倡议的推进有利于世界更好地了解中华文化观念、价值取向，向世界传达中国与各国和平发展、共同繁荣、互利互惠的诉求和愿景。

首先，"一带一路"倡议源于古丝绸之路，彰显了中华文化的强大生命力。"一带一路"倡议的提出以及实施，是源于"古丝绸之路"的启示，是历史文化结出的丰硕果实，彰显了中华文化的强大生命力。

其次，"一带一路"倡议强调共同发展，反映了中华文化中和平包容思想。"当代中国正经历着文化的'古与今、中与外、一与多、强与弱、大与小'错综复杂的矛盾，中国文化将何去何从？'一带一路'倡议从中国汉代张骞出使西域完成'凿空之旅'到明代郑和七下西洋留下千古佳话，从古丝路'使者相望于道，商旅不绝于途'的陆上盛况，到'舶交海上，不知其数'的海上繁华，古丝绸之路绵延万里，延续千年，积淀了以'和平合作、开放包容、互学互鉴、互利共赢'为核心的丝路精神，是中华文明的一次展现，是中华历史的结晶、是世界文明的宝贵遗产，是人类文明的瑰宝，需要继续传承与发扬。"①

再次，"一带一路"倡议中中国所做出的不懈努力，展现了中华文化的积极进取思想。中国政府既是"一带一路"倡议的发起者，也是"一带一路"倡议的推动者。"一带一路"倡议提出以后，习近平总书记对此做了系列主旨讲话，如2014年5月21日在"亚信峰会"发表讲话，主张积极推动亚洲发展和安全；2014年6月5日在"中阿合作论坛第六届部长级会议"上强调中阿是共建"一带一路"的天然合作伙伴；2014年9月12日在"上海合作组织成员国元首理事会第十四次会议"上强调，欢迎上海合作组织伙伴积极参与"一带一路"倡议。这一系列主旨讲话生动地体现了中华民族文化中积极进取思想。

最后，"一带一路"倡议体现了中华文化的共享奉献思想。"一带一路"沿线广大的国家，很多还处于欠发达的状态，繁荣和发展是沿线国家人民最迫切的期待。习近平总书记首次提出要将"一带一路"建成和平之路、繁荣之路、开放之路、创新之路、文明之路，是中国本着互利共赢理念，发展经济的时代战略，为"一带一路"输入强大的动力，体现了中华文化的共享奉献思想。

然而，"一带一路"倡议蕴含的丰富的中国文化精神需要通过置身于文化碰撞和融合风口浪尖的国际化人才给予体现和表达。国际化人才游弋于"一带一路"沿线各国，从事着不同的行业，不仅要与不同国家的官员、专家、学者接触，还要与建筑师、金融家、工程师等一线工作人员密切接触。他们需以中华文化为根基，清楚地知道"自己是谁，从哪里来"，以自己的言行诠释中华文化的丰富内涵和昂扬向上的动力。这就需要高等教育培养强大中华文化自觉和自信的国际化人才。只有满怀对中华文化的认同意识，各行各业的国际化人才才能够抵制其他文化的渗透，保证在敬畏本民族文化的

---

① 王明，马军党."一带一路"倡议对大学生文化自信教育意义探析 [J]．兰州交通大学学报，2017（5）：39．

前提下，尊重其他民族习俗，坚守"求同存异"。

四、经济动因

"一带一路"沿线各国大多是新兴经济体和发展中国家，普遍处于经济发展的上升期，资源禀赋各异，经济互补性较强，彼此合作潜力和空间很大。但是"一带一路"所经国家众多、空间辽阔、国情民意复杂，以政策沟通、设施联通、贸易畅通、资金融通、民心相通的"五通"为主要内容，重点加强合作的前提是需要足够的国际化人才支撑。中国高等教育在国际化人才培养方面虽然取得了一定进展，但是随着中国越来越多的企业走出国门，参与"一带一路"建设，合作领域广，因而也迫切需要大批专业素质高、通晓国际规则、掌握多国语言的国际化人才。实际上，国际化人才是推进"一带一路"倡议各项任务的"主角"。

国际化人才的紧缺需要中国高等教育适时优化学科专业布局，改革课程体系内容，培养适应"一带一路"倡议发展需求的人力资源，满足中国企业参与"一带一路"建设的需要，为中国企业获得更多经济效益提供人才保障，使"一带一路"倡议助推中国经济可持续发展。

大学面向"一带一路"沿线国家，通过招收留学生，在"一带一路"沿线国家设立海外机构或分校培养国际化人才，参与"一带一路"建设也可以获得经济效益。当前，中国政府为促进中国大学招收"一带一路"沿线国家留学生给予了大力的政策支持，如"首届中国—东盟教育部长圆桌会议"上提出的"双十万计划"，以及《愿景与行动》中提出的"每年向沿线国家提供1万个政府奖学金名额"，都希望中国高校能面向"一带一路"沿线国家，扩大留学生教育规模。在此背景下，中国高校通过开发新的教育服务和产品，实施外文授课，推进国际化的专业教育和学历教育，满足"一带一路"沿线国家的学生需求，促进来华留学的持续、健康发展，也蕴含了一定的经济动因。

第四节 "一带一路"倡议下大学国际化策略

一、方向策略

大学国际化是经济全球化发展的必然趋势,大学国际化也是一种历史现象,因为大学产生以来,对知识的追求和传播从来就是没有疆界的。伴随着全球经济一体化的大学国际化,已成为当代高等教育发展的一个新趋势。1992年,由美国麻省理工学院发起召开的《美国高等教育面临的国际挑战》的专题研讨会上,麻省理工学院和斯坦福大学校长明确提出:国际化已经成为大学发展所面临的关键性问题。在欧洲,经济合作与发展组织在1993年11月和1995年11月,召开过两次有关大学国际化的学术讨论会。会议认为,大学国际化已从边缘逐渐变成了高校管理、规划、培养目标和课程的一个核心因素。1998年世界高等教育大会提出,21世纪世界高等教育应当跨国界和跨大洲交流知识和技能。在新世纪,中国无论是重点大学还是一般大学,都应在已有的基础上,进一步加大对外开放和文化交流的力度,然而,很长一段时间,"以英语国家为主的发达国家,基于国家丰裕的物质条件,以及有利的国际政治经济体系地位,使他们在教育发展过程中形成了优质的教育资源和世界一流的教育体系,加之英语语言的优势,这些国家在教育合作与交流方面长期处于世界主导的地位,形成了国际知识转移与流动的输出路径。他们通过教育的跨国输出,吸引外国留学生,出口跨国教育课程项目以获取国家政治利益、经济收益。"① 而中国高等教育基于其有限的国际教育比较优势与外源后发的现代化形势,大学国际化实践长期受"教育输入——教育主义"理念的主导。

作为"一带一路"倡议的倡议国,随着"一带一路"倡议的推进,中国高等教育正基于几十年发展形成的优势积淀和比较优势而转向。所谓转向就

---

① 杨启光. 教育国际化进程与发展模式［M］. 北京:社会科学文献出版社,2011:352.

是国际化方向的转变，即中国高等教育国际化不仅需要"引进来""走出去"，同时还要"招进来""派出去"，形成"教育输入与教育输出的双向国际化策略"。"所谓'引进来'就是积极向国外学习，引进国外先进知识、技术、管理、人才等教育研究资源等；所谓'走出去'就是凭借引进、消化、转化外来资源，结合本土经验，实现再创新、再创造，进而推动中国国际影响力的提升，并最终再吸引知识、经验以及人才；所谓'招进来'就是通过各种方式鼓励和吸引外国留学生进入中国学习交流，提高国外留学生的招收指标，扩大留学生招收规模；所谓'派出去'就是将中国高校多年办学形成的优质的教师、课程资源输出至'一带一路'沿线国家，推动目标国高等教育的发展。"① 正如一些学者所言："'一带一路'不仅要实现'中国梦'，同时要实现'世界梦'；高等教育国际化不仅要培养自己的人才，同时要培养世界的人才，要实现人才共赢。"②

二、组织策略

（一）国际化战略

2016 年中国教育国际交流协会发布的《调查报告》显示：我国虽然很多高校都制定了国际化战略，但国际化指标在各种考核指标的占比却较低。"由于高校部门之间各自为政，缺乏统一的安排和协调，国际化战略只停留在纸面上。"③ "他山之石，可以攻玉"，借鉴国外大学经验，结合中国实际，为提升国际化战略的执行性，防止国际化战略偏离学校主要使命，脱离学校实际情况，当前中国大学在制定国际化战略时应考虑以下内容。

第一，结合实际，全面均衡。高校的国际化涉及面广，非一人或一组织之力能实施。因此，国际化战略也不能忽视高校的历史、传统、文化和既有

---

① 陈·巴特尔，郭立强."一带一路"建设背景下我国高等教育国际化的转型与升级［J］.国家教育行政学院学报，2018（3）：10.

② 刘进.高等教育在"一带一路"战略中应有所作为——试论开展"'一带一路'研究区"建设的必要性与可能性［J］.河北师范大学学报（教育科学版），2016（4）：72－76.

③ 陆小兵，王文军，钱小龙."双一流"战略背景下我国高等教育国际化发展反思［J］.高校教育管理，2018（1）：33.

的利益格局，要结合高校在"一带一路"倡议下担负的使命，充分考虑学校自身所处的外部环境和内部具备的国际化条件后确定具体的国际化战略目标。在全面分析和综合审视学校利益格局和资源情况的基础上制定战略目标的实施策略，使高校国际化的推进能实现高校与外部环境，与"一带一路"倡议协调发展，实现高校内部各主体利益均衡。

第二，融导向性与发展性于一体，理性规划。国际化战略要秉承"导向性"与"发展性"相结合的理性策划原则，注重将学校国际化的"整体"愿景和各院系、各部门乃至师生员工的"个体"目标明确阐释相结合。为此，应了解院系、部门和教师对国际化战略目标的真实看法，将国际化与院系的发展、学科的建设及教师的学术生涯成长紧密联系起来，激发全校各级各类主体推行国际化的积极性，帮助他们解决实际困难。

第三，立足优势资源，精准定位。鉴于高校学科专业发展不平衡，国际化战略要充分建立在学校优势学科专业与"一带一路"倡议需求的结合点上，立足高校传统学科、优势专业资源基础，在"一带一路"沿线73个国家确定国际化的重点区域和特定领域，使有限的国际化资源发挥最大的效用，避免粗放式"摊大饼"做法造成的资源浪费和精力耗损。

第四，提升全校国际化氛围，增强执行性。在国际化战略的规划、制定、执行过程中，要借助学校网站、博客、微信公众号等网络媒介广泛宣传征求意见，让全学校成员以及广大社会资源参与到国际化战略的规划之中，营造浓郁氛围，让国际化战略深入人心。在国际化战略执行过程中，要加强对国际化战略实施过程的有效监督和监管，使之与全校各部门、院系、个人的工作、考核指标相结合，使国际化战略落地生根。

（二）组织及人事

设置和充实校级国际化战略领导机构，为大学国际化战略的规划、制定和实施提供机制保障。校级国际化战略领导机构的负责人应是学校校长，分管教学、科研、人事、财务、后勤部门的副校长应为成员，相关部门负责人参与。校级国际化战略领导机构主要负责大学国际化战略的规划、制定、落实、协调及督促。领导机构可以为非常设机构，定期召开会议，强调合作和分工，避免教育资源的浪费。

明确校级国际化战略领导机构、学校国际合作交流处、学校行政管理部门和学院、研究中心作为不同推进主体的不同职责，充分调动相关个体能动作用的发挥。削减行政管理部门对相关国际化项目的审核权力，充分发挥其作为国际化战略服务和管理机构的职能，同时还要以"'上→下'＋'下→上'"的形式推动校级国际化战略与学院、研究中心国际化规划的衔接，充分调动教学、科研单位教师的积极性。加强行政管理部门国际化战略服务和管理人员的培训建设，改善相关工作人员的丰富知识结构的改善、工作阅历，提高综合素质能力。国际化教育是一个高度专业化的领域，应该把更多专业人员安置在国际教育领域，并开发相应培训系统，在国际学生咨询、出国留学咨询、语言培训（特别是英语）、国际交流协议、移民事项等国际化事项上实现专业化。

设立大学海外办公室或者海外事务所，加强大学宣传，负责留学生的接收和派出，促进与海外校企间的交流。同时借鉴日本海外事务所的模式，消除海外事务所之间的校际壁垒，使各大学能充分共享，并使之成为国家"一带一路"倡议和大学国际化战略的重要平台。

三、活动策略

（一）深化课程教学改革

加强"一带一路"人才队伍建设，需要高校重新验视原有的人才培养方案，改革课程以适应"一带一路"倡议发展需要。为此，首先，将国际化维度渗透到课程、教学和学习过程之中，提升学生的国际意识，使之具备"全球能力"。如果说我们以往强调国际意识与全球能力更多的是一种应对全球化和国际化的被动举措，那么"一带一路"倡议对学生国际意识与全球能力的强化则是我们主动的选择。为培养适应"一带一路"倡议建设需要的人才，高校首先必须要培养学生运用知识与能力去主动分析、解决外部世界问题的能力，具备与不同听众有效沟通交流的能力。其次，要敢于打破现有学科的分类布局，加强不同学科的交叉和融合，针对国际化重点区域，结合大学优势领域，开发出跨专业、跨学科的"一带一路"专业学科，适应"一带一路"多元复合人才的需求，实现"一带一路"人才的多视角培养，如尝试探索"外语＋X"人才培养模式。再次，要优化人才培养的课程内容，在原有的国际关系、西方文化等国际基础课程基础上，增加"一带一路"沿线国家历史文化、社会经济、民族宗教等通识内容，并努力将相关要素渗透到专业课程中。此外要在各学科专业教育内容中渗透爱国正直、专业精神和尊重多样性等核心价值观，有意识地培养学生在战略管理、领导能力、决策能力等方面的科学管理和决策能力。最后要将学生出国留学或海外实践纳入人才培养计划，鼓励学生出国留学或到"一带一路"沿线国家进行海外实践，体会不同国家社会发展模式及历史文化传统。

（二）加强高校与涉外行业的合作

"设施联通""贸易畅通"和"资金融通"是"一带一路"建设的重点，而这些领域人才的培养离不开工商业界相关企业、商会和行业协会与高校的密切合作。身处"一带一路"建设一线的企业最了解沿线国家的经济需求以及与之相匹配的人才需求。事实上，部分参与"一带一路"倡议的企业已经将加快复合型人才培养纳入自己的规划中。例如，自2014年起，中交集团开始实施"11711人才计划"，即在五年内培养100名企业领军人才、1000名青年骨干、7000名优秀项目管理人才、1万名骨干专业技术人才、1万名高技能人才。加强高校与涉外行业的合作，高校可以根据涉外行业传递的人才需求信息，及时修订人才培养方案，高校也可以与涉外行业实行订单式培养，举办培训班。

（三）加强高等教育质量保证

推进"一带一路"建设所需的人才是面向社会实践、服务国家战略的高端应用型专业人才，人才培养的质量直接关系到"一带一路"建设目标的实现。为确保人才培养质量，需加强人才培养流程的监督。"一带一路"建设紧缺的工程、建筑、金融、医学、法学、会计、管理等领域的专业人才，也是专业教育国际认证最为成熟的领域。在"一带一路"背景下，应着重从专业教育国际认证的维度加强对这些领域人才培养质量的监控。这就要求高校参与国际认证，保证高等教育质量。参与国际认证一方面可以倒逼高校按照相关领域专业教育质量的国际标准和基本要求进行改革，使其改善教学条件、加大教学经费投入，促进教师队伍的建设和专业化发展，建立科学规范的教学质量管理和监控体系，提高高校教学管理水平，从而促进高校和相关专业进一步办出特色和优势；另一方面，参与国际认证后，高校也可以更好地吸引更多优秀学生，提升自身的学术声誉。

（四）招收海外留学生

充分挖掘有利条件和优势，大力发展自费留学生教育。留学生教育及其规模已成为衡量高等教育国际化程度的重要指标。英国和澳大利亚高等教育国际化的经验证明，留学生教育是高等教育国际化进程中为高等教育出口国做出最大经济贡献的要素。20世纪80年代以来，中国已接收了不少外国留学生，但是大多数留学生都是政府援助和支持的。此外，与中国出国留学人员规模相比，留学生教育仍以输出为主。今后，在加大留学生交流力度的同时，要实现由向外输送留学生为主向以吸引外国留学生为主转变，努力开拓自费留学生市场，提高中国在国际留学生市场上所占的份额。吸引更多的外国自费留学生需做好以下工作。一是努力挖掘留学生培养的有利条件和优势，如结合学校办学传统和优势，发展特殊专业，如中医、中国传统工艺、中国餐饮业、儒家思想文化等，吸引留学生来华留学。二是采取名牌战略，经过多年的发展和积淀，中国部分高校在一些自然科学方面已站在世界学术的前沿，人才培养的质量也可以与发达国家的一流大学媲美，已具有了与世界一流大学竞争的实力。这些高校要凭借其质量、声誉优势，面向海外学生，改革传统课程设置和教育教学管理体制，开创国际品牌。三是重视教育营销，加强教育服务。中国高校应学习英国高校和日本高校在海外设立办事处的经验，加快在"一带一路"沿线国家设立办公室，加大学校宣传，尽快启动对外营销宣传工作。四是加大留学生支持服务设施建设。学习澳大利亚大学经验和做法，在专业学习、语言学习、生活环境等方面打造留学生支持服务设施，为外国留学生营造良好的生活学习环境，帮助他们克服文化障碍和心理压力，提高留学生生活、学习服务质量。最后，面向优秀留学生设立各级各类奖学金。在落实好"首届中国—东盟教育部长圆桌会议"上提出的"双十万计划"，以及《愿景与行动》中提出的每年向沿线国家提供1万个政府奖学金名额的基础上，扩大留学生教育规模，基于国际竞争基础，设立校级奖学金，争取更多优秀留学生。

（五）开展多层次海外办学

"'一带一路'建设为中国高校"走出去"开展多层次海外办学提供了难得的历史机遇。高校在扩大吸收沿线国家留学人员的同时，还应利用好中国高等教育的各种资源和渠道，加大境外办学力度，在沿线国家共建大学、开办分校，同国外高等院校合作授予双重学位，传播中国文化，扩大中国高校的影响力。"①

（六）建设国际化师资队伍

师资国际化则包括师资结构的国际化和师资水平的国际化。"既需要吸引国外优秀人才，注重教师的'海外经历'，使之成为大部分教师职业发展的必要条件，也要积极创造条件提高师资水平，努力培养能与国际同行进行平等对话的师资。此外，还要改革目前人事管理制度，提供良好的教学、科研、工作条件和生活环境，引进和留住国外优秀人才。除现行法规和政策规定不能聘用外籍人员的职位外，应该逐步开放学校的学术和管理职位，公开向国际社会招聘人才。"②

（七）设立"一带一路"倡议问题研究中心

"一带一路"沿线国家众多，历史文化、宗教信仰迥异。设立与"一带一路"沿线国家有关的国际问题研究中心，一是可以汇聚高校研究人员，加强对沿线国家政治制度、社会文化、宗教信仰等内容的研究，为中国企业走出去做参谋咨询；二是研究成果也可以作为高校人才培养的重要内容，为人才培养国际化提供知识基础；三是，研究中心还可以吸纳国际研究学生，为高校聚集优秀人才；四是，高校还可以通过国际问题研究中心，加强国际合作，与国外高校、科研院所和企业建立联系合作，进一步拓展国际学术交流的广度、深度，催生出实质性的学术成果。

---

① 周谷平，阚阅."一带一路"战略的人才支撑与教育路径 ［J］. 教育研究，2015（10）：8.

② 叶英凡，沈红. 中国高等教育国际化的发展对策 ［J］. 中国高等教育，2002（7）：20.

主要参考文献

一、中文文献

1. 杨启光. 教育国际化进程与发展模式［M］. 北京：社会科学文献出版社，2011.

2. 马健生. 教育国际化政策及其实施效果的国际比较研究［M］. 北京：北京师范大学出版社，2018.

3. 赵立莹. 国际化背景下高等教育质量保障组织发展研究［M］. 北京：中国社会科学出版社，2017.

4. 梁绿琦. 国际化教育的理论与探索［M］. 北京：中国社会科学出版社. 2015.

5. 程星. 大学国际化的历程［M］. 北京：商务印书馆. 2014.

6. 中国高等教育学会引进国外智力工作分会. 大学国际化理论与实践［M］. 北京：北京大学出版社. 2007.

7. ［加拿大］简·奈特. 高等教育与全球化丛书—激流中的高等教育：国际化变革与发展［M］. 刘东风，等译. 北京：北京大学出版社，2011.

8. 邵光华. 区域高等教育国际化研究［M］. 杭州：浙江大学出版社，2016.

9. 付红，聂名华，徐田柏. 中国高等教育国际化的风险及对策研究［M］. 北京：人民出版社，2015.

10. 徐天伟. 面向东盟的云南高等教育国际化发展战略研究［M］. 北京：中国社会科学出版社，2015.

11. 陈学飞. 高等教育国际化：跨世纪的大趋势［M］. 福州：福建教育

出版社，2000.

12. 皮特·斯科特. 高等教育全球化：理论与政策［M］. 周倩，高耀丽，译. 北京：北京大学出版社，2009.

13. 唐军. 后福利时代英国大学的学生国际化策略评析——以苏塞克斯大学为例［J］. 英国研究，2016（8）：63-67.

14. 张小明. 英国留学生教育管理透析［J］. 江苏高教，1997（3）：88-89.

15. 詹春燕. 高等教育国际化策略——英国经验及其启示［J］. 湖北社会科学，2008（4）.

16. 马岩，肖甦. 日本留学生扩招政策与高等教育国际化进程［J］. 比较教育研究，2012（12）.

17. 陈君，田泽中. 日本世界一流大学的国际化战略及实践——以东京大学为例［J］. 高等理科教育，2017（4）：58.

18. 曾小军. 日本高等教育国际化：动因、政策与挑战［J］. 高教探索，2017（6）：86.

19. 吕达，周满生. 当代外国教育改革著名文献（日本、澳大利亚卷）［M］. 北京：人民教育出版社，2004：160.

20. 丁建洋. 从边缘走向中心：日本大学国际化战略的历史演进与基本逻辑［J］. 高教探索，2016（6）：48.

21. 李盛兵. 日本大学国际化的理念、政策和实践［J］. 现代教育论丛，1999（3）.

22. 王涛. "二战"后日本大学国际化发展战略探析［J］. 高教发展与评估，2012（2）.

23. 赵晋平，单谷. 日本的大学国际化人才战略分析［J］. 中国高教研究，2014（10）.

24. 陈世华. 安倍经济学背景下的日本大学国际化改革动向［J］. 江苏高教，2014（4）.

25. 王留栓. 日本大学国际化述评［J］. 江苏高教，2001（1）.

26. 陈曦. 日本高等教育国际化策略——以"留学生30万人计划"为例［J］. 比较教育研究，2010（10）.

27. 陈亚玲. 高等教育国际化：中国的历史和现状 [D]. 湘潭：湘潭大学, 2002.

28. 薛卫洋. 中国高等教育国际化研究（1978—2012）——结合上海市为例的研究 [D]. 上海：华东师范大学, 2013.

29. 陆小兵, 王文军, 钱小龙. "双一流"战略背景下我国高等教育国际化发展反思 [J]. 高校教育管理, 2018 (1).

30. 陈·巴特尔, 郭立强. "一带一路"建设背景下我国高等教育国际化的转型与升级 [J]. 国家教育行政学院学报, 2018 (3).

31. 罗剑平, 周慧, 胡罡. 广东高等教育国际化提升策略研究 [J]. 吉首大学学报（社会科学版）, 2017, 38 (2).

32. 金帷. 改革开放以来中国高等教育国际化政策的嬗变：基于数据与政策的联结 [J]. 中国人民大学教育学刊, 2012 (4).

33. 王志强. 中国高等教育国际化十年回顾与现状分析 [J]. 世界教育信息, 2015 (17).

34. 顾建民. 中国高等教育国际化发展的差异分析 [J]. 浙江教育学院学报, 2010 (6).

35. 李光辉. "一带一路"战略对中国经济的重要意义 [J]. 紫光阁, 2015 (6).

36. 张原天. "一带一路"对区域经济发展有何重大意义 [J]. 人民论坛, 2017 (6).

37. 刘景华. 吴于廑先生对整体世界史观学术渊源的探讨 [J]. 武汉大学学报（人文科学版）, 2013 (6).

38. 胡德坤, 邢伟挺. "一带一路"战略构想对世界历史发展的积极意义 [J]. 武汉大学学报（人文科学版）, 2017 (1).

39. 张文木. "一带一路"和亚投行的政治意义 [J]. 政治经济学评论, 2015 (4).

40. 黄玉娇. "一带一路"倡议蕴含的中华优秀传统文化底蕴及其现实意义 [J]. 广西社会主义学院学报, 2017 (5).

41. 周谷平, 阚阅. "一带一路"战略的人才支撑与教育路径 [J]. 教育研究, 2015 (10).

42. 瞿振元．"一带一路"建设与国家教育新使命［N］．光明日报，2015-08-13．

43. 刘志民，刘路，胡顺顺．"一带一路"沿线73国高等教育大众化进程分析［J］．比较教育研究，2016（4）．

44. 任友群．"双一流"战略下高等教育国际化的未来发展［J］．中国高等教育，2016（5）．

45. 陆小兵，王文军，钱小龙．"双一流"战略背景下我国高等教育国际化发展反思［J］．高校教育管理，2018（1）．

46. 王明，马军党．"一带一路"倡议对大学生文化自信教育意义探析［J］．兰州交通大学学报，2017（5）．

47. 王鑫，徐先梅，国佳．中华传统文化的内生动力——"一带一路"建设中我国国际化人才的中华文化认同意义［J］．理论观察，2016（12）．

48. 刘进．高等教育在"一带一路"战略中应有所作为——试论开展"'一带一路'研究区"建设的必要性与可能性［J］．河北师范大学学报（教育科学版），2016（4）．

49. 叶英凡，沈红．中国高等教育国际化的发展对策［J］．中国高等教育，2002（7）．

50. 黄永林．英国高等教育国际化的动因、特点及其启示［J］．国家教育行政学院学报，2006（2）．

51. 谷海玲，廖益．英国高等教育国际化动因分析［J］．职业圈，2007（13）．

52. 玛丽亚·坎图．美国高校国际化的三大有效策略［J］．吕耀中，孔琳，译．世界教育信息，2017（7）．

53. 王俊烽．耶鲁大学国际化办学理念与策略［J］．世界教育信息，2013（3）．

54. 李联明，朱庆葆．耶鲁大学建设全球性大学的理念与策略［J］．清华大学教育研究，2007（8）．

55. 菲利普·阿特巴赫．全球化驱动下的高等教育与WTO［J］．蒋凯，译．比较教育研究，2002（11）．

56. 崔庆玲．在高等教育国际化中、美、英两国留学生教育思考［J］．

理工高教研究，2004（5）.

57. 陈德云. 全面国际化：美国高等教育国际化发展的新动向 [J]. 全球教育展望，2014（12）：110–118.

二、英文文献

1. Hans de Wit. (2002) . *Internationalization of Higher Education In The United States of America and Europe：A historical, Comparative, and conceptual analysis*, London：Greenwood Press.

2. Neave, Guy. (1992) . Institutional Management of Higher Education：Trend, Needs and Strategies for Co–operation. Unpublished International Association of Universities document for UNESCO, Paris.

3. Guy Neave. (1992) . Managing Higher Education International Co–operation：Strategies and Solutions. Unpublished Reference Document for UNESCO, Paris.

4. Guy Neave. (1997) . The European Dimension in Higher Education：An Historical Analysis. Background document to the Conference "The Relationship between Higher Education and the Nation–state", 7–9April, Enschede.

5. Romuald E. J. Rudzki. (1995) . The application of a strategic management model to the internationalization of higher education institutions. Higher EducationVolume 29, Issue 4. PP. 421–441.

6. Romuald E. J. Rudzki. (1995) . Internationalisation of UK Business School：Finding of a national survey. In Policy and Policy Implementation in Internationalization of Higher Education , edited by P. Block. Amsterdam：European Association for International Education.

7. Rudzki, Romuald E. J. (1998) . The Strategic Management of Internationalization：Towards a Model of Theory and Practice. Ph. D. diss. , University of Newcastle Upon Tyne.

8. Romuald E. J. Rudzki. (2000) . Implementation Internationalisation：The Practical Application of the Fractal Process Model. *Journal of Studies in International Education*. Vol. 4, No. 2, PP. 77–90.

9. Davies, John L. (1992). Developing a strategy for Internationalization in Universities: Towards a Conceptual Framework, inBridges To The Future: Strategies For Internationalizing Higher Education, edited by Charles B. Klasek. Carbondale: Association of International Education Administrators.

10. Charles B. Klasek. (1992). *Bridges To The Future: Strategies For Internationalizing Higher Education*, Carbondale: Association of International Education Administrators.

11. John L. Davis. (1995). University Strategies for International in Different Institution and Cultural Setting: A Conceptual Framework. In *Policy and Policy Implementation in Internationalization of Higher Education*, edited by P. Block. Amsterdam: European a ssociation for International Education.

12. Keller, G. (1983). Academic Strategy. Baltimore: Johns Hopkins University Press.

13. Knight, Jane. (1994). Internationalization: Elements and Checkpoints. CBIE Research paper no. 7. Ottawa: Canadian Bureau for International Education.

14. Knight, Jane. (1993). Internationalization Management Strateies and Issues. *International Education Magazine*. Vol. 9, No. 6, PP. 21 – 22.

15. Knight, Jane. (1997) Intnernationalisation of Higher Education: A Conceptual Framework. In Internationalistion of Higher Education in Asia Pacific Countries. edited by Jane Knight and Hans de Wit. Amesterdam: European Association for International Education.

16. Knight, Jane. (1997) A Shared vision? Stakeholder's Perspectives on the Internationallization of Higher Education in Canada. Journal of Studies in International Education. Vol. 1, No. 1, PP. 27 – 44.

17. Knight, Jane. (1999). Internationalisation of higher education, In *Quality and Internationalisation in Higher Education*, edited by Jane Knight and Hans de Wit. Paris: OECD.

18. Knight, Jane. (2006). *Internationalization of higher education: new directions, new challenges*. Paris: International Association of Universities.

19. Knight, Jane. (2008). *Higher education in turmoil: The changing world*

参

of internationalization. Rotterdam, the Netherlands: Sense Publishers.

20. Knight, Jane. (1999). Issues and Trends in Internationalization: A Comparative Perspective. In A New World of Knowledge: Canadian Universities and Globalisation, edited by Sheryl L. Bond and Jean – Poerre Lemasson. Ottawa: Interntational Development Research Centre.

21. Knight, Jane, Hans de Wit. (1995). Strategies for Interntionalisation of Higher Education: Historical and Conceptual Perspectives. In *Strategies for Internationalisation of Higher Education: A Comparative Study of Australia, Canada, Europe and the United States of America*, edited by Hans de Wit. Amsterdam: Europe Association for International Education.

22. Knight, Jane, Hans de Wit. (1999). an introduction to the IQRP Project and Process. In *Quality and Internationalisation in Higher Education*, edited by Jane Knight and Hans de Wit. Paris: OECD.

23. Van der Wende, Marijk C. (1996). Internationalising the Curriculum in Dutch Higher Education: An International Comparative Perspective. Ph. D. diss., Utrecht University.

24. Van der Wende, Marijk C. (2000). The Bologna Declaration: Enchancing the Transparency and Competitiveness of European Higher Education. *Journal of Studies in International Education.* Vol. 4, No. 2, PP. 3 – 10.

25. Van der Wende, Marijk. (1998). Quality Assurance in Higher Education and the Link to Internationalisaiton. Millenlum. Vol. 3, No. 11P. 73.

26. Van der Wende, Marijk. (1997). Missing Links: The Relationship between National Policies for Internationalisation and Those for Higher education in General. In National Policies for the Internationalisation of Higher Education in Europe, edited by T. Kalvermark and M. van der Wende. Stockholm: Hogskoleverket Studies, National Agency for Higher Education.

27. Davies, John L. (1998). Issues in the development of Universities' strategies for Internationalisation. MillenIum. Vol. 3, No. 11PP. 68 – 80.

28. Van Dijk, Hans, and Kees Meijer. (1997). The Internationalization Cube: A Tentative Model for the study of Organisational Designs and the Results of

Internationalisation in Higher Education. *Higher Education Management*. Vol. 9, No. 1, PP. 157 – 166.

29. Craufurd D. Goodwin, Michael Nacht. (1998) . *Abroad and Beyond: Patterns in American Overseas Education*. Cambridge: Cambridge University Press.

30. Platt, James. (1977) . Exchange, International, 4. Student Exchange Programs. In The International Encyclopedia of Higher Education, edited by Asa S. Knowles. San Francisco: Jossey – Bass.

31. Back, Kenneth, Dorothy Davis, and Alan Olsen. (1996). Internationalisation and higher education: goals and strategies. Canberra: Department of Employment, Education, Training and Youth Affairs.

32. Deutsch, Karl W. (1997) Nationalistic Responses to Study Abroad. *International Educator*. Vol. 6, No. 3, P. 34.

33. Graham Pratt, David Poole. (1998) . Gobal Corporations R Us? Impacts of Globalisation on Australian Universities. Paper presented at Re – Working the University Conference 10 – 11 December, Griggith University, P. 15.

34. Hsuan – Fu Ho, Ming – Huang Lin, Cheng – Cheng Yang. (2015) . Goals, Strategies, and Achievements in the Internationalization of Higher Education in Japan and Taiwan. *International Education Studies*. Vol. 8, No. 3, P. 58.

35. Pyvis, D. Chapman, A. (2007) . Why university students choose an international education: A case study in Malaysia. *International Journal of Educational Development*. Vol. 27, No. 2: PP. 235 – 246.

36. Marginson, S. (2010) . Higher education in the global knowledge economy. *Procedia – Social and Behavioral Sciences*. Vol. 2, No. 5, PP. 62 – 69.

37. Ian Willis, John Taylor. (2014) . The importance of rationales for internationalization at a local level—— university and individual. European Journal of Higher Education. No. 2, PP. 153 – 166.

38. AnnaLee Saxenian. (2000) . Silicon Valley's New Immigrant Entrepreneurs. Working Paper. No. 15.

39. Kavita Pandit. (2009) . Leading Internationalization. *Annals of the Association of American Geographers*. Vol. 99, No. 4, PP. 645 – 656.

40. Megan M. Siczek. （2015）. Developing Global Competency – in US Higher Education： Contributions of International Students. *The Catesol Journal.* No. 5, PP. 7 – 8.

41. Nell G. Ruiz, Jynnah Radford. New foreign student enrollment at U. S. colleges and universities doubled since Great Recession, http： // www. pewresearch. org/fact – tank/2017/11/20/new – us – foreign – student – enrollment – doubled – since – great – recession/

42. Patricia Dewey, Stephen Duff. （2009）. Reason before passion： faculty views on internationalization in higher education. *High Educaction.* No. 58, PP. 491 – 504.

43. Christine Humfrey （2011）The long and winding road： a review of the policy, practice and development of the internationalisation of higher education in the UK, *Teachers and Teaching.* Vol. 17, No. 6, P. 651.

44. Rami M. Ayoubi, Hiba K. Massoud. （2007）The strategy of internationalization in universities： A quantitative evaluation of the intent and implementation in UK universities. *International Journal of Educational Management.* Vol. 21 Issue： 432, PP. 329 – 349.

45. Maia Chankseliani. （2018）. Four Rationales of HE Internationalization： Perspectives of U. K. Universities on Attracting Students From Former Soviet Countries. *Journal of Studies in International Education.* Vol. 22. No. 1, P. 63.

46. Nigel M Healey. （2017）. Beyond 'export education'： aspiring to put students at the heart of a university's internationalisation strategy. *Perspectives： Policy and Practice in Higher Education.* vol 21. No. 4, PP. 119 – 128.

47. Mihoko Toyoshima. （2007）. International strategies of universities in England. *London Review of Education.* Vol. 5. No. 3, PP. 265 – 280.

48. Philip Warwick, Yvonne J. Moogan. （2013）. A comparative study of perceptions of internationalisation strategies in UK universities. *Compare： A Journal of Comparative and International Education.* Vol. 43, Issue： 1, PP. 102 – 123.

49. Felix Maringe. （2009）. Strategies and challenges of internationalisation in HE： An exploratory study of UK universities. *International Journal of Education-*

al Management. Vol. 23 Issue: 7, PP. 553 – 563.

50. Richard Hugh Neale, Alasdair Spark, Joy Carter, (2018). "Developing internationalisation strategies, University of Winchester, UK", International Journal of Educational Management. Vol. 32, Issue: 1, PP. 171 – 184.

51. Simon Marginson, Erlenawati Sawir. (2006). University leaders' strategies in the global environment: A comparative study of Universitas Indonesia and the Australian National University. *Higher Education.* Vol. 53, No. 52, PP. 343 – 373.

52. Colin Arrowsmitha and Venkata Ravibabu Mandlab. (2017). Institutional approaches for building intercultural understanding into the curriculum: an Australian perspective. *Journal of Geography in higher education.* Vol. 41, no. 4, PP. 475 – 487.

53. Mark Tayar, Robert Jack. (2013). Prestige – oriented market entry strategy: the case of Australian Universities. *Journal of Higher Education Policy and Management.* Vol. 35. No. 2, PP. 153 – 166.

54. Marginson, S., Considine, M. (2000). *The Enterprise University: Governance and reinvention in Australian higher education.* Cambridge: Cambridge University Press.

55. Callen, Hilary. (2000). The international Vision in Practice: A Decade of Evolution. In Higher Education in Europe. Vol. 25, No. 1, PP. 15 – 23.

56. Sandra Meiras. (2004). International Education in Australian Universities: Understandings, Dimensions and Problems. *Journal of Higher Education Policy and Management.* Vol. 26, No. 3, PP. 371 – 380.

57. Fazal Rizvi. (2004). Globalisation and the Dilemmas of Australian Higher Education. *Critical Perspectives on Communication, Cultural & Policy Studies.* Vol. 23, No. 233.

58. Amanda Dalya, Michelle Barke. (2010). Australian universities' strategic goals of student exchange and participation rates in outbound exchange programmes, Journal of Higher Education Policy and Management. Vol. 32. No. 4, P. 332.

59. David Poole. （2001）. Moving towards professionalism: The strategic management of international education activities at Australian universities and their Faculties of Business. *Higher Education*, Vol. 42. No. 4, PP. 395 – 435.

60. Akira Ninomiya, Jane Knight, Aya Watanabe. （2009）. The Past, Present, and Future of Internationalization in Japan. *Journal of Studies in International Education.* Vol. 13, No. 2, PP. 117 – 124.

61. Sheng – Ju Chan. （2013）. Internationalising higher education sectors: explaining the approaches in four Asian countries. *Journal of Higher Education Policy and Management.* Vol. 35, No. 3, PP. 316 – 329.

62. Christopher D Hammond. （2016）. Internationalization, nationalism, and global competitiveness: a comparison of approaches to higher education in China and Japan. Asia Paci? c Education Review. Vol. 17, No. 4, PP. 555 – 566.

63. Akira Kuwamura. （2009）. The Challenges of Increasing Capacity and Diversity in Japanese Higher Education Through Proactive Recruitment Strategies. Journal of Studies in International Education. Vol. 13, No. 2, PP. 189 – 202.

64. Kreber, C. （2009）. Different Perspectives on Internationalization in Higher Education. New Directions for Teaching & Learning. vol. 2009. issue 118, PP. 1 – 14.

65. Christopher Hhammond. （2013）. An Analysis of Dilemmas Impeding Internationalization of Japanese Higher Education. *Kwansei Gakuin Uninversity.* Vol. 17, No. 2, PP. 7 – 22.

66. Adam Gyenes. （2016）. Conspicuous Internationalization? Creating an International Communication Lounge on a Japanese University Campus. The IAFOR Journal of Education. Vol. 4, Issue 2, P. 100.

67. Arild Tjeldvoll. （2011）. Change leadership in universities: The Confucian dimension. Journal of Higher Education Policy and Management. Vol. 33, No. 3, PP. 219 – 230.

68. Rivers, D. J. （2010）. Ideologies of internationalisation and the treatment of diversity within Japanese higher education. Journal of Higher Education Policy and Management, vol. 32, No. 5, PP. 441 – 454.

69. Akiyoshi Yonezawa, Yuto Kitamura, Arthur Meerman, Kazuo Kuroda. (2014). Emerging International Dimensions in East Asian Higher Education. London: Springer Dordrecht. Heidelberg New York.

70. Yukako Yonezawa. (2017). Internationalization Management in Japanese Universities: The Effects of Institutional Structures and Cultures. Journal of Studies in International Education. Vol. 21, Issue4, PP. 375 – 390.

71. Miki Sugimura. (2015). The Mobility of International Students and Higher Education Policies in Japan. The Gakushuin Journal of International Studies, vol. 2, PP. 1 – 19.

72. Konstantin Krechetnikov, Nina Pestereva, Goran Rajovic. (2016). Prospects for the Development and Internationalization of Higher Education in Asia. European Journal of Contemporary Education. Vol. 16. Issue 2, PP. 229 – 238.

73. Akiyoshi Yonezawa, Yuto Kitamura, Arthur Meerman, Kazuo Kuroda. (2014). *Emerging International Dimensions in East Asian Higher Education.* London: Springer Dordrecht Heidelberg.

74. Futao Huang. (2003). Policy and Practice of the Internationalization of Higher Education in China. Journal of Studies in International Education, Vol. 7, No. 3, PP. 225 – 240.

75. Yang Rui. (2014). China's Strategy for the Internationalization of Higher Education: An Overview. *Frontiers of Educatim in China.* Vol. 9, No. 2, PP. 151 – 162.